JN276634

哲学探究

哲学探究

ルートヴィヒ・ヴィトゲンシュタイン
丘沢静也 訳

岩波書店

PHILOSOPHISCHE UNTERSUCHUNGEN
Auf der Grundlage der Kritisch-genetischen Edition
neu herausgegeben von Joachim Schulte

by Ludwig Wittgenstein

Copyright © 2003 by Suhrkamp Verlag Frankfurt am Main

First published as this edition 2003
by Suhrkamp Verlag Frankfurt am Main.

This Japanese edition published 2013
by Iwanami Shoten, Publishers, Tokyo
by arrangement with
Suhrkamp Verlag Frankfurt am Main
through The Sakai Agency, Tokyo.

All rights reserved by and controlled
through Suhrkamp Verlag, Berlin.

目　次

［　］内は、訳者がつけたコメントです。

『哲学探究』への道案内

野家啓一

1 『論考』から『探究』へ

『哲学探究』(一九五三)はヴィトゲンシュタインの第二の主著である。第二の、と言うからには、もちろん第一の主著が存在する。言うまでもなく『論理哲学論考』(一九二二)がそれである。[1] ヴィトゲンシュタインが生前に刊行した著作は、小学校教員時代に生徒たちのために作った『小学生の単語帳』(一九二六)を除けば、この『論考』一冊のみであった。しかも、この本の「序」には次のような挑戦的な言葉が記されている。

> 本書は哲学の諸問題を扱っており、そして――私の信ずるところでは――それらの問題がわれわれの言語の論理に対する誤解から生じていることを示している。本書が全体としてもつ意義は、おおむね次のように要約されよう。およそ語られうることは明晰に語られうる。そして、論じえないことについては、ひとは沈黙せねばならない。(中略)本書に表された思想が真理であるこ

とは侵しがたく決定的であると思われる。それゆえ私は、問題はその本質において最終的に解決されたと考えている。[2]（傍点原文）

つまり、プラトン以来二千数百年余にわたって繰り広げられてきた哲学的諸問題をめぐる議論は「われわれの言語の論理に対する誤解から生じている」のであり、その誤解を解く作業（それが『論考』執筆の目的であった）を通じて、「問題はその本質において最終的に解決された」というのである。それゆえ、『論考』の公刊を機に、ヴィトゲンシュタインは未練なく哲学と決別し、小学校の教員となる道を選んだ。彼にとって哲学とは深遠めかした「学説」を振り回すことではなく、混濁した思考を論理的に明晰化する「活動」にほかならなかったからである。

だが一九二八年三月、たまたま友人に誘われ、ウィーン市内で開催されたオランダの数学者ブラウワーの講演を聴講したことがきっかけとなり、ヴィトゲンシュタインは再び哲学のフィールドに復帰する。『論考』の数学観とはおよそ対極的な立場に立つブラウワーの直観主義数学の思想に触れ、彼は哲学の分野にいまだ自分がやり残した仕事があることに気づかされたのである。それは同時に、『論考』の論理形式によって統一された厳密な世界像をみずからの手で解体する自己批判の作業でもあった。

『探究』の「はじめに」において、ヴィトゲンシュタインは「16年前にふたたび哲学と取り組みはじめてから、私は、あの最初の本に書きつけたことに、たいへんなまちがいがあることに気づかざるをえなかった」（本書四頁）と述べている。では、『論考』の「まちがい」とはどのようなことであったのか。それを彼は一つの比喩に託して語っている。

> 実際に使われている言語をよくながめればながめるほど、実際の言語と私たちの要求は激しく対立するようになる。(論理が結晶のように純粋である、ということは私の研究の結果ではなく、要求だったのだ)。対立は耐えがたくなり、要求はむなしいものになろうとしている。――私たちはアイスバーンに入ってしまった。摩擦がないので、ある意味で条件は理想的だが、しかしだからこそ歩くことができない。私たちは歩きたい。そのためには摩擦が必要だ。ざらざらした地面に戻ろう!(107節、傍点原文、以下同様)

たとえてみれば、ヴィトゲンシュタインが『論考』において目指したのは、理想的な論理言語によって組み立てられた透明で純粋な氷の宮殿を構築することであった。だが、この完璧な宮殿にわれわれは暮らすことができない。氷の床には摩擦がなく、そもそも歩くことができないからである。「ざらざらした地面に戻ろう!」というヴィトゲンシュタインの叫びのなかには、論理によって統一された理想言語という夢を見果てた後の苦い覚醒の思いが込められている。

もちろん「ざらざらした地面」とは、われわれが実際に使っている雑多な言語、すなわち日常言語のことにほかならない。それは透明でも純粋でもなく、使い込まれて手垢にまみれているが、生きた血が通っており、涙に濡れている言葉である。そうした地に足を着けて営まれるわれわれの言語活動のことを、ヴィトゲンシュタインは端的に「言語ゲーム(Sprachspiel, language-game)」と呼ぶ。この言語ゲームという概念こそは、『探究』の論述を終始一貫つらぬいている、その脊髄ともいうべき鍵概念にほかならない。

言語ゲームとは、一方で現実に行われている「事実」の記述でありながら、他方で彼が新たに獲得した哲学の「方法」でもある[3]。すなわち、「言語だけでなく、言語にまつわる行動もひっくるめて、その全体を、私は『言語ゲーム』と呼ぶ」（7節）あるいは「『言語ゲーム』という言葉で強調したいのは、言語を話すことも活動の一部、または生活形式の一部だということである」（23節）と述べられているように、一面で言語ゲームは人間の言語活動の基本的事実を描写するための記述装置である。その点で言葉を語ることは、歩くことや食べることと同様に「私たちの自然誌に属していること」（25節）にほかならない。それゆえヴィトゲンシュタインは、言語ゲームが統一的秩序をもつものではなく、日常生活の多面性に応じて多様でありうることを繰り返し強調する（23節を参照）。

だが、他方で言語ゲームは「完全なプリミティブ言語」（2節）と見なしうるものであり、「言語の現象をプリミティブな使用法を手がかりにして研究すれば、霧が晴れて、単語の目的と機能がクリアに見渡せる」（5節）と言われるように、それは考察のためにわれわれが設定する「比較の対象」（130節）ないしは文法的モデルでもある。この観点から見れば、言語ゲームはフットボールやチェスと同様に「あるルールにしたがう」（199節）行為にほかならない。『探究』の1節や2節で提示された買い物や建築の言語ゲームは、この「ルールにしたがう」活動の見本例と言ってよい。そのルールは「生活形式」としてわれわれの自然誌の一部を形作っている。それゆえ言語ゲームは、哲学的概念を「形而上学的な用法から日常的な用法へと連れもどす」（116節）装置ともなりうる。われわれは「存在」や「自我」や「命題」といった哲学用語を前にして、「その単語は、自分の故郷である言語において、実際にそのように使われているのだろうか？」(同前)と問い直さねばならないのである。ここにおいて、「事実」概念であると同時に「方法」概念でもあるという言語ゲームの二重性が統合される。つまり、言語ゲームという概念は、「経験的事実」が「規範」すなわちルールとして機能する、あるいは「ア・ポステリオリ」な条件が時間的沈澱を経て「ア・プリオリ」な条件へ転化するというヴィトゲンシュタインの新たな洞察に裏打ちされているのである。

　こうしてヴィトゲンシュタインは「言語ゲーム」の概念を転轍機として、前期から後期へと大きく舵を切り替える。すなわち『論考』の「論理形式」から『探究』の「生活形式」への転換である。その時期は一九三〇年代前半のことに属する。両者のコントラストの余りの激しさに(それゆえ「二人のヴィトゲンシュタイン」とも呼ばれる)、師のラッセルはその変貌を「みずからの最上の才能の否定」[4]と断じ、「後期のヴィトゲンシュタインは真剣な思索に飽いてしまって、そういう活動を必要としないような学説を発明したように見える」[5]と評した。

　だが、前期から後期への移行を通じて、一貫して変わらなかったものがある。それは、哲学の営みを言語の働きに対する誤解を取り除く「言語批判」に見定めるヴィトゲンシュタインの哲学観にほかならない。言い換えれば、哲学の問いは科学の問いとは異なり、実験や観察によって解明される経験的問題ではなく、あくまでも言語の分析によって解消される概念的問題(彼はそれを「文法的問題」とも呼ぶ)だ、という信念である。

> 哲学の問題はもちろん経験的な問題ではない。哲学の問題は、私たちの言語の働きを理解することによって解決される。その働きを誤解したいという衝動に逆らって、その働きが識別されることによって解決されるのだ。新しい経験をもちこむことによってではなく、ずっと前から知られていたことを編成することによって、問題が解決されるのだ。（109節）

ただし、『論考』における言語批判が、思考の限界を言語表現の限界を通じて引こうとする壮大な企てであったのに対し、『探究』の目標はよりつつましやかなものとなっている。というのも「哲学は、言葉の実際の使い方に指一本、触れてはならない。哲学にできることは結局、言葉の実際の使い方を記述することだけ」（124節）だからである。あるいはそれを、ヴィトゲンシュタインは「哲学で君の目的って、なに？——ハエに、ハエ取りボトルからの逃げ道を教えてやること」（309節）とも表現する。こうした一種の韜晦とも見える言い回しは、しかし「哲学とは、私たちの悟性が魔法にかけられていることにたいして、私たちの言語を使って戦うことである」（109節）という確固とした信念に支えられていたことを忘れてはならない。彼の後期哲学によれば、哲学的誤謬は言語ゲームの多様性から目をそらし、言語使用を生活の文脈から切り離すことによって生ずるのである。

2 『探究』の成立過程

『探究』が刊行されたのは一九五三年、すなわちヴィトゲンシュタインの死から二年後のことである。その意味では、本書は彼の遺稿集にあたる。編集は遺稿管理人に指名されたエリザベス・アンスコム、ラッシュ・リース、フォン・ライトの三人のうちから前二者が担当した。『探究』初版は独英対訳版の形で刊行され、英訳はアンスコムが行った。ただし、『探究』は他の遺稿集(たとえば『哲学的文法』や『確実性について』など)とはいささか性格を異にする。それというのも、『探究』については生前のヴィトゲンシュタイン自身が刊行を企図し、みずからケンブリッジ大学出版局などと交渉を重ねていたからである。だが、その過程でヴィトゲンシュタインは何度も執筆プランを変更しており、一九五三年版が彼の最終的意図に沿ったものであるかどうかについては、議論の余地がある。以下では、簡単にこの『探究』の成立過程を振り返っておきたい。

一九二九年にウィーンからケンブリッジへ戻り、哲学に復帰したヴィトゲンシュタインは、自分の新たな思想を本にまとめようと、今日「ビッグ・スクリプト」として知られる七六八頁に及ぶ手稿を書き継いだ(そのなかから編者のＲ・リースが主要部を抜粋したのが『哲学的文法』である)。その作業は一九三三年頃には完成したが、ヴィトゲンシュタインはその後も改訂を重ね、やがては出版計画そのものを放棄してしまう。

次の試みは現在『茶色本』と呼ばれているテクストである。一九三四年から三五年にかけて、ヴィトゲンシュタインはその内容を弟子のアリス・アンブローズとフランシス・スキナーを前に英語で口述し、筆記させた。一九三六年八月、彼はノルウェーに渡ってショルデンの小屋でそのドイツ語訳に取り組み、それに「哲学探究、改訂の試み」というタイトルを付した。その点で、この改訂稿は『探究』の端緒ともいうべきものだが、ヴィトゲンシュタインはその作業をも断念し、新たに想を練り直して全面的に稿を改める。そして一九三六年の一一月から一二月にかけて一気に書き上げられたのが、『探究』の前半(**1**節から**188**節に対応する)を占める手稿である。

一九五三年刊の独英対訳版『探究』は、比較的短い六九三の節から成る「第1部」とやや長い一四の章から成る「第2部」とから構成されている(原書第三版まで。第2部の位置づけを大きく変えた改訂第四版については後述する)。第1部は成立時期の異なる三つのパートから成り立っており、おのおのの時期において構想された『探究』のヴァージョンはそれぞれ「戦前版」、「中間版」および「最終版」と呼ばれる。一九三七年夏、前年に完成させた第1部前半を書き継ぐべく、ヴィトゲンシュタインは再びショルデンの小屋へ赴き、現在では『数学の基礎』第一部として知られる数学論を書き上げる。これら両者を併せて出版しようという計画が「戦前版」の『探究』である。ここでは「言語の哲学」と「数学の哲学」が一冊にまとめられていたことが注目に値する。

しかし、ヴィトゲンシュタインはこの出版計画をみずから取り下げ、新たな改訂の作業にとりかかる。一九四四年秋には『探究』の構成を大きく変更し、後半部の数学論を全面的に削除するとともに、先に出来上がっていた前半部に感覚や思考など心の概念をめぐる議論、すなわち**189**~**421**節にあたる部分を書き加えた。これが「中間版」の『探究』にほかならない。現行の『探究』に掲げられている「はじめに」が執筆されたのはこの折のことである。遺稿であるにもかかわらず、序文が「１９４５年1月」という日付をもっているのはこうした理由による。この序文には以下のような一節が見える。

4年前に、私の最初の本(『論理哲学論考』)を読みなおし、『論考』の考えを説明する機会があった。そのとき突然ひらめいた。以前の『論考』の考えと新しい考えとをひとつの本として出すべきではないか。新しい考えは、以前の私の考え方と対比され、それを背景にしてはじめて、正しい光のもとでながめられるのではないか。（四頁）

『論考』の考えを説明する機会とは、友人のニコライ・バフチン（文学理論家のミハイル・バフチンの兄）と一緒に『論考』を読みなおしたことを指す。実際ヴィトゲンシュタインは、『論考』と『探究』中間版を一冊の合本として出版する計画を立て、出版社との交渉に入っていたようである。その意味では、反面教師とはいえ、『探究』を理解するための最良の参考書は『論考』であると言えるかもしれない。のちにズールカンプ社版の『著作集』（一九六〇）が刊行されたとき、このヴィトゲンシュタインの構想はようやく実現されたのである。

だが、その後もヴィトゲンシュタインはタイプ原稿の改訂作業を続けて倦むことがなかった。現在では『考察I』と題された六九八の断章から成るタイプ原稿の存在が知られているが、ヴィトゲンシュタインはこのなかから必要と思われる考察を取り出し、それを中間版『探究』に付け加える形で第1部の**422**節から**693**節までを書き継いでいったようである。そうして出来上がったのが「最終版」であり、一九五三年版『探究』第1部のほぼ完成した姿にあたる。とはいえ、フォン・ライトやアンスコムの証言によれば、この「最終版」を書き上げたあとも、ヴィトゲンシュタインは『探究』の別ヴァージョンを作成する試みをやめなかったという。だとすれば、現行の『探究』は生成し増殖するテクストの一つのヴァージョンにすぎず、あくまでも「途上の」作品だと言わねばならない。

本書を開けばわかるように、『探究』本文は長短を含め六九三個の断章が章立てもないまま番号順に配列されているだけである。したがって、その内容を要約することは、ほとんど不可能に近い。逆に言えば、そこに「章立て」を導入し、全体の構造を分節化することは、それだけで一つの後期ヴィトゲンシュタイン解釈を提起することにつながるであろう。それゆえ、多くの研究者たちによって、さまざまな提案がなされてきた。ここではその最大公約数といえるものを試案として提示しておきたい。

（1）**1**節～**88**節　言語ゲームと意味の使用説
（2）**89**節～**133**節　論理学と哲学
（3）**134**節～**242**節　規則にしたがう
（4）**243**節～**315**節　私的言語の議論
（5）**316**節～**693**節　心理学の哲学

もちろん、以上は大まかな目安であり、ヴィトゲンシュタイン自身が体系的論述を目指していたわけでは毛頭ない。彼の論述スタイルは、一つの主題が展開されるとともに、それがさまざまに変奏されて別の主題へとつながっていき、やがて再び元の主題へ戻ってくるといった一種の「フーガの技法」とも言うべき趣を呈している。また、かなりの部分が疑似対話体で叙述されていることから、出口のない自問自答といった印象を与えることも、『探究』の捉えどころのなさを増幅させている。だが、一つ一つの断章を彩っている比喩の卓抜さや、われわれの常識や先入見を揺さぶる議論の鋭利さは、『探究』を読むものを魅了し続けてやまないのである。

一方、従来の『探究』第2部は、第1部に比べて分量も少なく、i〜xivまでの番号が振られた一四の小論から構成されていた。これらが書かれたのは一九四六年から四九年にかけてのことと推定されているが、基となったタイプ原稿は、残念ながら現在は失われている。論じられている内容は雑多であるが、中心的な主題は心理学的諸概念のさまざまな角度からの分析である。したがって、内容的には遺稿集『心理学の哲学』および『心理学の哲学についての最終草稿』などと重なり合う面が多い。とりわけ、第2部の半分以上の量を占めるxi章では、「アスペクト知覚」をめぐる考察がまとまった形で展開されていることが注目される。いわゆる「ジャストロウ図形」(ウサギ=アヒルの図、本書三七八頁参照)に関する知覚の分析は、ハンソンの「観察の理論負荷性」の概念やクーンの「パラダイム転換」の理論に影響を与え、新科学哲学の興隆に寄与したことで知られている。

ただし、『探究』本文が比較的高いまとまりと完成度をもっているのに対し、第2部は未定稿といった性格が強く、しかもヴィトゲンシュタイン自身が第2部をも含めて刊行を企図していたかどうかは不明である。それゆえ、二〇〇九年に刊行された『探究』改訂第四版を編集したハッカーとシュルテは、第2部の基となった「手稿144」について、「ヴィトゲンシュタインの遺稿あるいは書簡の中には、手稿144が『哲学探究』の中に編入されるべき資料と一緒に意図的に集められたことを示唆する文書上の証拠は存在しない[6]」と述べている。

そこから改訂第四版では、旧版の「第2部」は『探究』本体には属さないものとされ、新たに「心理学の哲学――断片」というタイトルのもとに独立の遺稿として扱われている。さらに、これまで一四の章に分けられていた小論には、それぞれのパラグラフごとに1～372までの通し番号が与えられ、参照の便宜が図られた。このように、ヴィトゲンシュタインの遺稿研究が進むにつれ、『探究』の構成と編集もまた徐々に変容を続けており、それは今後も予断を許さない。先に生成途上のテクスト、と述べたゆえんである。

3　『探究』の問題圏

『探究』本文の内容上の分節については、先に試案を提示した。そのなかで、これまで後期ヴィトゲンシュタインの中心思想として論じられてきたのは、(1)言語ゲームと意味の使用説、および(4)私的言語の議論であったと言ってよい。それに対して、ソール・クリプキの『ヴィトゲンシュタインのパラドックス』(一九八二)は、(3)規則にしたがう、という概念こそ後期哲学理解の鍵であるとして、規則にしたがう数学演算や言語使用に対する強力な懐疑的議論を提出して衝撃を与えた。ここではそれらのポイントを摘記することを通じて、『探究』を読み進む際の道しるべの役を果たしたい。

『探究』はアウグスティヌス『告白』第一巻の引用をもって始まる。子供の頃の言語習得の場面の回想である。ヴィトゲンシュタインはそれを次のように要約する。

> このアウグスティヌスの発言には、人間の言語の本質について特定のイメージが描かれているよ

うに思える。つまり、単語はモノ（対象）の名前であり――文は、名前をつないだものです、というイメージである。――こういう言語イメージが生まれるのは、つぎのような考え方があるからだ。どの単語にも意味があります。その意味は単語に配属されています。その意味はモノ（対象）であり、その代理人が単語なのです。（1節）

語は対象の名前であり、文は名前の連鎖である。これは『論考』においてヴィトゲンシュタイン自身がとっていた見解にほかならない。あるいはもっと一般的に「意味の指示対象説」と呼んでもよい。このアウグスティヌス的言語観に対する徹底した批判（それは『論考』への自己批判でもある）こそ、『探究』の出発点である。それは直ちに「言語ゲーム」の構想へとつながる。つまり、言葉の意味を抽象的に論ずるのではなく、具体的な生活実践のなかで使われる言葉の働きを記述し考察する、という方法である。

アウグスティヌスの引用に続いて、ヴィトゲンシュタインは「赤いリンゴ5個」と書かれたメモをもって買い物をするという単純な言語ゲームを導入する。それでは「赤」や「リンゴ」は対象を指し示せるとしても、「5」という単語はどんな対象の名前で、何を意味しているのか。それに対して彼は「そんなことは、ここではまったく問題ではなかった。問題は『5』という単語がどのように使われるか、だけだったのである」（1節）と答える。言葉の意味を知っているとは、対象を指し示せることではなく、その言葉を言語ゲームのなかで規則にしたがって適切に使用できることなのである。

たとえば、英語の“Good morning”の辞書的意味が「良い朝」であることを知らない子供がいたとしよう。にもかかわらず、その子供が“Good morning”を午前中の挨拶の言葉として適切な状況において使用できたとすれば、その子はこの言葉の意味を知っていると言ってよい。逆に、その辞書的意味が「良い朝」であることを知っているがゆえに、雨や雪の朝はこの言葉を使わないような子供がいたとすれば、その子は“Good morning”の意味をわきまえているとは言えないであろう。

　そもそも言葉の意味とはその指示対象だと考えることは、「名前の意味と名前のにない手とが混同されている」(**40**節)のである。たとえヴィトゲンシュタインが亡くなったとしても、「ヴィトゲンシュタイン」という名前の意味が消滅するわけでない。にない手の消滅とともに意味も消え去ってしまうのなら、「ヴィトゲンシュタインは死んだ」と言うことすら無意味になるからである。それゆえヴィトゲンシュタインは、次のように結論する。

> 「意味」という単語が使われる――すべての場合ではないにしても――ほとんどの場合、この単語はつぎのように説明できる。単語の意味とは、言語におけるその使われ方である、と。(**43**節)

　これが一般に「意味の使用説」と呼ばれる考え方にほかならない。「すべての場合」ではなく「ほとんどの場合」と留保が付けられているのは、言語ゲームそのものが多種多様であり、論理形式のような統一的規準によって律せられるものではなく、例外をも許容する生活形式によって律せられているという理由によるものであろう。

　しかしながら、意味の指示対象説は心的事象、すなわち内面的な感覚や感情を表現する言葉において復活する。「痛い」や「悲しい」といった言葉は、この疼くような感覚、この打ちひしがれるような感情を指し示すものと考えたくなるからである。だが、そうするとわれわれは他人が発する「痛い」や「悲しい」などの言葉の意味を理解できないことになるであろう。それらが指し示す感覚や感情はあくまで私的なものであり、他人には窺い知れないものだからである。そこでヴィトゲンシュタインは「私的言語」と呼ばれる思考実験を提起する。

> ところで、誰かが自分の内的経験を——自分の感情や気分などを——自分だけのために書きとめたり、しゃべったりできるような言語というものを考えられないだろうか？——そういうことなら、私たちの普通の言語でできるのでは？——いや、そうじゃない。私の考えている言語の単語は、しゃべる人だけにしかわからないことを意味しているものなのだ。その人の、じかの、私的な感覚を指示しているものなのである。他人には理解できない言語なのである。（**243**節）

この問題提起は、伝統的な哲学のなかでは「他我（alter ego）認識」や「他人の心（other mind）」と呼ばれる問題群、あるいは「心身問題」と密接な関係をもっているため、『探究』のなかでは例外的に数多くの哲学者たちによる議論が積み重ねられており、私的言語をめぐる各種のアンソロジーも刊行されている。ヴィトゲンシュタイン自身は、「『（心のなかの）内的なプロセス』には外部の規準が必要だ」（**580**節）という観点から、私的言語は不可能であると考えた。その論証は「感覚日記」（**258**節以下）および「カブトムシの比喩」（**293**節）と称される議論によってなされている。詳しくは本文をお読みいただくほかはないが、ここでは後者の議論に簡単に触れておこう。

ヴィトゲンシュタインは「誰もが箱をひとつもっていて、そのなかには、私たちが『カブトムシ』と呼んでいるものが入っている、と仮定してみよう。誰もほかの人の箱のなかをのぞくことはできない」(**293**節)という状況を想像する。箱は「心」の、カブトムシは「痛み」の代替物だと考えればわかりやすい。ところが、自分と他人のカブトムシが同じものであることを確かめることはできない。それどころか、他人の箱は空っぽかもしれないのである。そこからヴィトゲンシュタインは「痛みの表現の文法を『対象と名前』というパターンにしたがって構成すると、対象は無関係なものとして考察から抜け落ちるのである」(同前)と結論する。つまり、痛みの言語ゲームを営むのに、少なくとも指示対象として想定される「痛み」は必要ないというのである。これはある意味で、「意味の使用説」を極限まで徹底化したものと言うことができる。

だが、「私的言語の議論」を他我認識や心身問題といった伝統的哲学の文脈で理解するのではなく、言語そのものの可能性の条件といった観点から読み解くこともできる。先に言及したクリプキの『ヴィトゲンシュタインのパラドックス』による問題提起がそれである。クリプキの見解は、「真の『私的言語論』は、第二四三節に先だつ諸節において、見出されるべきものである。事実、第二〇二節において『私的言語論』の結論は既に明示的に述べられている」[7](傍点原文)と要約される。続いてクリプキは**202**節の後半部「だからルールには、『私的に』したがうことはできない。私的にしたがうことが可能なら、ルールにしたがっていると思えば、ルールにしたがっていることになるのだから」を引用する。彼によれば、ここですでに私的言語論の核心が述べられているのである。それからすれば、

『探究』の中心的議論は、**134**節〜**242**節において展開される「規則にしたがう(rule-following)」ことをめぐる考察に存することになる。

　この解釈によれば、ヴィトゲンシュタインの私的言語論のポイントは、ある種の懐疑論的問題を提起したことにある。クリプキの挙げる例は、68＋57＝125という計算において、われわれはプラス算(通常の加法)ではなくクワス算を行っていたのではないか、という懐疑である。クワス算とは、57以下の二つの自然数x、yについては通常の加法と同じだが、それ以外の場合には$x+y=5$となるという規則を含んだ計算法だという。このような疑いは、「テーブル」のような言葉の適用についても拡張される。「テーブル」でもってこれまで「タベヤー」(エッフェル塔のなかにあるテーブル)を意味していたのではないかという懐疑を排除できないからである。そこからクリプキは「語について我々が行なう新しい状況での適用は、全て、正当化とか根拠があっての事ではなく、暗黒の中における跳躍なのである[8]」と結論する。

　もちろん、クリプキの議論がヴィトゲンシュタイン解釈として正しいのかどうかについては、大いに議論の余地がある。むしろ今日では、『探究』の章句を誤読したところに発する誤解である、というのが大方の評価であろう。しかし、クリプキの問題提起が『探究』の解釈をめぐって驚くほど活発な哲学的議論を引き起こしたことだけは確かである。そして哲学においては、陳腐な正解よりは生産的な誤解の方が、より大きな力を発揮することが少なくない。そのことは逆に、ヴィトゲンシュタインの『探究』が汲み尽くせない哲学的ポテンシャルを秘めた類まれなテクストであることを物語っているのである。

いわば『探究』は未発掘の鉱脈を内蔵した複雑な坑道にでも喩えることができる。さいわい、今回の丘沢静也さんによる清新な翻訳により、『探究』はこれまでよりも著しく近づきやすいものとなった。あとは読者がみずからの足で坑道に分け入り、新たな鉱脈を発掘されんことを期待して、とりあえずの道案内の役目を終わりたい。

（1）以下では、それぞれ『探究』および『論考』と略記する。

（2）ウィトゲンシュタイン『論理哲学論考』野矢茂樹訳、岩波文庫、二〇〇三年、九〜一一頁。

（3）この言語ゲームの二重性については、つとに黒田亘による指摘がある。黒田亘『経験と言語』東京大学出版会、一九七五年、第八章を参照。

（4）バートランド・ラッセル『私の哲学の発展』野田又夫訳、みすず書房、一九六〇年、二七七頁。

（5）同前、二七九頁。訳文を一部変更。

（6）"The Text of the *Philosophische Untersuchungen*", in Ludwig Wittgenstein, *Philosophische Untersuchungen*, Revised fourth edition by P. M. S. Hacker and Joachim Schulte, Wiley-Blackwell, 2009, p. xxii. なお、この改訂第四版のもつ意義については、飯田隆氏からご教示を得た。記して感謝したい。

（7）ソール・クリプキ『ウィトゲンシュタインのパラドックス』黒崎宏訳、産業図書、一九八三年、四頁。

（8）同前、一〇八頁。

哲学探究

もともと進歩なんてやつは、実際より、うんとりっぱに見えるものなんです。

ネストロイ

はじめに

この本で発表する考えは、この16年間、私がやってきた哲学探究の結果である。たくさんのテーマについて考えた。意味の概念、理解の概念、文の概念、論理の概念、数学の基礎、意識の状態などなど。これらについての考えはすべて、コメントとして、短いパラグラフとして書きつけた。おなじテーマについて、コメントが長めにつながっていることもあれば、ひとつの領域から別の領域へ突然ジャンプしていることもある。――最初は、すべてを1冊の本にまとめてしまうつもりだった。どんな形の本にするか、いろんな時期にいろいろ思い描いた。しかし基本方針にゆらぎはなく、考えというものは、ひとつのテーマから別のテーマへ、自然に破綻なくつながって、すすんでいくべきものだと思っていた。

16年間の成果をまとめようとしては何度か失敗して、気がついた。この方針では絶対にうまくいかないだろう。もしも、私の考えたことを、自然の傾向に逆らって、ひとつの方向に無理やりすすめていこうとすれば、私が書くことのできた最上のものでさえ、哲学的なコメントにとどまるだけではないか。そのうち私の考えも麻痺してしまうのではないか。――そしてそれは、もちろん探究そのものの性質と関係があった。つまり探究をはじめれば、どうしても、ひろい思考領域をあちこちあらゆる方向に旅して回らざるをえなくなるのだから。――この本の哲学的なコメントは、いわば、長くて錯綜したその旅で描かれた、たくさんの風景スケッチのようなものである。
おなじ場所《ポイント》、またはほとんどおなじ場所《ポイント》について、いろんな方向からいつもあらためて言及され、つねに新しいスケッチが描かれる。それらのうち数多くのスケッチは、描きそこないであったり、特徴のないものであったりで、へっぽこ画家のあらゆる欠点をそなえていた。できそこないのスケッチを捨てると、なんとかましなスケッチが何枚か残ったので、ともかくそれらの配置を考えたり、なんども切りそろえたりして、1枚の風景画に見えるようにした。——というわけで、この本はじつはアルバムにすぎない。

生きているあいだに自分の仕事を本にすることは、つい最近まで、じつはあきらめていた。しかし、本にしたいという思いが、ときどき頭をもたげてきた。そのおもな理由は、講義や口述ノートやディスカッションで私が伝えた仕事の成果が、さまざまに誤解され、程度の差はあれ薄められたり、切り刻まれたまま、流布しているのを見聞きするようになったからである。おかげで私は自分の考えをきちんと伝えたいと思うようになり、その気持ちを静めるのに苦労した。

4年前に、私の最初の本（『論理哲学論考』）を読みなおし、『論考』の考えを説明する機会があった。そのとき突然ひらめいた。以前の『論考』の考えと新しい考えとをひとつの本として出すべきではないか。新しい考えは、以前の私の考え方と対比され、それを背景にしてはじめて、正しい光のもとでながめられるのではないか。

というのも、16年前にふたたび哲学と取り組みはじめてから、私は、あの最初の本に書きつけたことに、たいへんなまちがいがあることに気づかざるをえなかったからだ。まちがいに気づいたのは、フランク・ラムジーが私のアイデアを批判してくれたおかげである。——その批判にどれくらい助けられたのか、私自身はほとんど判断することができないが——ラムジーとは、彼の死ぬ前の2年間、『論考』のアイデアについて何度も何度も議論を重ねたものだ。ラムジーはいつも強力で確かな批判をしてくれたが、ラムジー以上に私を助けてくれたのが、ここケンブリッジ大学の教員、P・スラッファさんである。長年にわたって、たえず『論考』の考えを批判してくれた。その批判に刺激されて、この本のなかでもっとも実り豊かなアイデアが生まれたのである。

私がこの本で書いていることは、ほかの人がいま書いていることと重なるだろうが、その理由は、ひとつだけではない。——私のコメントで、私のものだというスタンプが押されていないものについては、——これからも私のオリジナルだと主張するつもりはない。

私の考えたことをここに公表するわけだが、あまり自信がない。私の仕事はみすぼらしく、この時代は暗い。誰かの脳に光を投げかけたいのだが、それは不可能ではないにしても、もちろん、なかなかむずかしい。

私の書いたものによって、ほかの人が考えなくてすむようになることは望まない。できることなら、読んだ人が刺激され、自分の頭で考えるようになってほしい。

いい本をつくりたかった。けれどもそうならなかった。だが私には手を入れる時間が、もうない。

1945年1月、ケンブリッジ

1　アウグスティヌス『告白』第1巻、第8章。「大人が、あるモノを名前で呼んで、そちらのほうに向いたとき、私にわかったのはそのモノが、呼びかけられた音によってあらわされたということだ。大人がそのモノを指示しようと思っていたのだから。そんなふうに私が理解したのは、身ぶり、つまりあらゆる民族の自然な言葉〔言語〕、のおかげである。なにかを望んだり、捕まえたり、拒んだり、避けたりするとき、その心の動きを、表情や目の動き、手足の動きや声のひびきによってしめす言葉〔言語〕が、身ぶりなのだ。こうして私は、いくつかの言葉〔単語〕が、いろんな文章の、特定の箇所で何度もくり返し使われているのを耳にして、どういうモノの記号になっているのか、しだいに理解するようになった。そして私の口がその記号になじんでからは、記号を使って、私の望みを表現するようになったのである」

　このアウグスティヌスの発言には、人間の言語の本質について特定のイメージが描かれているように思える。つまり、単語はモノ（対象）の名前であり――文は、名前をつないだものです、というイメージである。――――こういう言語イメージが生まれるのは、つぎのような考え方があるからだ。どの単語にも意味があります。その意味は単語に配属されています。その意味はモノ（対象）であり、その代理人が単語なのです。

　品詞の区別についてアウグスティヌスは語っていない。言葉の習得をアウグスティヌスのように説明する人は、どうやら、まず第一に「テーブル」、「椅子」、「パン」などの名詞や、人の名前のことを考えているのではないか。その後でようやく、活動や性質をあらわす名前のことを考え、それ以外の品詞については、勝手に見つかるものだと思っているふしがある。

　さて、つぎのような言語の使い方を考えてみよう。誰かに買い物にいってもらうことにする。私は、「赤いリンゴ5個」と書かれているメモを渡す。買い物をたのまれた人が、店の人にメモを渡すと、店の人は、「リンゴ」と書かれたケースを開ける。それから一覧表で「赤」という単語を探しだし、それに照らしあわせてカラーサンプルを見つけてから、1、2、3……と5まで数え、――ここで私は、店の人が基数を覚えているものと想定しているわけだが――、ひとつ数えるたびに、ケースからサンプルの色をしたリンゴを1個とりだす。――まあ、これと似たようにして私たちは言葉をあつかっているのである。――「ところで、どうやって店の人にわかるのですか？　どこでどうやって『赤』という単語を調べたらいいのか。また、『5』という単語でなにをするべきなのか、が」。――うーん、私としては、店の人が、いま述べたように行動する、と想定しているのである。説明は、どこかで終わるものだ。――ところで「5」という単語の意味はなにか？――そんなことは、ここではまったく問題ではなかった。問題は、「5」という単語がどのように使われるか、だけだったのである。

2　意味という、あの哲学の概念が生まれるのは、言語がどのように働くのかを、プリミティブに想像しているからだ。いや、「私たちの言語よりプリミティブな言語を想像しているからです」とも言えるだろう。

　アウグスティヌスが説明したような言語を、想像してみよう。それは、棟梁Aと見習いBのコミュニケーションに役立つような言語である。棟梁が石材で建物を建てる。石材は、ブロック、ピラー、プレート、ビームだ。Bが石材を手渡すことになっている。それも、Aが必要とする順番で手渡さなければならない。この目的のために、ふたりは、「ブロック」、「ピラー」、「プレート」、「ビーム」という単語でできた言語を使う。Aがある単語を叫べば、――それを聞いたBは、その単語に対応する石材をもってくるように学習している。――これを、完全なプリミティブ言語だと考えてもらいたい。

3　アウグスティヌスは、いわばコミュニケーションのシステムを説明しているのかもしれない。ただし、私たちが言語と呼ぶものすべてが、このシステムであるわけではない。この点を確認しておく必要のある場合が存在する。つまり、「これは言語を描写したものとして使えますか？　それとも使えませんか？」という質問が出てくるからだ。その答えとしては、「使えるよ。けど、ごく狭く限られた領域でだけ。君が描写しようなどと思っている全体にたいしては、ムリだね」。

　まるでそれは、「ゲームというのは、モノを平面上で、なにかのルールにしたがって移動させることです……」と説明する人にたいして、――私たちが、こう言うようなものだ。「チェスみたいなボードゲームのことを考えてるようだけど、ボードゲームだけがゲームじゃない。君はね、これはボードゲームに限定した説明だと、断ることによって説明を修正することができるよ」

4　ある文書を想像してみよう。その文書では、文字が音を表示するものとして使われ、またアクセントを表示するものとしても使われ、句読点としても使われている。（文書というものを、音のイメージを記述するための言語と考えることができる）。そして、その文書では、どの文字にもひとつの音が対応し、文字にはそれ以外のどんな機能もない、と理解されていると想像してみよう。文書をこんなふうにあまりにも単純化して考えることは、アウグスティヌスの言語理解に似ている。

5　**1**の例をながめてみれば、見当がつくかもしれない。言葉の意味という一般的な概念が言語の機能を靄《もや》で包んで、クリアに見えなくしてしまっているのだ。――言語の現象をプリミティブな使用法を手がかりにして研究すれば、霧が晴れて、単語の目的と機能がクリアに見渡せる。

　そういうプリミティブな形で言語を使うのは、話すことを学んでいる子どもだ。その場合、言語を教えるということは、説明することではなく、訓練することである。

6　こんなことを想像できるかもしれない。**2**で例にあげた言語が、AとBにとって言語のすべてである、いや、ひとつの部族にとって言語のすべてである。そして子どもたちは、そういう行動をするように、そういう単語を使うように、ほかの人の言葉にはそういうふうに反応するように、と教育されるのだと。

　訓練で重要なのは、教える人がモノ（対象）を指さして、子どもの注意をそちらにむけ、単語をひとつ発音することだろう。たとえば、プレートの形をしめしながら「プレート」と言う。（これを私は、「指さして説明する」とか「定義する」と呼ぶつもりはない。子どもは命名についてまだ質問することができないからだ。私はそれを「指さして単語を教える」と呼ぶつもりである。——これが訓練では重要なことだろう、と言っておこう。なぜか。人びとのあいだではそれが普通であるからであって、それ以外のことが想像できないからではない）。指さして単語を教えるなら、単語とモノとが連想で結びつけられるだろう。だがそれはどういうことか？ いろんな可能性が考えられるが、まず考えられるのは、子どもが単語を聞いたときに、モノのイメージが心に浮かぶということではないか。だが心にそのイメージが浮かんだら、——それが単語の目的なのか？——そうだ、それが目的である場合もある。——そのような単語（音列）を想像することができる。（単語を発音することは、いわば、想像上のピアノの鍵盤をたたくようなものだ）。だが言語**2**では、想像を呼びおこすことが、単語の目的ではない。（もちろん、それが本来の目的に役立つと、わかることもあるだろうが）

　ところで、指さして教えることがそういう作用をもたらしたら、——単語の理解がもたらされた、と言うべきなのか？ 「プレート！」と叫ばれて、プレートを手渡した者は、叫ばれた単語を理解しているのではないのか？——しかし「指さして教えること」の助けがあって、そういう行動がもたらされるのだろうが、それは、特定のレッスンをしていたときだけの話である。別のレッスンをしていた場合、まったくおなじように「指さして教え」たとしても、まったく別なふうに理解されただろう。「棒とレバーとを結びつけることによって、私はブレーキを直す」。——もちろんそれは、ほかのメカニズムがちゃんとしている場合の話である。メカニズムがあってはじめてブレーキレバーとして機能するのだ。メカニズムから切り離されれば、レバーですらない。それは、いろんなものになる可能性があり、どんなものにもならない可能性もある。

7　言語**2**を実際に使うとき、一方が単語を叫び、他方がその単語にしたがって行動する。ところが言葉のレッスンでは、つぎのようなプロセスが見られるだろう。生徒がモノ(対象)の名前を言う。つまり先生が石を指さしたとき、その単語を言うのだ。――たしかにこの場合、もっと簡単な練習もあるだろう。先生が先に言った言葉を、生徒が後から言うのだ。――どちらも、言語に似たプロセスである。

こんなふうにも考えることができる。**2**で言葉を使うプロセス全体は、子どもが母語を習得するときやっているゲームの、ひとつなのだ。そのようなゲームを私は「言語ゲーム」と呼ぶことにする。ときにはプリミティブ言語のことも言語ゲームとみなすつもりだ。

それから、石を名前で呼ぶプロセスや、先に言われた単語を後から言うプロセスも、言語ゲームと呼ぶことができるかもしれない。「輪になって踊ろ」ゲームでは、ときどき言葉が使われるが、そのことも考えてみよう。

言語だけでなく、言語にまつわる行動もひっくるめて、その全体を、私は「言語ゲーム」と呼ぶことにする。

8　言語**2**を拡張してみよう。「ブロック」、「ピラー」など４つの単語のほかに、**1**で店の人が使った数詞のような単語の列(アルファベットの文字列でもかまわない)を含めるのだ。それだけではなく、2つの単語も含めよう。「そっちに」と「これ」がいいだろう(この2つなら、それを使うだけでだいたいその目的が伝わるからだ)。この2つは、指さす手の動きといっしょに使われる。そして最後に、いくつかのカラーサンプルも含めよう。棟梁Aが「d・プレート・そっちに」というふうに命令する。命令しながら見習いBにカラーサンプルを見せる。「そっちに」という言葉を口にするときには、建築現場の、あるひとつの場所をさす。Bは、プレートのストックから、サンプルの色をしたプレートを、アルファベット1文字ごとに1枚の割りで、「a」から「d」までとりだし、Aが指定した場所にもっていく。——別の機会にAは「これ・そっちに」と言いつける。「これ」と言うときにAは、ひとつの石材をさしている。などなどといった具合だ。

9　子どもがこの言語を学ぶのなら、「数詞」a、b、c……を暗記しなければならない。その使い方も学ばなければならない。——そのレッスンでは、指さして単語を教えることもあるのだろうか?——そう、たとえばプレートをさして、「a、b、cプレート」と数える、という具合に。——そのような数詞を指さして教えることは、むしろ「ブロック」、「ピラー」などの単語を指さして教えることに似ているのではないか。そのような数詞は、数を数えることに役立つのではなく、目で確認できるモノのグループをあらわすことに役立つ。こうやって子どもは、5または6までの最初の基数の使い方を学ぶのである。

「そっちに」と「これ」も指さして教えることができるのだろうか?——どうやったらその使い方

を教えることができるものなのか、想像してほしいものだ！　教えるときには、場所やモノがしめされるだろう。――だがそれは、単語を使うときにも、場所やモノがしめされるわけで、使い方を学ぶときだけではない。――

10　では、拡張されたこの言語の単語は、なにをあらわしているのか？――なにをあらわしているのかということは、どのようにしてしめされるのか？　その使い方においてでないとすれば？　その使い方を私たちはこれまで描写してきた。「この単語はこれをあらわしている」という表現は、だから、描写の一部となるにちがいないだろう。いいかえれば、描写は、「……という単語は……をあらわす」という形にもちこまれるべきなのだ。

もちろん、「プレート」という単語の使い方の描写を、「この単語はこのモノ（対象）をあらわす」というように短縮することができる。そんなふうに短縮するのは、たとえば、「プレートという単語が、実際にはブロックと呼ばれている石材の形に関係している」という誤解をさける必要のある場合だろう。――ところで、その「関係」のさせ方は、つまりその言葉の使い方は、よく知られている。

まったくおなじように、「記号『a』、『b』などが数字をあらわす」と言えるのは、たとえば、「『a』、『b』、『c』は、実際には『ブロック』、『プレート』、『ピラー』という言葉とおなじ役目をはたしている」とは誤解されない場合である。また、「『c』はこの数をあらわしているのであって、あの数ではない」と言えるのも、そう言うことによって、「文字はa、b、c、dという順にもちいられるべきであって、a、b、d、cの順ではない」と説明される場合である。

だが、こんなふうにして単語の使い方の描写を似たような形にしたからといって、使い方そのものまでが似るわけではないのだ！　なにしろ、使い方はまったくもって似ていないのだから。

11　道具箱に入っている道具のことを考えてみてほしい。入っているのは、ハンマー、ペンチ、のこぎり、ドライバー、メジャー、にかわ鍋、にかわ、くぎ、ネジ。――これらの道具の機能がさまざまであるように、単語の機能もさまざまである。（しかも、あちこちに類似点がある）

もちろん、私たちが混乱させられるのは、単語が話されたり、書かれたり、印刷されたりするとき、単語のあらわれ方が似たような形をしているからである。単語の使い方が、そんなにクリアではないからだ。哲学をするときには、とくに！

12　それは、機関車の運転席をのぞきこむようなものだ。どれもおなじように見えるハンドルがいくつもある。（ハンドルは手でにぎるものだから、当然だ）。だが、ひとつはクランクのハンドルで、たえず調整することができる（クランクはバルブの開閉を制御している）。もうひとつはスイッチのハンドルで、オンかオフか、2つのポジションでしか効かない。3つめはブレーキレバーのハンドルで、強く引けば、それだけ強くブレーキがかかる。4つめはポンプのハンドルで、往復して動かされたときだけ仕事をする。

13　「言語ではどの単語もなにかをあらわしている」と言ったとしても、さしあたりはまったくなにも言っていないことになる。ただし、どのような区別をつけたいのか、精確に説明した場合は別だが。（たしかに、拡張言語**8**の単語を、ルイス・キャロルの詩に出てくるような「意味のない」単語や、歌に登場する「ユヴィヴァレラ」みたいな単語からは、区別したいと思うことがあるかもしれない）

14　誰かがこう言ったとしよう。「あらゆる道具は、なにかを変えるために役立つ。そう、たとえばハンマーは、くぎの位置を。のこぎりは、板の形を」。――では、メジャーとか、にかわ鍋とか、くぎは、なにを変えるわけ？――「モノの長さとか、にかわの温度とか、箱の丈夫さについての知識を変えるのです」。――表現をそんなふうにそろえてみせたところで、なにか得るところがあるのだろうか？――

15　「あらわす」という単語がもっともストレートにもちいられているのは、記号があらわすモノのうえに、その記号が書かれている場合かもしれない。棟梁Aが大工仕事で使う道具に、なにか記号がついているとしてみよう。Aが見習いBにその記号をしめすと、Bは、その記号のついた道具をもってくる。

まあ、こういった具合にして、名前はモノをあらわし、名前がモノにつけられる。――哲学をするとき、「なにかを命名することは、モノに名札をつけることに似ている」と、自分に言い聞かせておけば、しばしば役に立つことがあるとわかるだろう。

16　AがBにしめすカラーサンプルの場合はどうだろう。――それも言語と考えられるだろうか？ま、好きに考えればいい。単語でできた言語ではないけれど、誰かに「das という単語を発音してごらん」と言うとき、その「das」も文の一部とみなされるだろう。だがそれは、言語ゲーム**8**のカラーサンプルとおなじような役目をはたしている。ほかの人にそう言ってもらいたいことの、サンプルなのだから。

サンプルも言語の道具だとみなすのは、きわめて自然なことであり、もっとも混乱が少ない。

（(再帰的な代名詞「この文」についてのコメント)）

17　言語**8**にはいろんな品詞（単語の種類）がある、と言うことができるだろう。単語「プレート」の機能と単語「ブロック」の機能のほうが、「プレート」の機能と「d」の機能より、おたがいに似ているからだ。言葉をどのような種類にわけるかは、分類の目的によってちがってくるだろう。――私たちの好みや傾向によってもちがってくるだろう。

さまざまな視点について考えてほしい。道具をどのような種類にわけるか。チェスの駒をどのような種類にわけるか。それは、視点によってちがってくる。

18　言語**2**や言語**8**は命令だけからなりたっている。だからといって、気にすることはない。「命令しかない言語だから、完全じゃありません」と言うのなら、私たちの言語は完全なのか、と考えてみるといい。――化学記号や微積分の記号がなかった時代にも、完全だったのか、と自問してみるといい。それらの記号は、私たちの言語の、いわば郊外なのだから。（ところで町は、家が何軒あり、道路が何本あれば、町でありはじめるのだろうか？）。私たちは私たちの言語を旧市街とみなすことができる。そこでは、路地や広場が、新しい家や旧い家が、いろんな時期に建て増しされた家が、いりまじっている。そしてその旧市街をとりまいている新市街には、規則的な直線道路が走り、おなじような建物が並んでいる。

19　戦闘地での命令と報告だけからなりたっている言語を想像することは、簡単にできる。——質問とイエス・ノーの表現だけからなりたっている言語も簡単に想像することができる。ほかの言語だって、いくらでも想像できる。——言語を想像することは、生活形式を想像することだ。

ところでこれはどうだろう。言語**2**の例で叫ばれる「プレート！」は、文なのか、単語なのか？——単語なら、私たちの通常の言語で使われる「プレート」と音はおなじでも、意味はおなじではないはずだ。実際、言語**2**では叫ばれているのだから。もしも文なら、私たちの言語で使われる、省略された文「プレート！」とは、ちがうはずだ。——最初の質問にかんしてなら、「プレート！」は、単語とも、文とも呼ぶことができる。（退化した双曲線を真似して）「退化した文」と言えば、ぴったりするかもしれない。しかもそれは私たちの言語では、まさに「省略された」文なのだ。——しかしそれは、「プレートもってきて！」という文の短縮版にすぎず、しかもこの文そのものは、言語**2**の例には存在していない。——では、しかし逆に、なぜ私は「プレートもってきて！」という文のほうを、「プレート！」という文の延長版であると呼んではいけないのか？——「プレート！」と叫ぶことは、じつは、「プレートもってきて！」という意味だからである。——しかし君は、「プレート！」と言いながら、どうやって「プレートもってきて！」ということを意味しているのか？　心のなかで非短縮版の文を言って聞かせているのだろうか？　ではなぜ私は、「プレート！」と叫ばれたことの意味を言うために、その表現を別の表現に翻訳しなければいけないのか？——そしてふたつの表現が、おなじことを意味しているのなら、——なぜ私は、「彼が『プレート！』と言うとき、彼は『プレート！』を意味している」と言ってはいけないのか？　また、君が「プレートもってきて！」を意味することができるときに、なぜ君は、「プレート！」を意味することが不可能でなければならないのか？——だが私が「プレート！」と叫ぶとき、やはり私は、「プレートもってきてほしい」と思っているのである。——たしかにそうだ。しかし「そうしてほしい」ということは、君が言うのとは別の文を、君がなにかの形で思っているということなのだろうか？——

20　しかし誰かが「プレートもってきて！（Bring mir eine Platte!）」と言うとき、その表現を1つの長い単語だと思っているかもしれない、とも考えられる。つまり、「プレート！（Platte!）」という、1つの単語に対応するものとして。——では、その表現を、あるときは1つの単語だとみなし、またあるときは4つの単語だとみなすことができるのだろうか？　どのようにみなすのが普通なのだろう？——おそらく私たちは、その文は4つの単語からなる文です、と言うのではないだろうか。「プレート渡して」とか、「あいつにプレートもってって」とか、「プレート2枚もってきて」などの、他の文とはちがうものとして、その文を使っているわけだから。つまり他の文は、命令で使われる単語を別なふうに結びつけているのだ。――ところで、ある文を他の文とはちがったふうに使うとは、どういうことなのか？　たとえば、いま例にあげた文を思い浮かべるということなのか？　しかも、例にあげたすべての文を？　それも、ひとつの文を言っているあいだに？　いや、その前に？　それとも、その後に？――とんでもない！　そういう説明はちょっと魅力的であるとしても、実際にどういうことが起きているのか、ちょっと考えてみるだけで、私たちは道をまちがえたことに気がつく。「プレートもってきて！」という命令を他の文とはちがったものとして使う、と私たちが言うのは、私たちの言語では他の文を使う可能性があるからだ。私たちの言語を理解しない外国人が、「プレートもってきて！」という命令をしばしば聞いていたと仮定しよう。その外国人は、「プレートモッテキテ！」という音列が１つの単語であって、その外国人の言語では「石材」といった単語に対応しているのだ、と思うかもしれない。そしてこんどはその外国人のほうがその命令をしたとすると、発音をまちがえるかもしれない。私たちは、「１つの単語だと思ってるから、変な発音になっちゃうんだ」と言うだろう。――だが、外国人は、その命令を発音するとき、頭のなかではまさに別のことをイメージしているのではないだろうか？――その命令の文を１つの単語だととらえていることに対応して。――その外国人の頭のなかでは私たちとおなじことがイメージされている可能性もあるし、別のことがイメージされている可能性もある。こういう命令を君がするとき、君の頭のなかではどんなことがイメージされているのか？　発音しているあいだに、この命令は４つの単語からなっている、と意識しているだろうか？　もちろん君は、ドイツ語という言語を使いこなしている。――ドイツ語には他の文も存在してるよね。――でも、使いこなすってことは、君がその文を発音しているあいだに、「起きている」ことじゃないの？——たしかに、命令の文をちがったふうに理解する外国人は、たぶんちがったふうに発音して命令するだろう。しかし私たちがまちがった理解と呼ぶものは、命令の発音にともなっているものであるとはかぎらない。

文が「省略されている」とみなされるのは、文を発音するときに、私たちが意味していることを文が省いているからではない。——私たちの文法で正しいとされる、ある種のお手本と比較して——文がカットされているからである。——もちろんここで反論されるかもしれない。「短縮した文も、短縮していない文も、おなじ意味をもってるって認めるわけでしょ。——だったら、どんな意味をもってるわけ？　その意味をあらわす単語はないのですか？」——しかし、複数の文がおなじ意味だというのは、それらがおなじように使われるということではないのか？——（ロシア語では、「石は赤い（Der Stein ist rot）」のかわりに、「石　赤い（Stein rot）」と言う。ロシア人にとって繋辞（ist）は意味がないのか？　それとも繋辞をくっつけて考えているのだろうか？）

21　こんな言語ゲームを想像してほしい。棟梁Aの質問に答えて見習いBが、プレートの枚数とか、ブロックの個数とか、どこそこにある石材の色や形を報告するのだ。——たとえば、「プレート5枚」と報告されるかもしれない。とすると、「プレート5枚」という報告または主張と、「プレート5枚！」という命令のちがいは、なにか？——ちがいをもたらすのは、言語ゲームでその言葉の発音がはたす役割だ。だが、発音されるトーンが別のトーンであることもあるだろうし、表情とか、ほかのものもある。しかしトーンに区別がつかない場合も考えられるのではないか。——命令も報告もいろんなトーンで発音されるわけだし、いろんな表情で発音されるわけだから。——ちがいは、どう使われるかだけで決まる、とも考えられるのではないか。(もちろん「主張」や「命令」を、文の文法上の形態やイントネーションをあらわすものとして使うこともできるだろう。「きょうのお天気、すばらしいじゃないですか?」という文は、「主張」として使われているにもかかわらず、「疑問」とみなすこともできるように)。つぎのような言語を想像することができるだろう。すべての主張が修辞的疑問の形とトーンをもっている言語とか、どの命令も「やっていただけませんか?」という疑問の形であるような言語。後者の場合、「言っていることは、疑問の形だが、実際は命令だ」——つまり、実際に使われている場面では命令の機能をはたしている、と言えるのかもしれない。(おなじように、「そんなことしないだろう」は、予言ではなく、命令として使われる。それはなにによって予言となり、なにによって命令となるのか?)

22 「主張の内部には、主張されるものとおなじ仮定が含まれている」というフレーゲの見解は、私たちの言語では、どんな主張も、「これこれである、と主張される(Es wird behauptet, daß das und das der Fall ist.)」という形で書くことができるということに、本来もとづいている。——しかし、「これこれである、と(daß das und das der Fall ist)」は、まさに私たちの言語[ドイツ語]では文ではない。——言語ゲームの指し手とは呼べない代物である。「……と主張されている(Es wird behauptet, daß . . .)」のかわりに、「こう主張されている。つまり、これこれである(Es wird behauptet: das und das ist der Fall.)」と書くなら、「こう主張されている(Es wird behauptet)」がまさに余分なのだ。

どんな主張でも、疑問の後に「はい」を置くことによって書くことだってできるのだ。たとえば、「雨、降ってる？　はい！」。だからといって、どんな主張にも疑問が含まれている、と言えるだろうか？

たとえば疑問符と対照させたり、または、主張をフィクションとか仮定とはちがうと区別したいときには、もちろん、主張符号のようなものを使ってもかまわないだろう。ただし、主張がふたつの行為から、つまり考えをもつことと主張すること（真理値などをつけたりすること）から、なりたっていると思うのは勘違いである。そしてまた、音符にしたがって歌うように、文という記号にしたがってふたつの行為をやっている、と思うのも勘違いである。音符にしたがって歌うことにたとえることができるのは、書かれた文を大きな声または小さな声で読むことであって、読まれた文の意味を「思う」（考える）ことではない。

フレーゲの主張符号によって、文の始まりがはっきりする。だから、終止符に似た機能があるわけだ。関係文や副文をもった複雑な綜合文が、そのおかげで、綜合文のなかの小さな文と区別されるのである。「雨が降っている」という文を聞いても、それを含んだ綜合文の始まりと終わりを聞いたのかどうか、わからなければ、その文はまだコミュニケーションの手段とはならないのだ。

ファイティングポーズをとっているボクサーの画像を想像しよう。その画像は誰かに、どんなふうに立ったらいいのか、どんなふうに構えたらいいのか、構えてはいけないのかとか、ある人がどこそこでどんなふうに立っていたのか、などなどを伝えることに利用できる。その画像を

（化学用語を真似して）文基と呼ぶことができるかもしれない。似たようなことをフレーゲは「仮定」ということで考えていたのだ。

23　さて文にはどれくらい種類があるのだろう？　たとえば主張、疑問、命令？——そういうものなら無数の種類がある。「記号」、「言葉」、「文」と呼ばれるものはみんなその使い方に、無数のさまざまな種類がある。その多様性は固定・不変のものではない。新しいタイプの言語が、言ってよければ、新しい言語ゲームがあらわれては、以前の言語ゲームが古くなり、忘れられていく。（そのおおよそのイメージは、数学の変遷が教えてくれる）

「言語ゲーム」[Sprachspiel は、「言語ゲーム」が定訳になっていますが、「言語プレー」や「言語劇」と訳すこともできます]という言葉で強調したいのは、言語を話すことも活動の一部、または生活形式の一部だということである。

これからあげる例を手がかりにして、言語ゲームの多様性を思い描いてほしい。

命令する、そして命令どおり行動する——

モノ（対象）を、じっくり見てから、または測ってから、記述する——

モノ（対象）を、記述（図面）どおりにつくる——

経過を報告する——

経過について推測する——

仮説をたてて、検証する――
実験結果を表やグラフであらわす――
物語をつくって、読む――
芝居をする――
輪唱する――
謎を解く――
冗談を言い、笑い話を聞かせる――
計算の応用問題を解く――
ある言語を他の言語に翻訳する――
頼む、感謝する、のろう、あいさつする、祈る。

――言語の道具とその使い方が多様であること、単語や文が多様であることを、論理学者が言語の構造について語ったことと、比較してみるのは、おもしろい。（論理学者には、『論理哲学論考』の著者も含まれる）

24　言語ゲームが多様であることが見えない人は、「質問とはなんですか？」のような質問をしてしまうだろう。――その質問は、私はこれこれのことを知りません、ということを確認しているのか？　それとも、「ほかの人から……だと教えてもらいたいのです」と私が思っているのです、ということを確認しているのか？　それとも、よくわからないなあ、という私の心の状態を記述しているのか？

――「助けて！」と叫ぶことも、記述していることになるのか？

いろんな種類の記述があるが、どれくらいの数のものが「記述」と呼ばれているか、考えてみてほしい。ある物体の位置を座標によって記述する。表情を記述する。触覚を記述する。気分を記述する。

普通に使われる疑問のかわりに、確認や記述という形にすることができる。「……かどうか、知りたいんだけど」とか、「……かどうかって、疑わしいね」とか。――しかしそんなことをしても、いろんな言語ゲームを似た者どうしにしたことにはならない。

そういう変形可能性とは、たとえば、主張の文をすべて、「私は考える」とか「私は思う」ではじまる文に変形すること（いわば、私の心の状態を記述すること）だが、その意味合いについては、あとで別の場所ではっきりするだろう。（独我論）

25　動物が話さないのは、精神能力がないからだ、と、ときどき言われる。つまりそれは、「動物は考えないから、話さないのだ」という意味である。だが、動物は話さないだけなのだ。いや、言葉を使わない――プリミティブ言語は別として――と言ったほうがいいだろう。命令する、質問する、物語る、おしゃべりすることは、歩く、食べる、飲む、遊ぶこととおなじように、私たちの自然誌に属していることなのだ。

26　言葉を学ぶということは、いろんなモノ（対象）を名前で呼ぶことだ、と思われている。しかも、人間、形、色、痛み、気分、数などもモノ（対象）としての話である。すでに言ったように、――なにかを命名することは、モノに名札をつけるようなものだ。それは単語を使うための準備とみなすことができる。でもそれは、どういうことのための準備なのか？

27 「モノに名前をつけると、そのモノを話題にすることができます。言及することもできます」。——それじゃ、まるで、名前をつけるという行為によって、それから後で私たちのすることが、決まってしまっているみたいではないか。たったひとつのことしか、つまり、「モノについて語ること」しか、ありえないみたいではないか。ところが私たちは、じつにさまざまなことを文によってやっている。呼びかけひとつとっても、じつにさまざまな機能がある。

水！

消えちまえ！

わあ！

助けて！

いいぞ！

ちがう！

これらの例をながめても、あいかわらずこれらの単語のことを「モノ（対象）につけた名前」と呼びたくなるのだろうか？

言語**2**と言語**8**では、名前をたずねることがなかった。名前をたずねることと、それを受けて「指さして説明すること」は、いわば、独特の言語ゲームかもしれない。まさに私たちは、「これ、なんという名前?」とたずねて――それから、その名前が教えられる、という訓練によって教育されているのである。それだけでなく、なにかに名前をつける、という言語ゲームもある。つまり、「これは……だよ」と言ってから、その新しい名前を使うのだ。(子どもは自分の人形に名前をつけてから、その人形のことを話したり、人形に話しかけたりする。この場合、ぜひ考えてもらいたいことがある。人を呼ぶときには固有名詞を使うのだが、固有名詞を使うということは、なんと特殊なことなんだろう!)

28 さて、人の名前、色の名前、材料の名前、数の名前、方角の名前などを、指さして定義することができる。「これが『2』だ」――と言いながら、2つのクルミを指して――2という数を定義するのは、じつに精確なやり方である。――しかし、どうやって「2」はそのように定義されるのだろうか? なにしろ、定義を教えられた人はその場合、なにが「2」と呼ばれようとしているのか、わからないのだから。定義を教えられた人は、このクルミのグループが「2」と呼ばれてるんだ!、と思うだろう。――そう思う可能性はある。しかし、そう思わないかもしれない。逆にまた、私がクルミのグループになにかの名前をつけようとしているとき、それが数の名前だと誤解されることもあるかもしれない。おなじようにして、人の名前を指さして説明しているときに、それが色の名前であるとか、人種の名前であるとか、方角の名前だとか思われてしまうことがあるかもしれない。つまり、指さしてする定義は、どんな場合でも、こんなふうにもあんなふうにも解釈される可能性があるわけだ。

「赤い」という単語を説明するために、赤くないものを指さすことは可能だろうか？　それは、ドイツ語が得意でない人に、「bescheiden（謙虚な）」という単語を説明することになって、傲慢な人間をさし、「この人はbescheiden（謙虚）じゃない」と言って説明するのに似ている。そういう説明はあいまいだが、だからといって、そういう説明の仕方に反論する理由にはならない。どんな説明も誤解されるものだ。

　しかしながら、それも「説明」だと呼ぶべきなのだろうか、と質問されるかもしれない。——というのもそういう説明が思考計算ではたす役割は、私たちが「赤い」という単語を「指さして説明する」とふつう呼んでいるものとは、もちろん別の役割だからだ。説明される人にたいして、かりにそれが実際にはおなじ結果、おなじ効果をあげるとしても。

29　2は、「この数が2だよ」というふうに指さすときにだけ定義できるのだ、と言われるかもしれない。その場合、「数」という単語が、言葉の、つまり文法のどの場所に置かれるのか、はっきりしているからである。ということはしかし、指さしてする定義が理解される前に、「数」という単語の説明が必要になるわけだ。——もちろん定義での「数」という単語は、その場所をしめしている。つまり、その単語を置くポストをしめしている。で、「この色はこれこれだよ」、「この長さはこれこれだよ」などと言うことによって、誤解を避けることができるのである。いいかえれば、そうやって誤解を避けることができる場合がある。しかし「色」や「長さ」という単語はそうやってしか理解できないのだろうか？——とすると、それをちゃんと説明する必要がある。——つまり、ほかの単語によって説明しなければならない！　では、こういう説明の連鎖で最後の説明とはどんなものなのか？（「『最後の』説明なんてない」とは言わないでほしい。ちょうどそれは、「この街路には最後の家なんてないよ。いつでももう1軒、建てることができるんだから」と言おうとするようなものだ）

指さすことによって2を定義するときに、「数」という単語が必要なのかどうか？　それは、「数」という単語なしでは、私が思っているのとは別なことが理解されてしまうかどうか、にかかっている。それだけではない。定義がどういう状況であたえられるのか、にもかかっているし、定義をあたえられる人にもよる。

定義をあたえられる人が、説明をどのように「理解」しているか。それは、説明された言葉をどのように使っているか、でわかる。

30　だから、こう言えるかもしれない。指さしてする定義が単語の使い方——意味——を説明するのは、その単語が言語でおよそどんな役割をはたしているのかが、すでにはっきりしているときなのである。だから、誰かが色の単語を説明しようとしているのだと、私にわかっている場合、「これが『セピア』なんだ」と指さして説明されれば、「セピア」という単語を私が理解する助けとなる。——ただ、そのように言えるのは、いろんな質問が、「知っている」とか「はっきりしている」という言葉に結びついているときである。

名前をたずねることができるためには、すでになにかを知っている（なにかができる）必要がある。しかしなにを知っている必要があるのか？

31　誰かにチェスの駒のキングを見せて、「これがキングだ」と言ったとしても、それだけではキングの駒の使い方を説明したことにはならない。——ただし、キングの駒の形を知らないだけで、ゲームのルールをすでに知っているなら、説明したことになる。つまり、実物の駒を見せられたことがないのに、ゲームのルールは覚えていた、というような場合だ。駒の形に対応するのは、この場合、単語の響きか姿である。

また、ルールを習ったり、言葉にしたりせずに、ゲームを覚えた、ということも考えられる。その場合、たとえばまず見物することによって、ごく簡単なボードゲームを覚えてから、もっと複雑なゲームを覚えたわけだ。そういう人にも——たとえば、その人が知らない形をしたチェスの駒を見せて——「これがキングだ」と説明することができるだろう。そういう説明で駒の使い方を教えることができるのは、駒を置いた場所がすでに準備されていた、と言えるような場合にかぎられる。あるいは、場所がすでに準備されている場合にかぎって、そういう説明で使い方を教えることができる、と私たちは言うだろう。ここで場所が準備されているのは、説明される人がすでにルールを知っているからではなく、別の意味ですでにゲームというものに通じているからである。

さらにこういうケースを考えてほしい。私が誰かにチェスを説明することになり、まず最初に、ひとつの駒を指さして、「これがキング。こんなふうに動けるんだ、などなど」と言う。——そのケースでは、こう言えるだろう。「これがキング」（または「これが『キング』って呼ばれてる」）という言葉が、言葉の説明になるのは、説明される人がすでに「ゲームの駒とはなにか、を知っている」ときだけである。つまり、たとえば、すでにほかのゲームをやったことがあったり、ほかの人がゲームをやっているのを見物して「理解していた」――などなどの、ときだけである。そういう場合にかぎって、ゲームを教えてもらっているときに、――キングの駒を指さして――「これ、なに？」と的確に質問することができるのだろう。

こう言うことができる。名前をたずねても無意味にならないのは、その名前でなにをするのかわかっている人だけだ。

こんなことも想像できる。質問された人が、「名前は自分で決めてね」と答えたなら、――質問した人は、すべての責任を自分で負わなければならないだろう。

32　知らない土地にやってきた人は、場合によってはその土地の言葉を、そこで指さして教えられる説明を手がかりにして学ぶことになるだろう。その場合、説明の意味をしばしば推測せざるをえないだろう。ときには正しく、ときにはまちがって。

さて、つぎのように言えるのではないだろうか。アウグスティヌスは、人間が言葉を学ぶことを、子どもが知らない土地にやってきて、その土地の言葉がわからないかのような状況として描いている、と。つまり、すでにひとつの言語はわかっているのだが、その土地の言語がわからないだけであるかのような状況として。または、子どもはすでに考えることはできるのに、ただ話すことができないだけであるかのような状況として。この場合、「考える」というのは、自分自身に話をするようなものである。

33　さて、しかし、こんなふうに反論されたとしてみよう。「指さしてする定義がわかるためには、言語ゲームをマスターしている必要がある、なんてウソですね。説明してくれる人がなにを指しているのか、が——当然のことですが——わかる（か推測する）だけでいい。つまりさ、形を指してるのか、色を指してるのか、数を指してるのか、などなどが、わかればいいんですよ」。——じゃ、「形を指す」、「色を指す」って——どういうことなのかな？　1枚の紙を指してみよう。——それから、紙の形を指してみよう、——こんどは、紙の色を指してみよう、——こんどは、紙の数（というのも変だが）を指してみよう。——さて、それを君はどんなふうにしてやったわけ？——「毎回、別のことを『考えて』、指してたんですよ」と君は答えるだろう。「どんなふうにそれは行われてたのかな？」と私が聞くと、「色とか、形とか、に集中したんです」と君は答えるだろう。そこで私はさらに質問する。「どんなふうにそれが行われたわけ？」

考えてほしい。誰かが花瓶を指して、「すばらしいブルーを見てごらん。——形なんか気にしないで——」と言ったとしよう。または、「すばらしい形を見てごらん。——色はどうでもいいから——」と言ったとしよう。疑いもなく君は、ふたつの要求にしたがうとき、それぞれちがったことをやっているだろう。けれども色に注目するときも、やっぱりおなじことをやっているのでは？　いろんなケースを想像してほしい。いくつか例をあげてみよう。

「この青は、あそこの青とおなじ？　ちがいがわかる？」――

君は色を混ぜていて、こう言う。「この空の青を出すのはむずかしい」

「晴れてくるだろうな。また青空がのぞいてきたよ」

「ほら、このふたつの青、ずいぶん感じがちがうね」

「あそこに青い本があるだろ？　もってきて」

「この青信号は……という意味だ」

「いったいこの青、なんて名前？――『インジゴ』なの？」

色に注目するとき、ときには、形を手で隠したりする。また、モノの輪郭を見ないようにしたりする。また、対象をじっと見つめて、どこかでその色を見たことがないか、思い出そうとする。

形に注目するとき、ときには、その形をトレースしたりする。ときには、まばたきして、色が目に入らないようにしたりする、などなど。私が言いたいのは、「注目するものがちがっているのに」、似たようなことが行われているということだ。しかしこういうことは、私たちが「誰かが形に注目している、色に注目している、など」と言う場合だけではない。それは、チェスの駒の指し手というものが、駒がこんなふうにボードで動かされるということだけではないのに似ている。――しかしそれはまた、駒の動きにともなう指し手の思考や感情だけでもない。それは、「チェスの対局」とか「チェスの問題を解く」などと呼ばれている状況なのだ。

34　誰かがこう言ったと想定してほしい。「形に注目するときには、いつもおなじことをやっているんです。つまり、輪郭を目で追いかけながら、……と感じるわけです」。つぎにその誰かが、それまでの経験どおり、円形のモノを指示しながら、相手に「これが『円』です」と説明すると想定してほしい。――しかし、相手には、説明する人が形を目で追いかけているのが見えているにもかかわらず、そしてまた、説明する人の感じていることが感じられているにもかかわらず、相手が説明を別なふうに解釈する可能性はないだろうか？　つまり、この場合の「解釈」とは、相手が、説明された言葉をどう使うか、ということでもあるわけだ。たとえば、「円を指してごらん」と命令されて、なにを指すか、という問題になるわけだ。――というのも、「こういうつもりで説明する」と言っても、「説明をこういうふうに解釈する」と言っても、説明をしたり説明を聞いたりすることに付随するプロセスが、提示されるわけではないのだから。

35　たとえば形を指す場合、「特徴のある経験」と呼ばれるものが、もちろん存在する。たとえば、輪郭を指とか目でたどることだ。――けれども、私が「形のことを考えている」あらゆる場合に、こういうことはほとんど起きないわけで、また、特徴のあるなにか別のプロセスもほとんど起きることがない。――しかしまた、そういうプロセスがあらゆる場合にくり返されるとしたら、やっぱり状況によって――つまり、指さす前と指さした後に起きることによって――、「彼が指さしたのは、形であって、色じゃない」と言うかどうかが、決められるのである。

　というのも、「形を指す」とか「形のことを考える」などの言葉の使い方は、「この本を指す（あの本を指してるんじゃない）」とか、「椅子を指すのであって、テーブルを指してるんじゃない」などの言葉の使い方とは、おなじではないからだ。——考えてみてほしい。「このモノを指す」、「あのモノを指す」といった言葉の使い方を学ぶ場合と、「色を指しているのであって、形を指してるんじゃない」、「色のことを考えている」などなどの言葉の使い方を学ぶ場合とでは、ずいぶんちがうはずである。

すでに言ったように、ケースによっては、とくに「形」とか「数」を指す場合には、指すことにかんして特徴のある経験や仕方が存在している。——「特徴がある」のは、形とか数のことを考えるとき、（いつもではないが）そういう経験や仕方がしばしばくり返されるからだ。チェスの駒を指して、チェスの駒だと言う場合にも、特徴のある経験をしているのだろうか？ にもかかわらず、こういうふうに言うことができる。「私はね、この駒が『キング』だと言ってるんだよ。私が指してるこの木片のことじゃなくて」。（再認する、願う、思い出す、など）

「これはブルーだ」という言葉は、あるときはモノ（対象）についての発言として口にされ、——またあるときは、「ブルー」という単語の説明として口にされる。どうやってこういうことが起きるのだろうか。後者の場合は、「これは『ブルー』と呼ばれる」という意味で発言されているわけだ。——とすれば、単語「だ」は、あるときは「と呼ばれている」を意味し、単語「ブルー」は「『ブルー』」を意味しているのか？ そして別のとき、単語「だ」は、そのまま「だ」を意味しているのか？

情報を伝えるつもりの発言が、言葉の説明だと思われることもあるだろう。〈ここにはタチの

悪い迷信が隠されている〉

私は「ブブブ」という単語で、「雨が降ってなければ、散歩に行こう」を意味することができるだろうか？——ある言語においてのみ、私はなにかをなにかで意味することができる。これではっきりすることがある。「意味する」の文法は、「なにかを想像する」などと言う、表現の文法とは似ていないのだ。

36　そして私たちがここでやっているのは、似たような多くのケースでやっていることである。私たちは、（たとえば色とはちがって）形を指すことと呼べるような、からだの動作をなにひとつ報告することができないので、「『形を指す』という言葉に対応するのは、精神の活動です」と言うのだ。

私たちの言語がからだを推測させる場所で、実際にはからだがないとき、私たちは「そこには精神があるのです」と言いたがる。

37　名前と、名前で呼ばれるモノとの関係はなにか？——その関係とはなにであるのか？　言語ゲーム**2**とか、ほかの言語ゲームをながめてほしい。そこで見えるのは、その関係がどういうことからなりたっているか、だ。その関係をなりたたせているのは、なによりもまず、名前を聞くことによって、名前で呼ばれたモノのイメージを思い浮かべるということである。そして、とくに、名前が、名前で呼ばれるモノに書きつけられたり、名前で呼ばれるモノを指すときに発音されることである。

38　たとえば言語ゲーム**8**の単語「これ」とか、「これは……だ」と指さして説明するときの単語「これ」は、なにの名前なのか？――混乱を避けるつもりなら、「それらの単語はなにかの名前だ」などと言わないのが一番である。――奇妙な話だが、「これ」という単語について以前、こう言われたことがある。「『これ』だけが本当の名前です。それ以外に私たちが『名前』と呼んでいるものは、だから、すべて不精確で近似的な意味においてなのです」

　この奇妙な見解が生まれたのは、私たちの言語の論理を――こう言ってよければ――昇華させようとする傾向のせいだ。その見解にたいしてきちんと答えておこう。「名前」と呼ばれるものには、じつにさまざまなものがあるのだ。「名前」という単語があらわしているのは、単語の、さまざまな形でおたがいに親戚関係にある、さまざまな使い方である。――だが、そのさまざまな使い方のなかに、「これ」という単語の使い方は含まれていない。

　たとえば指さして定義するとき、私たちは実際、名前で呼んだモノをさして、その名前を発音しているだろう。おなじように、たとえば指さして定義するとき、あるモノをさしながら、「これ」という単語を発音している。そして「これ」と名前とは、しばしば文ではおなじ場所に置かれる。だが名前にとって特徴的なのは、まさに名前は、「それはNだ」（または「それは『N』と呼ばれている」）と言って、指さしながら説明される点である。ところが、「それは『これ』と呼ばれている」とか、「これは『これ』と呼ばれている」などと説明するだろうか？

　それは、命名というものを、いわば秘教的なプロセスだと理解していることと関係がある。命名というものが、単語とモノ（対象）との不思議な結合であると思われているのだ。――そういう不思議な結合が実際に行われるのは、哲学者が、「名前」と「名前で呼ばれるモノ」の関係というものを取り出すために、ひとつのモノ（対象）を凝視しながら、なんどもなんどもひとつの名前または「これ」という単語をくり返して言うときだ。哲学の問題が生じるのは、言葉が休日で仕事をしないときなのである。で、そういう休日には、「命名とは、注目すべき魂の行為、いわば、モノ（対象）を洗礼することである」などと思いこんでしまうのだ。そうやってモノ（対象）にたいするかのように「これ」という単語を使って、モノ（対象）に話しかけたりもするのである。――この単語「これ」の奇妙な使い方は、哲学をするときにだけ起きるものだろう。

39　しかし、明らかに名前ではないのに、なぜ「これ」という単語を名前にしたいと思うのだろう？――まさに名前ではないからだ。というのも、ふつう「名前」と呼ばれるものにたいしては、異議をとなえたいという誘惑があり、「名前というのは、本来、単純なものをあらわすものだ」と言ったりするからである。その理由はこんなふうになるだろう。普通の意味での固有名詞は、たとえば「ノートゥング」のような単語なわけです。［ワーグナーの楽劇『ニーベルングの指環』で英雄ジークフリートがもつ］ノートゥングという剣は、いくつかの部分からできていて、ある形に組み合わされています。もしも別の形に組み合わされているなら、ノートゥングは存在しません。けれども明らかに、「ノートゥングには鋭い刃がある」という文には意味があります。ノートゥングがまだどこも欠けていなくても、すでにうち砕かれているとしても。「ノートゥング」がモノの名前なら、ノートゥングがうち砕かれている場合、ノートゥングというモノは存在しません。名前に対応するモノがないわけだから、その名前には指示するものがありません。そうすると、「ノートゥングには鋭い刃がある」という文には、指示するもののない単語があるわけだから、その文は無意味になりませんか。その文に意味があるというのなら、その文を構成している単語には、つねになにかが対応していなくてはならない。だから意味を分析すると、「ノートゥング」という単語は姿を消さざるをえず、そのかわりに、単純なものをあらわす単語が登場することになる。で、そういう単語のことを、私たちは安心して、本来の名前と呼ぶわけです。

40 以上の考え方についてはまず、単語に対応するものが存在しなければ、その単語は意味をもたないという点を考えてみよう。——確認しておくべき重要なことがある。「意味」という単語で、その単語に「対応する」モノをあらわすなら、その単語は誤用されているのだ。つまり、名前の意味と名前のにない手とが混同されているのである。N・Nさんが亡くなったら、「亡くなったのは、その名前のにない手だ」とは言うが、「亡くなったのは、その名前の意味だ」とは言わない。そんなふうに言うのはナンセンスだろう。というのも、もしも名前が意味をもたなくなったら、「N・Nさんが亡くなってしまった」と言うことも無意味だからである。

41 **15**では言語**8**に固有名詞を導入した。「N」という名前をもった道具が壊れている、と仮定しよう。棟梁Aはそれを知らず、見習いBに「N」というサインを送る。そのサインには意味があるのだろうか？　それともないのだろうか？――さて、そのサインをもらったBは、どうしたらいいのか？――これについて私たちはなにも取り決めていなかった。「Bはどうするだろう」と質問されるかもしれない。そうだな、どうしようもなく突っ立っているかもしれない。それともAに、壊れた道具を見せるかもしれない。この場合、「『N』は意味がなくなってしまった」と言えるかもしれない。ということは、記号「N」は私たちの言語ではもう使い途がない（ただし、新しい使い途を考えたときは、ちがうが）、ということになるだろう。「N」が意味をなくしてしまったのは、道具には、どんな理由であれ、別の記号がつけられて、記号「N」が言語ゲームで使われないから、かもしれない。――しかしまた、道具が壊れてしまって、Aがその道具のサインを送ると、Bはその答えとして首をふることにする、という取り決めをしておくということも考えられる。――その場合、そういう取り決めがあれば、命令「N」は、たとえその道具がもう存在していないとしても、言語ゲームのなかに受けいれられているわけだから、「『記号N』には、たとえそのにない手が存在しなくなっているとしても、意味がある」と言えるのではないか。

42　しかし、けっして道具をあらわすものとして使われたことのない名前も、その言語ゲームでは意味をもったりすることがあるのだろうか？――では、「X」がそういう記号だとしてみよう。そしてAが「X」のサインをBに送るのだ。――すると、「X」のような記号も言語ゲームに受けいれられるわけだから、Bはそのサインにたいして首をふって答えることになるだろう。（これはAとBが冗談でするようなものだ、と考えることができるだろう）

43　「意味」という単語が使われる――すべての場合ではないにしても――ほとんどの場合、この単語はつぎのように説明できる。単語の意味とは、言語におけるその使われ方である、と。

　そして名前の意味は、ときには、その名前のにない手を指さすことによって説明されることもある。

44　「ノートゥングがすでにうち砕かれているとしても、『ノートゥングには鋭い刃がある』という文には意味がある」と、私たちは言った。しかしそう言えるのは、この言語ゲームでは名前が、そのにない手がなくても、使われるからである。しかしまた、名前も登場するのだが、そのにない手があるときにだけ名前が使われるような言語ゲームを想像することもできる（記号の登場する言語ゲーム、と言ってもいい。記号のことを「名前」と呼んでも、まず大丈夫だろう）。つまりその言語ゲームでは、名前はいつも、指さす身ぶりとともに使われる指示的な代名詞と交換可能なのだ。

45　指示代名詞「これ」には絶対、にない手が必要だ。つぎのように言えるかもしれない。「これがあるかぎり、『これ』という単語には意味もある。たとえこれが単純なものであろうとも、複雑なものであろうとも」。――だからといって、「これ」という単語が名前になるわけではない。その逆なのだ。なにしろ名前は、指さす身ぶりとともに使われるのではなく、指さす身ぶりがあってこそ説明されるものなのだから。

46　さて、名前はもともと単純なものをあらわす、ということはどういうことなのか？——ソクラテス（が『テアイテトス』でこう言っている）〔以下の発言は、オリジナルのギリシャ語ではなく、プライゼンダンツ訳のドイツ語を日本語にしたものです〕。「勘違いでなければ、これから話すことは何人かが言ってたことなんだよ。原エレメントというようなものがあるんです。われわれと、われわれ以外のすべては、その原エレメントから合成されているわけですが、原エレメントを説明することはできません。というのも、それ自身で存在するものは、どんなものでも、名前であらわすしか仕方がないからです。それ以外の規定は、不可能なんです。『それがある』とも、『それはない』とも言えません……。それ自体で存在するものは、ほかに規定のしようがなく、……名前で呼ぶしかないわけです。だから、なんらかの原エレメントについては、語ることも不可能ということになります。たんに名前で呼ぶしかありません。名前しかもってないわけですから。ところで、そういう原エレメントを合成してできたものは、それ自身が、組み合わせてできた複合物なわけですから、その名前もおなじように組み合わされているので、名前を口にすることが説明となったのです。語ることの本質は、名前の組み合わせですからね。と、以上が私の聞いた話だ」

こういう原エレメントが、ラッセルの「個体」であり、私の「モノ（対象）」（『論考』）でもあった。

47　ところで、現実のものを合成する単純な構成要素とは、なにか？——椅子の単純な構成要素とは、なにか？——つなぎ合わされている木材だろうか？　分子だろうか？　原子だろうか？——「単純な」ということは、合成されていないということだ。すると問題は、どういう意味で「合成されている」かである。「椅子の単純な構成要素だけ」について語ることは、まったく無意味なのだ。
またば、こんなことを考えてみよう。この木、この椅子の視覚イメージは、部分からなりたっているのか？　では、その単純な構成要素とは、どういう部分なのか？　いろんな色をしているということは、合成のひとつの種類だ。別の種類としては、たとえば、いくつもの直線部分からできている、なだらかでない輪郭。曲がっている部分は、上向きの大枝と下向きの大枝から合成されている、と言うことができる。

私が誰かになんの説明もせずに、「いま目の前にあるものは、合成されている」と言えば、当然、こう質問されるだろう。「『合成されている』って、どういうことですか？　どんなものでも合成されてるって、言えますよ！」――「君が見ているものは、合成されている？」と質問して、その質問が意味をもつのは、どういう種類の合成のことなのか――つまり、「合成」という言葉がどういう特定の使い方をされているのか――が、すでに決まっている場合だろう。幹だけでなく、大枝も見て、木の視覚イメージを「合成されたもの」としよう、ということがすでに決まっているなら、「この木の視覚イメージは、単純なもの？　それとも合成されたもの？」と質問したり、「じゃ、どの部分が構成要素？」と質問しても、その質問には、クリアな意味が――クリアな使い方が――ある。そして、2番目の質問にたいする答えは、もちろん、「大枝だよ」と言うことではなくて（「大枝だよ」が答えになるなら、それは、「ここで『単純な構成要素』はどう呼ばれているのですか？」という文法的な質問にたいする答えだろう）、たとえば、個々の大枝を描写することなのだ。

ところで、たとえばチェスのボードなどは、明らかに合成されたものではないだろうか？――たぶん君は、「32個の白い正方形と32個の黒い正方形から合成されている」と考えているんだろうね。でも私たちは、しかし、たとえば、「白い色と黒い色と正方形の網目模様から合成されている」とも言えるのではないか？　チェスのボードの場合、ほかにも実際いろんな見方があるとすれば、それでも君は「チェスのボードは、ともかく『合成された』ものだ」と主張するのだろうか？——ある特定のゲームの外側で、「これは合成されたもの？」と質問することは、あの少年の場合に似ている。少年は、いくつかの例文で動詞が能動態で使われているか、受動態で使われているか、質問された後、「眠る」という動詞が能動的なことをさしているのか、受動的なことをさしているのか、で頭を悩ませたのだ。

「合成されている」という言葉（したがって「単純な」という言葉）は、さまざまな形でおたがい親戚関係にある、かぎりなくさまざまな仕方で使われているのだ。（チェスのボードの目の色は単純なのか？　それとも純粋な白と純粋な黄色からなりたっているのか？　白は単純なのか？　それとも虹の色からなりたっているのか？——この2cmの線分は単純なのか？　それとも1cmの線分ふたつからなりたっているのか？　しかしどうしてそれを、3cmの線分から1cmの線分を引いたもの、と考えてはいけないのか？）

「この木の視覚イメージは合成されたものなのか？　そしてどの部分がその構成要素なのか？」。この哲学的な質問にたいする適切な答えは、こうである。「それは、『合成された』という表現でどういうことを理解しているか、にかかっている」（もちろんこれは、回答ではなく、質問の却下なのだが）

48　**2**の方法を『テアイテトス』の説明に応用してみよう。その説明が実際にあてはまるような言語ゲームを考えてみよう。その言語は、平面上にあるカラーの正方形の組み合わせをあらわすものとする。組み合わされた正方形はチェスのボードの形をした複合体になる。赤（rot）と、緑（grün）と、白（weiß）と、黒（schwarz）の正方形がある。その言語の単語は、（それぞれの色の正方形にしたがって）「R」、「G」、「W」、「S」であるとする。文はこれらの単語の列だ。これらの単語が、つぎの図のように並んだ正方形の配置を描いている。

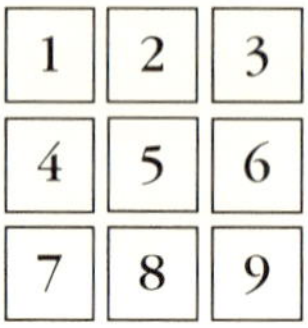

文「RRSGGGRWW」は、したがって、たとえばつぎのような配置を描いている。

この場合、文は名前の複合体であり、その複合体にはエレメントの複合体が対応している。原エレメ

ントはカラーの正方形だ。「しかしこれらの正方形は単純なもの？」——と聞かれても、この言語ゲームでは、なにを「単純なもの」と呼ぶのがより自然なのか、私には見当がつかない。別の場合には、モノカラーの正方形を「合成されたもの」と呼ぶかもしれない。たとえば、2つの長方形からなりたっているとか、色のエレメントと形のエレメントからなりたっている、と考えるわけだ。だが合成という概念を拡張することもできるのではないか。小さな平面のほうを「合成されたもの」とみなすのである。つまり小さな平面は、大きな平面と、その大きな平面から引かれた別の小さな平面とを合成したものと考えるわけである。力の「合成」とか、外部の点による線分の「分割」とかを思い出してもらいたい。それらの表現からわかることがある。私たちは場合によっては、小さなものを、大きなものの合成の結果とみなしたり、大きなものを、小さなものの分割の結果とみなしたりする傾向すらあるのだ。

　しかし私には、どちらだと言えばいいのかわからない。この文の描く図形が、4つのエレメントからなりたっているのか、それとも9つのエレメントからなりたっているのか？　それに、この文は4つの文字からなりたっているのか、それとも9つの文字からなりたっているのか？——そして、この文のエレメントは、文字の型なのか、それとも文字なのか？　しかし、どちらでもかまわないのではないか？　ある特別な場合に誤解が避けられさえするなら！

49　ところで、それらのエレメントを説明（つまり記述）できなくて、名前で呼ぶことしかできない、ということはどういうことなのか？　ある複合体の記述は、その複合体が極端な場合、たったひとつの正方形からなりたっているときには、カラーの正方形の名前でしかない、と言うようなことかもしれない。

ここでは、――こう言うと、いろんな哲学の迷信に陥りやすくなるのだが――「記号『R』とか『S』などは、あるときは単語となり、あるときは文となる」と言えるかもしれない。それが「単語なのか、文なのか」は、それを口にしたり書いたりする状況による。たとえばAがBに、カラーの正方形の複合体を描写しながら、「R」という単語しか使わないなら、「その単語は記述です――文です」と言えるだろう。ところがAが単語の使い方とその意味を覚えていたり、別の人に、単語の使い方を教えるために、モノをさしながら単語を発音する場合は、「その単語は文です」とは言わないだろう。その状況では、単語「R」は、たとえば記述ではない。単語「R」によってエレメントが呼ばれているのだ。――しかしだからといって、「われわれはエレメントを呼ぶこと（エレメントに名前をつけること）しかできない！」と言うのも奇妙な話だろう。名前をつけることと記述することは、おなじ平面にあるわけではない。名前をつけることは、記述することの準備なのだ。名前をつけただけでは、言語ゲームで動いたことにはならない。――ちょうど、チェスの駒を並べただけでは、チェスの指し手にならないようなものである。モノに名前をつけただけでは、なにもしたことにならない。言語ゲームの外では、モノは名前すらもっていない。それはフレーゲも言っていたことだ。「単語は、文のなかに置かれたときにだけ、意味がある」

50　では、エレメントについて「存在するとも存在しないとも言えない」と言うのは、どういうことだろうか？――こう言えるかもしれない。「存在する」・「存在しない」と言われることが、すべてエレメントの結合の有無であるのなら、エレメントの存在（非存在）について語ることは無意味である。ちょうどそれとおなじように、「破壊する」と言われることが、どんなことでも、エレメントの分離ということであるのなら、エレメントの破壊について語ることも無意味なのだ。

しかし、つぎのように言いたくなるかもしれない。エレメントには、存在をつけ加えることができない。もしもエレメントが存在しなければ、名前で呼ぶこともできないだろうから、エレメントについてなにひとつ語ることもできないだろう。――これと似たようなケースを考えてみよう。「1メートルである」とも、「1メートルでない」とも言えないモノがひとつだけある。パリに保管されているメートル原器のことだ。――だからといって私たちはメートル原器になにか不思議な特性をあたえたわけではない。メートル尺で測るというゲームでメートル原器がはたしている独特の役割を、明らかにしただけの話である。――メートル原器とおなじように、色の標本がパリに保管されていると想像してみよう。「セピア」というのは、そこで密閉して保管されている原セピアのことだ、と説明するなら、その原セピアの標本について「セピアである」とか「セピアでない」と言うことは、無意味だろう。

というわけで、こういうふうに言うことができる。その標本は、色について語るときに用いられる言語の道具なのだ。つまり、このゲームでは描写の対象ではなく、描写の手段なのである。――そしてまさにこのことは、言語ゲーム**48**のエレメントにもあてはまる。エレメントの名前として単語「R」が発音された場合のことだ。そうすることによって、言語ゲームにおける役割がさずけられたわけで、つまり、そのエレメントは描写の手段となったのである。だから、「それが存在しなければ、名前をもつことができないかもしれない」と言うことは、「このモノが存在しなければ、ゲームで使うことができないかもしれない」と言うことと大差ないのだ。——見かけのうえで、存在せざるをえないものも、言語の一部である。それは、私たちのゲームのパラダイム(範例)である。比較の基準となるものである。このことを確認しておくことは、重要なことだと言えるだろう。しかしそれにもかかわらずこれは、私たちの言語ゲーム——私たちの描写の仕方——にかんする確認なのである。

51　言語ゲーム**48**を紹介したとき、「正方形の色に対応するのが単語『R』や『S』などだ」と言った。だがその対応は、どこでなりたっているのか？　「これらの記号にいくつかの正方形の色が対応している」と言えるのはどういう意味でなのか？　**48**の説明は、これらの記号と私たちの言語のいくつかの単語(色の名前)とをつないだだけである。——さて、「言語ゲームでの記号の使い方は、別なふうに、しかもパラダイム(範例)を指さすことによって、教えられる」ということが前提になっていた。たしかにそうだ。だが、「言葉を実際に使うとき、記号にいくつかのエレメントが対応する」と言うことは、どういうことなのか？——それは、カラー正方形の複合体を記述する場合、赤い(rot)正方形があるときには、いつも「R」と言い、黒い(schwarz)正方形があるときには、「S」と言う、などのことなのか？　しかし記述するときまちがえて、黒い正方形があるのに、「R」と言ったら、どうだろう？——その場合、それがミスだと判断する規準は、なんだろう？——あるいは、「R」が赤い正方形をあらわすということは、言葉を使う人が、「R」という記号を使うときにはいつも、赤い正方形を思い浮かべているということなのだろうか？

もっとクリアに見るためには、似たような無数のケースとおなじくこの場合も、プロセスの細部に注目し、プロセスを近くから観察しなければならない。

52　もしも私が、ネズミがグレーのぼろ切れとほこりから自然発生するものだ、と想定したいのなら、ネズミがどうやってぼろ切れのなかに隠れることができたのか、とか、ネズミがどうやってぼろ切れのなかに入りこむことができたのか、などを知るために、グレーのぼろ切れを詳しく研究することは悪くないだろう。だが、ネズミがそんなモノから発生するわけがないと確信しているのなら、そういう研究はよけいなものかもしれない。

ところで、哲学では細部をこのように研究することに抵抗があるが、私たちはまず、それがどういうことなのか、理解できるようにならなければならない。

53　さて言語ゲーム**48**には、さまざまの可能性があり、さまざまのケースがあるのだが、ケースによって私たちは、「記号が、ゲームではこれこれの色の正方形の名前だ」と言うかもしれない。そのように言うのは、たとえば、その言語を使う人たちにたいして記号の使い方が、これこれのやり方で教えられた場合だ。または、この記号にはこのエレメントが対応するということが、たとえば表のようなもので文字に書かれている場合や、その表が言葉を教えるときに使われたり、言い争いの決着などに引っぱり出されたりする場合だ。

そういう表は言葉を使うときの道具である、とも考えることができる。その場合、複合体の記述はつぎのようにして行われる。複合体を記述するときは、表をもっていき、複合体のエレメントをひとつずつ表で探しあて、エレメントから記号に移行するのである。（そしてまた、記述されたものをもらったときも、エレメントの言葉を表にもとづいて翻訳して、カラーの正方形を実際に見ることができるのだ）。「この表はここでは、ほかのケースでは記憶や連想がはたしている役割をになっている」と言えるかもしれない。（「赤い花をもってきて」と言われたとき、赤という色をカラー表で探しあて、カラー表にあるその色の花をもっていく、などということは、ふだんならやらないだろう。しかし、ある特定のトーンの赤を選ぶことになったり、混ぜてつくることになったときには、カラーサンプルやカラー表のお世話になることになる）

そういう表のことを、言語ゲームのルールをあらわしたものと呼ぶなら、「言語ゲームのルールと呼ばれているものには、ゲームでじつにさまざまな役割がふりあてられることになる」と言うことができる。

54 だが、「ゲームが一定のルールでプレーされている」と言うのは、どんなケースでなのか、考えてみよう。

ルールは、ゲームを教えるときの補助になることがある。生徒に伝えられ、その使い方が教えこまれる。――あるいはまた、ルールはゲームの道具そのものになる。――あるいはまた、ルールがレッスンでもゲームそのものでも使われず、ルール表にも書かれていないこともある。ゲームを習うためには、ほかの人がプレーしているのを見物することになる。だがそれでも、「これこれのルールにしたがってプレーされている」と言われるのだが、それは、実際に行われているゲームを観察して、そのルールを読みとることができるからだ。——ルールは、プレーを支配している自然法則のようなものだ。——ところでこの場合、観察している人はどのようにして、プレーヤーのミスと正しいプレーを区別するのだろうか？——その目印はプレーヤーのふるまいにあるのだ。言い間違えをしたとき、それを訂正する人に特有のふるまいを考えてみるといい。たとえその人の言語がわからなくても、私たちには、その人のふるまいで識別できるのではないか。

55 「言語で名前があらわしているものは、破壊不可能でなければならない。破壊可能なものがすべて破壊された状態を、記述することができなくてはならないからだ。記述には単語が使われるだろう。単語に対応するものは、破壊されていてはならない。破壊されているなら、単語は意味をなくしてしまうからだ」。私は自分のすわっている枝を、切り落としてはならないのである。

　もちろんこれにはすぐ反論できるかもしれない。「記述そのものは、破壊の対象からはずれている必要がある」。——しかし、記述で使われる単語に対応しているので、もしも記述が真実なら、破壊されていてはならないものがある。それは、単語にその意味をあたえるものなのだ。——それがなければ、単語は意味をもたないだろう。——ところでこの人は、ある意味では、名前に対応している存在である。この人は破壊可能であるけれど、この人の名前は、そのにない手が破壊されても、意味をなくさない。——名前に対応していて、それなしでは名前が意味をもたなくなるもの。たとえばそれは、言語ゲームで名前と結びつけて使われるパラダイム（範例）である。

56 しかし、たとえば私たちが、単語があらわしている色を覚えるとき、そのサンプルが言語に属していない場合は、どうだろうか？——「色を覚えるとき、たとえばその名前を言うと、その色が目の前に浮かんでくる。だとすると、その色が破壊不可能であるにちがいないのは、私たちがいつでもその色を思い出す可能性がある場合だ」。——ところで、それをちゃんと思い出していると判断する規準は、なんだろう？——記憶ではなくサンプルによって仕事をしているとき、「サンプルの色、変わっちゃったぞ」と言って、そのことを記憶をたよりに判断する場合がある。また場合によっては、記憶のイメージが（たとえば）薄らいでしまうこともあるのではないか？　私たちは記憶にも、サンプルにもおなじようにたよっているのではないか。（「記憶がなかったら、サンプルにたよるだろう」と言い張られる可能性があるだろうから）。——またたとえば、化学反応にたよる場合もあるだろう。「F」という色で描きなさい、と言われたとしよう。化学物質XとYが化合したときに、出てくる色だ。——そこで、ある日、その色が前日よりも明るく感じられたとしよう。そのとき、「私の勘違いにちがいない。色はきっと、きのうとおなじはずだ」と言う場合があるのではないだろうか？　つまり、かならずしも私たちは、記憶の言うことを、控訴不可能な最上級の仲裁裁定として用いているわけではないのだ。

57 「赤いものを壊すことはできるが、赤を壊すことはできない。だから、『赤』という単語の意味は、赤いものの存在には依存していない」。――たしかに、「赤い色(色であって、顔料ではない)が引き裂かれる」とか「すりつぶされる」などと言うことは無意味である。しかし、「赤みが消えた」とは言わないだろうか? 「赤いものがもう存在していないとしても、目の前に赤みを思い浮かべることはできる」という考えにしがみつかないでほしい。それは、「赤い炎を発生させる化学反応があいかわらず存在している」と言いたがるようなものだ。――つまり、もう赤い色を思い出せなくなっている場合を考えてみればいい。――赤という名前をもった色がどういう色か、忘れているなら、赤という名前は意味をなくしている。つまり、もうその名前を使ってなんらかの言語ゲームができないのだ。この状況を、私たちの言語の手段であるパラダイム(範例)がなくなってしまった状況に、たとえることができる。

58 「私は、『Xは存在する』というパターンで言えないものだけを、『名前』と呼ぶつもりです。――そうしておけば、『赤(Rot[名詞])が存在する』とは言えないでしょう。だって、赤が存在しなければ、赤のことなんか話題にできないのですから」。――もっと精確に言うとこういうことになる。「Xは存在する」が、「『X』には意味がある」というようなことを述べているつもりなら、――それは、Xについての文ではなく、私たちの言葉の使い方についての文、つまり単語「X」の使い方についての文ということになる。

私たちは「赤が存在する」と言うことによって、赤の性質について発言しているかのように思えてしまう。だが、「赤が存在する」とか、「赤は『それ自体で』存在する」と言っても、意味がない。

――それは、赤についての形而上学的な発言だが――「赤には時間がない」と言ったり、ことによるともっと強烈に「赤は壊せない」と言ったりするときにも、おなじような考えがあらわれている。だが、もともと私たちは「赤は存在する」を、「『赤』には意味がある」という発言だとみなしたいだけなのだ。いや、「赤は存在しない」を、「『赤』には意味がない」とみなしたいだけなのだ、と言うほうが精確かもしれない。とはいっても私たちは、その発言の真意がそれだと言うのではなく、その発言に意味があるとすれば、そういう意味でしかない、と指摘しておきたいだけなのだ。そして、その発言がそういうことを言おうとすると、自己矛盾におちいってしまう、ということも指摘しておきたい。――なにしろ、「赤は『それ自体で』存在する」と思っているわけだから。ところで矛盾があるのは、この文が「赤い(rot[形容詞])」という単語の使い方について語っているはずなのに、まるで赤い色について語っているかのように見えるからにすぎない。――実際、「なにか色がある」とよく言うけれど、それは、「その色をしたものがある」といった程度の意味にすぎない。そして前者の発言は後者の発言とおなじくらい精確なのである。「その色をしたもの」が物理的なモノ(対象)でない場合には、とくに。

59
「名前があらわすのは、現実のエレメントであるものだけ。壊れないものとか、どんな変化があってもおなじでありつづけるものとか」。――しかしそれはどういうものなのか?――私たちがその文を言っているあいだに、それはもう私たちの頭に浮かんでいた。私たちは、ある特定のイメージのことをはっきり言ったのだ。私たちが使おうと思っている特定の映像のことを。というのも、経験はそれらのエレメントを教えてくれないから。私たちが見るのは、合成されたもの（たとえば椅子）の部分である。私たちはこう言う。背もたれは椅子の一部だが、背もたれは背もたれで、いろんな木材から合成されているけれど、脚は単純な部分です、と。私たちは全体も見る。全体は変化する（壊される）けれど、全体を構成している部分は変化しません。それらの部分を材料にして、私たちはあの現実像をつくりあげるわけだ。

60　さて私が、「私のほうきが隅にある」と言うとき、――じつはそれはほうきの柄と穂についての発言なのだろうか？　いずれにしてもこの発言を、柄の位置と穂の位置を伝える発言に交換できるかもしれない。すると2番目の発言は、最初の発言をさらに分析した形になっている。――しかしなぜ私は、「さらに分析した」と言うのだろう？――うーん、ほうきがそこにあれば、それは、柄と穂とがそこにあって、くっついているにちがいない、ということを意味するはずだ。このことは以前から、いわば文の意味のなかに隠されていたけれど、分析した文になって、はっきりそう言われたのである。とすると、「ほうきが隅にある」と言った人は、じつは、「柄がそこにあり、穂がそこにあり、柄が穂にくっついている」と思っていたのだろうか？――「そう思っていたのですか？」と私たちが誰かに聞くと、たぶん、「ほうきの柄とほうきの穂を別々に考えていたわけじゃない」と答えられるだろう。たぶんそれが正しい答えだろう。ほうきの柄と穂を別々に考えるつもりはなかったからだ。誰かに、「ほうき、もってきて」と言うかわりに、――「ほうきの柄と、柄にくっついてる穂、もってきて」と言ったとしよう。――それにたいする返答は、「ほうき、もってきてほしいの？　なんでそんな変な言い方するんだい？」ではないだろうか。――さらに分析された文のほうが、わかりやすいのだろうか？――さらに分析された文も、まあ、普通の文とおなじ仕事をするのだが、まわりくどい。――こんな言語ゲームを想像してみてほしい。誰かに、いくつかの部分からできているモノをいくつか、もってこいとか、動かせとか命令するのだ。このゲームには2種類のやり方がある。まずゲームaでは、**15**のように、合成されたモノ（ほうき、椅子、テーブルなど）に名前がついている。もうひとつのゲームbでは、部分にだけ名前がついていて、全体は部分の名前であらわされる。――さて、ゲームaの命令は、どういう意味でゲームbの命令を分析した形なのか？　ゲームbの命令は、ゲームaの命令に含まれていて、分析すれば取り出せるのだろうか？――たしかにほうきは、くっついている柄と穂を離せば、解体される。しかしだからといって、「ほうき、もってきて」という命令までもが、解体される部分からなりたっているのだろうか？

61「しかしさ、ゲームaの命令がゲームbの命令とおなじことを言ってる、ということは否定しないでしょ？　だったら、bの命令をaの命令の分析形と呼ばないなら、どう呼ぶつもり？」――もちろん私も、「aの命令はbの命令とおなじ意味だ」とか、先に言ったように、「ふたつともおなじ仕事をする」と言うだろう。つまり、たとえばゲームaの命令をしめされて、「これはゲームbのどの命令とおなじ意味なの？」とか、「これはゲームbのどの命令と矛盾するの？」と質問されれば、これこれしかじかだと答えるだろう。しかしだからといって、「おなじ意味である」とか「おなじ仕事をする」という表現の一般的な使い方にかんして合意したわけではない。つまり、「どのようなケースにおいて、『これはおなじゲームの、2つのことなった形にすぎない』と言うのですか?」と質問されることがあるからだ。

62　たとえば、aの命令とbの命令をあたえられたとき、命令されたものをもってくる前に、名前と絵の対応表を見ておかなくてはならない、としよう。aの命令を実行する場合と、それに対応したbの命令を実行する場合とでは、おなじことをしているのだろうか?――答えはイエスであり、ノーである。「ふたつとも命令のポイントはおなじだよ」と君は言うかもしれない。私もそれに賛成するだろう。――だが、命令の「ポイント」がどういうものであるのかは、いつもはっきりしているとはかぎらない。(同様に、あるモノにかんして、「その目的はこれこれだ」と言うことができる。本質的なことは、これがランプであって、照明に使われる、ということである。――これが部屋を飾ったり、殺風景な空間を埋めるなどということは、本質的ではない。だが、「本質的」と「本質的でない」は、かならずしもはっきりと区別されるわけではない)

63　「bの文は、aの文を分析した形だ」と言われると、つい、「bの形のほうが基本なんだ。別の形で考えられていることが、はじめて見えた」などと思ってしまう。私たちは、「分析されていない形しか知らない人は、分析力がないんだ。分析した形を知ることによって、すべてがわかる」などと思う。――しかし、こう言えないだろうか。「分析した形を知っている人にも、ものごとをながめるアスペクトのひとつが失われているのだ。分析した形を知らない人と同様に」

64　ゲーム**48**をつぎのように手直ししてみよう。そこでは名前が、モノカラーの正方形をあらわすのではなく、**48**で登場するモノカラーの正方形2つでできた長方形をあらわすものとする。そうして、半分が赤で半分が緑の長方形を「U」と呼び、半分が緑で半分が白の長方形を「V」と呼ぶ……、というふうにする。そういうカラー・コンビネーションの名前は知っているけれども、モノカラーの名前を知らない人間を想像することができないだろうか？　「この色構成（たとえばフランスの三色旗）は、独特ですね」と言うケースを考えてみるといい。

この言語ゲームの記号は、どういう意味で分析される必要があるのか？　つまりこのゲームは、どこまでゲーム**48**と置き換えることができるのだろう？――これは、まさに別の言語ゲームなのである。**48**とは親戚関係にあるけれど。

65　ここで大問題にぶつかる。これまで考察してきたことすべての背後にある大問題である。――つまり、こんなふうに反論されるかもしれないのだ。「いい加減だなあ、君は。言語ゲームをあれこれ考えられるかぎり並べてみせてくれたけれど、まだ言ってないことがあるでしょう。なにが、言語ゲームの本質なのか。つまりさ、なにが、言語の本質なのか。なにが、これら言語ゲームのプロセス全体に共通するものなのか。なにによって、これらのプロセスが言語になるのか、または言語の一部になるのか。君が言わずに避けていることこそ、まさに、当時いちばん君自身を悩ませていた問題じゃないんですか。君は手抜きして、命題の一般形式にかんする問題や、言語の一般形式にかんする問題を考えてない」

たしかにそのとおりである。――だが、言語と呼ばれるものすべてに共通する「なにか」を指摘するかわりに、私はこう言いたいのだ。それらの現象にはなにひとつとして共通するものはない。すべてにたいしておなじ言葉を使えるような共通項はない。――けれども、それらの現象は、じつにさまざまなやり方で、おたがい親戚関係にある。この親戚関係ゆえに、またはこれらの親戚関係ゆえに、私たちは、それらの現象をすべて「言語」と呼んでいるのだ。これから私は、このことを説明しようと思う。

66 たとえば、「ゲーム」と呼ばれるプロセスを観察してみよう。ボードゲーム、カードゲーム、ボールゲーム、ラグビーなどのことだ。これらすべてに共通するものは、なんだろう？――「なにか共通するものがあるにちがいない。でないと、『ゲーム』と呼ばれないだろう」などと言わないでほしい。――これらすべてに共通するものがあるのかどうか、よく見てほしい。――というのも、よく見てみると、すべてに共通するようなものは見えないけれど、類似点や親戚関係が見えてくるだろう。それも、たくさん。くり返しになるが、考えるのではなく、見るのだ。――たとえば、ボードゲームを見てみよう。そのいろんな親戚関係もいっしょに。つぎは、カードゲームに行ってみよう。そこではボードゲームに対応しているたくさんの点に気づくだろう。けれどもたくさんの共通点が消えて、そのかわりほかの共通点が見えてくる。つぎにボールゲームに行ってみると、いくつかの共通点は残るけれど、たくさんの共通点が消えてしまう。――ゲームはみんな「楽しい」？　チェスを三目並べ《ミューレ》と比較してみるといい。あるいは、ゲームにはかならず勝ち負けがあるだろうか？　プレーヤーが競争するのだろうか？　ひとりでやるペーシェンスを考えてみればいい。ボールゲームには勝ち負けがある。子どもが壁にボール投げをしているときは、勝ち負けという特徴は消えている。技能や運がどんな役割をはたすのか、見てみよう。しかしチェスの技能とテニスの技能ではずいぶんちがう。こんどは、「輪になって踊ろ」ゲームを考えてみよう。そこには娯楽の要素はあるけれど、それ以外の特徴はなんとたくさん消えてしまうことか。こんなふうにして、いくつもいくつものグループのゲームをながめていくことができる。類似点があらわれては消えていくのを目にすることになる。

　で、この観察の結果はこういうことになる。類似性は、重なりあい交差しあいながら、複雑なネットワークをつくっているのだ。スケールの大きな類似性もあれば、細部についての類似性もある。

67　こういう類似性の特徴を言いあらわすには、「家族的類似」と言うのが一番だ。こんなふうに重なりあい交差しあっているのは、体型、顔つき、眼の色、歩き方、気質などなど、家族のメンバーに見られる、さまざまな類似性なのだから。――そこで私は、「『ゲーム』はひとつの家族をつくっている」と言っておこう。

　おなじようにして、たとえば、さまざまな数の種類もひとつの家族をつくっている。なぜ私たちは、あるものを「数」と呼ぶのだろうか？　そう、たとえば、それが、これまで数と呼ばれてきたいくつかのものと――直接的な――親戚関係にあるので、おなじく数と呼ばれているほかのものと間接的な親戚関係をもつからである。こうして数の概念を拡張していくのは、1本の糸をつむぐときに繊維と繊維をよりあわせることに似ている。しかも糸の強さは、どれか1本の繊維が糸の全長にわたってのびていることではなく、たくさんの繊維が重なりあっていることから生まれるのだ。

　しかし、「だったら、そうやってつくられたものには、すべて共通のものがありますね。——つまり、これらすべての共通点の選言だということが」と言いたがる人がいるかもしれない。——それにたいして私は、「あなたは言葉遊びをしてるだけだ」と言うだろう。「糸全体について言えることがありますね。——つまり、繊維がびっしり重なりあっているわけで」などと言いたがる人もいるかもしれないが。

68「そうか。だったら数の概念は君にとっては、基数、有理数、実数など、おたがい親戚関係にある、個々の概念の論理和として説明されているわけですね。おなじようにしてゲームの概念も、それに対応する部分概念の論理和として説明されているわけですね」。——いや、かならずしもそうである必要はない。というのも、私は「数」の概念にきっちり境界をつけることができるからだ。つまり、「数」という単語を、きっちり境界のある概念をあらわすものとして使うこともできるからだ。けれどもまた、概念の範囲の境界を閉じないで使うこともできるからだ。そんなふうに使っているのが、「ゲーム」という単語だ。ゲームの概念の境界は、どんなふうにして閉じられているのだろうか？どれがまだゲームであり、どれがすでにゲームでないのか？　君はその境界を言うことができるかな？　できないよね。でも、なんらかの境界線を引くことならできる。まだ境界線が引かれていないからだ。（けれども君が「ゲーム」という単語を使っていたときは、境界のことなどで悩んではいな

かった）

「しかしそうすると、単語の使い方は規制されていないわけだね。単語でやっている『ゲーム』は、規制されていない」。――あらゆるところがルールで縛られているわけではない。テニスではどれくらい高く、またはどれくらい強くボールを打っていいのか、ルールはないけれど、テニスはちゃんとしたゲームだし、ルールもある。

69 どうやって私たちは誰かに、ゲームとはなにか、を説明するのだろうか。いろんなゲームを紹介してから、「こういうのとか、こういうのに似たものが『ゲーム』なのさ」と言うかもしれない。そう説明する私たちは、それ以上のことを知っているのだろうか？ ゲームとはなにか、を精確に言えないのは他人にたいしてだけ？――しかしそれは、知らないということではない。概念の境界を知らないのは、境界線が引かれていないからだ。先に言ったように、――なにか特別の目的で――境界線を引くことはできる。そうやってはじめて概念が使えるようになるのだろうか？ いや、とんでもない！ なにか特別のその目的がある場合は、別だけれど。ちょうど、「1歩＝75cm」と定義した人が、「1歩」という尺度を使えるようにしたわけではないように。「しかし以前それは、精確な尺度じゃなかったんだ」と言うのなら、私は、「そうさ、当時は精確な尺度じゃなかったね」と答える。――精確さとはどういうものか、君には定義してもらわなければならないが。

70 「しかしこんなふうに『ゲーム』っていう概念に境界がないなら、君が『ゲーム』と言っても、それがどういう意味なのか、じつは君にはわかってないわけですね」。――つまり、私が「その土地はすっかり植物におおわれていた」と述べると、――君はこう主張するわけだ。植物とはなにかを定義できないうちは、私がなににについて話をしているのか、私にはわかっていないわけですね、と。

私の思ったことを説明するとすれば、たとえば、スケッチを描いて、「だいたいこんなふうだったな、その土地は」と言うだろう。もしかしたら、「まさにこんなふうだった」とすら言うかもしれない。――つまり、まさにそれらの草や葉がそういう状態でそこにあったのだろうか？ いや、そういうわけではない。その意味では、どんな絵も私は精確な絵とは認めないだろう。

> 「子どもたちにゲームを見せてやってくれ」。そう言われて私が、ダイスゲームを教えてやると、「そんなゲームを教えてほしかったわけじゃない」と言われた。私に命令したとき、きっとその人は、ダイスゲームを除外することを考えていたのではないか？

71 「ゲーム」という概念は縁がぼやけた概念だ、と言われるかもしれない。――「しかしぼやけた概念なんて、概念といえるのだろうか？」――ピントのずれた写真なんて、人物写真といえるのだろうか？ 鮮明でない写真を鮮明な写真と交換することは、どんなときでもメリットがあるのだろうか？ 鮮明でない写真のほうこそ、しばしば必要とされるものではないのか？

フレーゲは概念を地区にたとえて、こう言っている。「境界がクリアでない地区なんて、地区とはいえない」。これはたぶん、それでは使い物にならない、という意味なのだろう。――しかし、「このあたりにいてね」と言うことはナンセンスなのだろうか？　誰かと広場にいて、そう言ったと想像してみてほしい。そのとき境界線など引かないだろうが、手で指す動作をするだろう。――まるで特定のポイントを指すみたいな。しかしまさにそうやって説明されるのが、ゲームとはなにか、ということなのだ。いろんな例をあげて、なんらかの意味で理解されることを期待するわけである。――だがそう言ったからといって、私は、「これらの例から共通点を見つけてほしい。ちょっと訳があって――はっきり共通点を指摘できなかったけれど」と言っているのでなく、「これらの例をなんらかの仕方で使ってほしい」と言っているのだ。例をあげるのは、この場合、――もっといい方法がないため――説明の間接的な手段となっているのではない。どんな一般的な説明だって誤解されるものだから。そんなふうにして私たちはまさにゲームをやっているわけだ。（ここで私が「ゲーム」と言っているのは、言語ゲームのことである）

72　共通なものを見る。誰かに私がさまざまな色彩画を見せて、「どの絵にも見える色が『黄土色』なんですよ」と言う、と仮定してみてほしい。――その人が、どの絵にも共通のものを探しだして、それだと気づいたとき、説明が理解されたことになる。そうなるとその人が、共通なものに目をむけて、それを指さすことができる。

　それと比較してもらいたいケースがある。さまざまな形をしているが、どれもおなじ色をした図を私が見せて、こう言うのだ。「これらの図が共有しているものが、『黄土色』なんです」

さらに、それと比較してもらいたいケースがある。さまざまな陰影のブルーのサンプルを私が見せて、こう言うのだ。「どれもに共通している色を、『ブルー』と呼ぶのです」

73　色の名前を説明されるとき、サンプルを指して、「この色が『ブルー』で、これが『グリーン』、……」と言われるとする。このケースは多くの点で、サンプルの色のしたにそれぞれの単語が書かれている表を手渡されるケースにたとえることができる。——もっともそういうたとえが、誤解を招くこともある。——たとえを拡張したくなってしまうのだ。つまり、説明がわかったということは、説明されたことの概念を——いいかえれば、サンプルとかイメージを——心のなかにもっているということになる。さまざまな葉っぱを見せられて、「こういうのを『葉っぱ』と呼ぶんだよ」と言われれば、葉っぱの形の概念がわかり、そのイメージを心のなかにもっていることになる。——だが、葉っぱのイメージは、特定の形をしているのではなく、「すべての葉っぱの形に共通するもの」なので、どんなふうに見えるのだろうか？　グリーンという色——グリーンのすべての色調に共通するもの——の「サンプルを私は覚えている」わけだが、そのサンプルはどんな色調をしているのだろうか？

「しかしそういう『一般的な』サンプルは存在できないのでしょうか？　葉っぱのパターンとか、純粋なグリーンのサンプルとか？」——たしかに、存在はするだろう！　しかし、そのパターンは、パターンとして理解されるのであって、特定の葉っぱの形として理解されるのではないし、また、純粋なグリーンの細片は、「グリーンがかったものすべて」のサンプルとして理解されるのであって、「純粋なグリーン」のサンプルとして理解されるわけではない。——これはこれで、それらのサンプルの使われ方の問題となるのだが。

　考えてみてもらいたい。グリーンという色のサンプルは、どんな格好をしていなければならないか？　長方形はどうだろう？　するとそれは、「グリーンの長方形」のサンプルということになってしまわないか？——では、「不規則な」形はどうだろう？　するとそれが、「不規則な形」のサンプルとしてしかみなされない——つまり、そのようにしか使われない——という可能性もあるわけだから、その可能性をどうやって排除するのだろうか？

74　ここでは、つぎのように考えるのもいい。この葉っぱを「葉っぱの一般的な形」のサンプルと見る人は、「ある葉っぱの特定の形」のサンプルとして見る人とは、見方がちがうのだ、と考えるのである。たしかにそうかもしれない——実際は、そうではないのだが——。というのもその考えによると、葉っぱを特定の仕方で見る人は、経験にそくして葉っぱを、これこれのやり方で、これこれのルールにしたがってサンプルとして使っている、と言っているにすぎないのだから。もちろん、ものごとをこういうふうに見たり、別のように見たりすることがある。また場合によっては、サンプルをこういうふうに見る人が、概してサンプルをこういうやり方で使うだろうし、別な見方をする人は、別な使い方をするだろう。たとえば立方体の図が描かれているとき、１つの正方形と２つの菱形からなる平面図と見る人は、「こういうの、もってきて」と言われた場合、立体図として見る人とは別な反応をするかもしれないのだ。

75　ゲームとはなにかを知っている、とはどういうことだろうか？　知っているけれど言うことができない、とはどういうことだろうか？　知っているということと、言葉にされていない定義とは、ある意味では同値なのだろうか？　だから、もしも定義が言葉にされたなら、私はそれを、私が知っていることが表現されたと認めることができるのだろうか？　ゲームについて私が知っていること、私が理解していることは、私がいろいろ並べてみせる説明によって、すっかり表現されているのではないか？　つまり私は説明として、いろんな種類のゲームの例を描いてみせたり、その例にしたがって、さまざまなやり方でほかのゲームをつくることができることをしめしたり、また、これこれはほとんどゲームとは呼べないだろうと言ったりするわけなのだが。

76　もしも誰かが、はっきりした境界線を引いたとしても、私はそれを、いつも私が引こうと思っていた境界線であるとか、心のなかで引いた境界線であるとは認めないかもしれない。はっきりした境界線など引こうと思っていなかったからだ。とすると、こう言うことができる。その誰かの概念は、私の概念とはちがうけれど、私の概念とは親戚である。この親戚関係は、2枚の絵の親戚関係だ。1枚の絵には、カラーで、境界のはっきりしない斑点が描かれており、もう1枚の絵には、似たような形と配置をもった斑点が描かれているが、その境界がはっきりしている。この場合、2枚が親戚であることは、2枚の違いと同様に否定できない。

77　このたとえをさらに進めてみると、明らかになることがある。はっきりした絵がぼんやりした絵に似ている度合いは、ぼんやりした絵のぼんやり度にかかっているのだ。ぼんやりした絵に「対応するようにして」、はっきりした絵を描いてみるように言われた、と想像してみるといいだろう。ぼんやりした絵のなかには、赤の、はっきりしない長方形があるので、そのかわりに、赤の、はっきりした長方形を描いてみる。もちろん——はっきりしない長方形に対応するように、はっきりした長方形をいくつも描くことはできるだろう。——ところがオリジナルの絵が色の境界のないほど、にじんでいる場合、——「ぼんやりした絵に対応するように、はっきりした絵を描け」と言われたら、絶望的な仕事になるのではないだろうか？　すると君はこう言わざるをえなくなるのではないだろうか。「ここには円を描くことも、長方形でも、ハート形でも描くことができます。色がすっかり混じりあってますからね。なにを描いても大丈夫ですし、——なにを描いてもダメです」。——こういう状況にいるのが、たとえば美学や倫理学で、「似たような概念」の定義を探している人なのだ。

こういう困難に出会ったら、忘れずつぎのように自問するといい。「この単語（たとえば「よい」）の意味をどうやって学んだのだろうか？　どんな例によって？　どういう言語ゲームで？」。そういうふうに自問したほうが、「単語には、意味の家族がなければならない」ということがよくわかるだろう。

78　つぎのことについて「知っている」と「言う」とを比較してみよう。

モンブランの高さは何メートルか——

「ゲーム」という単語はどのように使われるか——

クラリネットはどんな響きがするのか。知っているけれど、言うことができない、ということに驚く場合、考えているのは、1番目の例かもしれない。3番目の例ではないはずだ。

79　こういう例を考えてみよう。「モーセは存在していなかった」と言われるとき、いろんなことが意味されている。たとえば、「イスラエルの民がエジプトから脱出するとき、リーダーはひとりではなかった」とか、——「イスラエルの民のリーダーはモーセという名前ではなかった」とか、——「聖書がモーセについて報告していることを実行した人間は、いなかった」とか——などである。——ラッセルによれば、「モーセ」という名前は、いろんな記述によって定義することができる、ということになっている。たとえば、「イスラエルの民をつれて荒野を旅した男」とか、「この時代にあの場所に生きていて、当時、『モーセ』と呼ばれていた男」とか、「ファラオの娘にナイル川から拾われた男」などだ。たとえばどの定義を採用するかによって、「モーセは存在していた」という文の意味は別になる。モーセにかんする、ほかのどの文でも同様である。——そして、「Nは存在していなかった」と言われると、私たちは「それって、どういうことなの？　……って言いたいの？　とか、……とか、などと言いたいわけ？」などと質問する。

　だが私がモーセについて発言するなら、——いつでも、それらの「モーセ」記述のうちのどれかひとつを使う気があるのだろうか？　たとえば私は、「『モーセ』で私が理解しているのは、聖書がモーセについて報告していることを実行した男である」とか、「聖書がモーセについて報告していることをたくさん実行した男である」とか言うのだろうか？　「たくさん」とは、どれくらいのことだろうか？　私の文を「まちがっている」として捨てるためには、いくつのことがらがまちがっていると判明する必要があるのか、決めていたのだろうか？　とすると私にとって「モーセ」という名前は、あらゆるケースにおいて固定した一義的な使い方があるのだろうか？――私には、いわばたくさんの支えが用意されていて、どれかひとつの支えが外された場合には、別の支えを使う気がある、ということではないのだろうか？――もうひとつ別の例を考えてみよう。私が「Nが死んでしまった」と言う場合、名前「N」の意味にかんしては、(1)私がどこそこで会ったことがあり、(2)これこれの顔をしていて(イメージ)、(3)あれこれのことをやって、(4)市民としては「N」という名前をもっている、という男が生きていた、と私が思っているとしよう。――「N」でどういうことを理解しているのか、とたずねられたら、私は、4点すべてか、何点かをあげることになるだろう。ちがった機会には、ちがった答えをすることになるだろう。「N」にかんする私の定義は、だから、「これらすべてが合致する男」ということになるだろう。――しかし、そのうちのどれかがまちがっているとわかったら、どうするのだろう！――「Nが死んでしまった」という文がまちがっていると私は言う気になるだろうか？――しかし、私にとって枝葉にしか思えないようなことだけがまちがっていると判明した場合であっても、そう言う気になるだろうか？　ところで、枝葉であるかないかの境界はどこにあるのか？――こういう場合に私が「N」という名前の説明をしていたなら、私は喜んでその説明を修正するだろう。

そのことはつぎのように言える。「私が使っている『N』という名前では、意味が固定していない」。

（こう言ったからといって、その名前の使い方がそこなわれることはほとんどない。ちょうど、3脚ではなく4脚のテーブルが、場合によってはぐらつくけれども、テーブルとして使うぶんには支障がないようなものだ）

私が、意味を知らないまま、その単語を使っていると、私は、ナンセンスなことをしゃべっている、と言われるのだろうか？——君は、事情がどうなっているのか、見ることを妨げられないかぎり、好きなように言ってもいいのだ。（そして君は、事情がわかれば、いくつかのことを言わないでおくだろう）

（学問や科学で使われる定義は、安定したものではない。きょう現象Aの経験的な付随現象とされているものが、あしたは「A」の定義として使われるのだ）

80 「そこに椅子がある」と私が言う。そこへ行って、椅子をもってこようとすると、突然、椅子が見えなくなったとしたら、どうだろう？——「やっぱり椅子じゃなかった。なにかの錯覚だったんだ」。——だが2、3秒後に椅子がまた見えて、たとえば、つかむことができたとしたら、——「やっぱり椅子があったんだ。見えなくなったのは、なにかの錯覚だったんだ」。——だが、しばらくして椅子がまた消えたとしたら、——または、消えたように思えたとしたら、と仮定してみよう。これはなんと言うべきだろうか？ こういう場合のために、——そういうものまでを「椅子」と呼んでいいのかどうか、を決める——ルールが用意されているのだろうか？ けれどもそういうルールは、「椅子」という単語を使うときには、消えているのではないだろうか？ 私たちは、「椅子という単語に結びつけられるような意味なんかないんだ」と言うべきではないだろうか？　なにしろ、この単語が使われるようなあらゆる可能性にかんして、ルールが準備されているわけではないのだから。

81　F・P・ラムジーと話をしていたとき、「論理学は、『規範学』なんだよ」と強調されたことがある。そのとき彼がどんなことを考えていたのか、精確なことはわからない。だが疑いもなくそれは、ようやく後になって私にわかったことと近い親戚関係にあった。つまり、哲学では、単語を使うことは、固定したルールにしたがったゲームや計算にしばしばたとえられるのだが、「言葉を使っている人は、そういうゲームをやっているにちがいない」とは言えないのだ。――しかしもしも、私たちの言語表現はそういう計算に近づいていくだけなのだ、などと言うなら、誤解のふちに立っていることになる。なにしろ論理学では理想的な言語が話題にされているかのように、思えてしまうからだ。まるで、私たちの論理は、いわば真空の空間のための論理であるかのように、思えてしまうからだ。――ところが論理学は、自然科学が自然現象をあつかっているような意味では、言語を――というよりはむしろ思考を――あつかっているわけではない。せいぜい言えるのは、理想的な言語を構築している、ということぐらいである。だがここでは「理想的な」という単語が誤解を招くかもしれない。というのも、理想的な言語のほうが、私たちの日常言語よりも、すぐれていて完全であるかのように聞こえるからだ。正しい文がどんなものか、を人びとに最終的に教えるためには、論理学者が必要であるかのように聞こえるからだ。

　だがこれらのことが適切な光のもとに姿をあらわすのは、「理解する」、「意味する」、「考える」という概念がもっとクリアになってからのことだ。というのも、私たちは（そして私は）、文を口にして、意味したり、理解したりするとき、一定のルールにしたがって計算しているのだと考えてしまいがちだが、なぜ私たちがそんな考えに誘惑されてしまうのか（そして私が誘惑されたのか）ということも、これらの概念がもっとクリアになれば、クリアになるだろうからである。

82　なにを私は、「文を用いる人がしたがうルール」と呼ぶのだろう？――私たちが観察しているその人の言葉の使い方を、じゅうぶんに記述している仮説のことだろうか？　それとも、その人が記号を使うときに参照するルールのことだろうか？　それとも、その人にルールのことを聞いたとき、答えてくれたルールのことだろうか？――しかし、観察してもルールがクリアにならない場合は、どうなのか？　また、質問してもルールが明らかにならない場合は、どうなのか？――なにしろその人は、「N」でどういうことを理解しているのか、と私に聞かれて、説明はしてくれたのだけど、その説明を撤回して修正する用意があるのだから。――それでは、その人のしたがっているルールをどうやって決めたらいいのだろう？　その人は自分ではわかっていない。――もっと精確に言うと、「文を使う人がしたがうルール」という表現には、この場合、さらにどんな意味が込められているのだろうか？

83　言語をゲームとのアナロジーで考えれば、なにか光がもたらされるのではないか？　たしかに私たちは、人びとが野原でボール遊びを楽しんでいる状況を想像することができる。既存のいろんなゲームをはじめるのだが、ゲームを最後までやらない人もいて、ボールをとりとめなく空に投げたり、ふざけながらボールをもって追いかけっこしたり、ボールを投げあったりしているのだ。で、このとき、誰かがこう言う。「ずっとみんな、ボールゲームをしている。だから、ボールを投げるたびに一定のルールにしたがっている」

しかしまた、遊んでいるときに――遊びながらルールをつくっている、という場合もあるのではないか？ それからまた、遊びながら――ルールを修正している、という場合もあるのではないか。

84 言葉を使うとき、「あらゆる場所でルールに縛られているわけではない」と私は言った。しかし、あらゆる場所でルールに縛られているゲームとは、どのようなものだろうか？ ルールにどんな疑問もはいりこませず、穴という穴は全部ふさがれているようなゲームとは？――ルールの使い方を規制するようなルールを、想像できないものだろうか？ そして、そのようなルールによってとりのぞかれる疑問を、想像できないものだろうか？――そしてさらに？

しかし、だからといって、私たちが疑問をもつのは、疑問を想像できるからだ、というわけではない。自分の家のドアを開ける前にかならず、ドアのむこうには奈落の底が口を開けているのではないか、と疑う人がいて、ドアを通る前には、大丈夫かどうか確かめている（そしてその人の正しさがいつか証明されることもある）というケースを、たしかに考えることができる。――しかし、だからといって、おなじようなケースで私が疑うわけではない。

85　ルールは道しるべのようだ。——道しるべは、私の行くべき道について、疑問の余地を残さないものだろうか？　そのそばを通るとき、どの方角に行くべきか——街道にそってか、野道にそってか、野原を横切ってか——を教えてくれているのだろうか？　ところで私が道しるべにしたがうべきなのは、どの意味でなのか——手のさしている方向なのか、（たとえば）その逆方向なのか——は、どこに書かれているのだろうか？——そしてもしも、ひとつの道しるべのかわりに、いくつもの道しるべが連続して立っていたり、地面に何本もチョークの線が引かれていたりしたら、——それらにはたったひとつの解釈しかないのでは？——とすると私は、「道しるべというものは疑問の余地を残すものなのだ」とは言うことができる。いや、むしろ、「道しるべは疑問の余地を残すこともあるし、残さないこともある」と言うことができる。するとそれは、哲学の命題ではなく、経験命題である。

86　2のような言語ゲームを、表を使ってやることにしよう。AがBに伝える合図を、こんどは文字にする。Bは表をもっていて、第1列目には、ゲームで使う文字が書かれており、第2列目には、石材の形の絵が並んでいる。AがBに文字をしめすと、Bはそれを表のなかで探し、それとペアになっている絵に注目するという具合である。つまり表は、Bが命令を実行するときにしたがうルールということになる。——表で絵を探すことは訓練によって身につける。その訓練の一部は、たとえば、生徒が表のうえで指を水平に左から右へ動かせるようにする、つまり、いわば水平線を何本か引けるようにすることだ。

　さてここで、表の読み方にさまざまな方式が導入されたとしよう。つまり、あるときは、いま述べたような方式で、つぎのようなパターン。

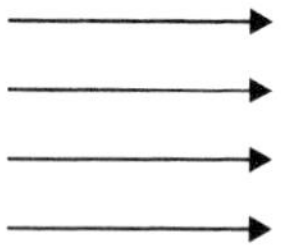

またあるときは、つぎのようなパターン。

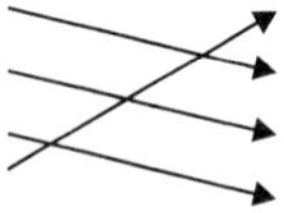

またほかのパターンもあるだろう。――こういうふうにしてパターンを、「表をどう使うか」のルールとして表に添付することにする。

このルールを説明するために、さらに別のルールを考えることができないだろうか？　ところで、あの最初の表は矢印のパターンなしでは不完全だったのだろうか？　ほかの表も、それぞれのパターンなしでは不完全なのだろうか？

87　『モーセ』という名前で私は、もしもそういう男がいたとしてだが、イスラエルの民をエジプトから脱出させた男だと理解している。当時、どんな名前で呼ばれていたにせよ、ほかにどんなことをしたにせよ、しなかったにせよ」。こんなふうに私が説明したとしよう。——だが、この説明に登場するほかの単語も、「モーセ」という名前についてと同様に、似たような疑問が可能である（なにを「エジプト」と呼んでいるのか、誰のことを「イスラエルの民」と呼んでいるのか、など）。たしかに、こういう質問は、「赤い」や「暗い」や「甘い」といった単語にまで波及させたとしても、終わることがない。——「ところでさ、最終的な説明でもない説明が、どうやってぼくの理解を助けてくれるわけ？　説明は最後までされてないわけでしょ。だからぼくには、どういう意味なのか、わからないままだし、けっしてわからないよ」——そんなふうに言われると、まるで説明というものは、ほかの説明に支えられていなければ、宙に浮いたままであるかのようだ。ところが説明は、ほかの説明があたえられたときは、そのうえに落ち着くことができるわけだが、しかし、どんな説明も——誤解を避けるために私たちが要求するときは別として——ほかの説明を必要としないものだ。こんなふうに言えるかもしれない。「説明というものは、誤解をとりのぞいたり、防いだりするのに役立つのだ」。——もっとも、ここでいう誤解とは、説明しないと入りこんでくるかもしれない誤解のことであって、私に想像できるありとあらゆる誤解のことではない。

どんな疑いも、基盤にあらわれた割れ目だけをしめしているように、思われがちである。だから、確実な理解は、まず、疑うことのできるものを残らず疑ってから、それらの疑いをすべてとりのぞいて、はじめて可能になる、などと考えられてしまうのだ。

道しるべは、——普通の状況で、その目的をはたしていれば——問題がないのである。

88　「このあたりにいてね」と誰かに言ったとする。——その説明の仕方は完全ではないのだろうか？　ほかのどんな説明もうまくいかないのではないか？

「けれどもその説明は不精確じゃないのでは？」——いや、不精確なのだ。どうしてそれを「不精確」と呼んではいけないのか？　それよりも、「不精確」がどういうことなのか、理解しようじゃないか。「不精確」は「使えない」とはちがうのだから。そしてどういうものを、不精確な説明とは逆の、「精確な」説明と呼んでいるのか、よく考えてみよう。ある区画の境界にチョークの線を引くことだろうか？　だがすぐに気がつくことだが、チョークの線には幅がある。とすると、もっと精確なのは色の境界かもしれない。しかしそういう精確さにはほかに取り柄があるのだろうか。空回りしているのでは？　おまけに私たちは、なにをもって「はっきりした境界ではない」とするのか、どのようにして、またどんな道具を使って、それを画定するべきなのか、などをまだ決めていなかったのである。

「懐中時計を精確な時間に合わせる」とか、「精確に動くように調整する」ということがどういうことなのか、私たちにはわかっている。しかし、もしも、「その精確さは、理想的な精確さなんですか？」とか、「それって、どれくらい理想的な精確さに近づいてるのかな？」と聞かれたとしたら、どうだろうか？——もちろん私たちは、いろんな時間測定について語ることができる。懐中時計で時間をはかるのとは別な、いわば、より大きな精確さというものもあるのだ。その場合は、「時計を精確な時間に合わせる」には、親戚みたいではあるが別の意味があり、「時計で時間を読む」にも、別のプロセスがある、などという具合である。——「食事にはもっと時間通りに来てもらわなくちゃ。

ちょうど1時からって、知ってるだろ」と言うとき、——精確さということが問題になっていないのではないだろうか？　なぜなら、「実験室や天文台で時間をはかるよね。その場合、『精確さ』ってどういうことなのか、わかるだろ」と言えるからだ。

「不精確」というのは、そもそも非難の言葉であり、「精確」はほめ言葉なのだ。つまりそれは、不精確なものは精確なものとちがってちゃんと目標には近づけない、ということだからだ。すると問題は、なにを「目標」とみなしているか、ということになる。地球と太陽の距離を精確に1メートル単位まで言わなかったら、不精確なのだろうか。指物師にテーブルの幅を０・００１ミリ単位で言わなかったら、不精確なのだろうか。

精確さの理想というものは、あらかじめ決まっているわけではない。それをどのようにイメージしたらいいのか——どういうのが理想的な精確さなのか、君自身が自分で決めるときは別だが——私たちにはわからない。しかし、自分で満足できるように決めることは、むずかしいだろう。

89　こういうふうに考えてくると、私たちの立っている場所には、「どの程度まで論理学は崇高なものか？」という問題がある。

なにしろ「論理学には、特別の深さが——一般的な意味が——認められるべきだ」と思われていたからである。「論理学は、あらゆる学問の基盤にある」と思われていたからである。——論理的な考察はあらゆるモノゴトの本質を探究するからだ。モノゴトの基盤を見ようとするので、実際のできごとのあれやこれやにかかわるべきではないのだ。——論理学は、実際の自然のできごとにたいする興味から生まれるわけでもなければ、因果関係をつかまえたいという欲求から生まれるわけでもない。経験にまつわるすべてのものの基礎、または本質を理解したいという努力から生まれるのである。そのためには新しい事実を探りだすべきであるかのように考えるのではなく、むしろ探究にとって本質的なことは、新しいことはなにひとつ学ぼうとしない姿勢なのだ。私たちが理解しようとするのは、すでに私たちの目の前に公然と横たわっているものである。なにしろ私たちはそれを、ある意味では、理解していないらしいのだから。

アウグスティヌス『告白』第11巻、第14章。「では、時間とはなにか？　誰からもたずねられなければ、私にはわかっている。たずねる人に説明しようとすると、私にはわからない」。——こういうことは、自然科学の質問（たとえば水素の比重にかんする質問）については言うことができないかもしれない。誰からもたずねられないときには、わかっているのだが、説明を求められると、わからないようなものとは、思い出すしかないものなのだ。（どうやらそれは、なんらかの理由で思い出しにくいものであるらしい）

90　現象を見抜くことが必要であるかのように、私たちには思える。だが私たちの考察が注目するのは、現象ではなく、いわば、現象の「可能性」なのだ。私たちが思い出すのは、つまり、現象にかんして行われる発言の仕方ということになる。だからアウグスティヌスもまた、できごとの持続にかんして、その過去・現在・未来にかんして行われる、さまざまな発言を思い出しているわけだ。（もちろんそれらは、時間についての、つまり過去・現在・未来についての哲学的な発言ではない）

私たちの考察は、だから文法的な考察なのである。文法的考察は、誤解をとりのぞくことによって、私たちの問題に光をあてる。誤解というのは、言葉の使い方にまつわる誤解のことである。とくに誤解がひきおこされるのは、私たちの言語のさまざまな領域における表現形式と表現形式とのあいだに、アナロジーのようなものが設定されるからだ。――いくつかの誤解は、表現形式を別の表現形式にとりかえることによって、とりのぞくことができる。これを表現形式の「分析」と呼んでもいいだろう。そのプロセスが分解のプロセスと似ていることがあるからだ。

91 そうすると、私たちの言語形式の最終的な分析といったようなものが、つまり、完全に分解された表現形式というものが存在しているかのように思われてしまう可能性がある。いいかえれば、私たちが使っている表現形式は、基本的にはまだ分析されていないかのように見え、また、私たちの表現形式のなかには、光にさらされるべきものが隠されているかのように見えてしまう。もしも最後まで分析されれば、表現は完全にクリアになり、私たちの課題も解決したことになるというわけだ。

「表現を精確にすることによって、誤解はとりのぞかれる」とも言うことができる。しかし、そうすると私たちは、ある特定の状態にむかって、つまり完全な精確さをえようと努力しているように見えてしまう。それが私たちの探究の本来の目標であるかのように思えてしまう。

92 言語、文、思考の本質を問うということが、**91**の事情をよく物語っている。――私たちの探究でも、言語のあり方を――言語の機能や、言語の構造を――理解しようとしてはいるけれども、それらの問いがめざしているものとはちがうものだ。それらが本質だと考えているものは、すでに明るみに出されているものではないし、整理することによって展望がひらけるものでもない。それらが考えている本質とは、表面のしたにもぐっているものであり、内部にあるものであり、ことがらを見抜いたときに見えてくるものであり、分析によって掘りだされるものというわけだ。

「本質は私たちに隠されている」。それこそ、いま私たちが問題であるとにらんでいる形式なのだ。「言語とはなにか?」とか、「文とはなにか?」と質問すれば、その答えは、きっぱりと決定的なかたちであたえられるべきであり、将来のどんな経験とも無関係なのだ、というわけである。

93 ある人は、「文なんて、この世で一番ありふれたものだ」と言い、またある人は、「文って、――とても奇妙なものだ!」と言うかもしれない。――後者の場合は、文がどんなふうに機能するのか、を単純にながめることができない。文や思考にかんする私たちの表現の仕方の形式に邪魔されているからである。

なぜ、「文は奇妙なものだ」と言うのだろう? 一方では、とてつもない意味が文に配属されるからだ(たしかにその通りだが)。他方では、そのとてつもない意味とか、言語論理の誤解とかのせいで、「文は、異常なこと、独特なことをするにちがいない」と思いこんでしまうからだ。――誤解のせいで、文が不思議なことをしているかのように思えてしまうのである。

94 「文って、奇妙なものだ!」と言うだけで、叙述がまるごと昇華されてしまっている。命題(=

文）記号と事実とのあいだに純粋な仲介者を想定するとか、命題（＝文）記号そのものを純粋にし、昇華しようとする傾向がみられるのだ。——命題（＝文）も普通のことと変わりはないのに、それをいろんな仕方で見えなくしているのは、私たちの表現形式なのだ。私たちの表現形式のせいで私たちは怪獣《キマイラ》狩りをさせられているのである。

95 「思考はユニークなものであるにちがいない」。私たちが「事態はこれこれである」と言って、そう思っているとき、私たちは、そうだと思っていることといっしょに、どこか事実の前で立ちどまっているわけではなく、「これこれ——しかじか——なのだ」と思っているだけだ。——このパラドクス（には、自明性という形式がそなわっているのだが）は、つぎのようにも表現できる。「われわれは、事実ではないことを考えることができる」

96 ここで問題にしている特別の錯覚には、いろんな方面から別の錯覚がつながっている。思考、言語は、世界のユニークな相関物、イメージだと思える。命題（＝文）、言語、思考、世界という概念は、横一列に並んでいて、どの概念もほかの概念と同値である。（けれどもこれらの単語は、なんのために必要とされているのだろうか？ これらを使えるような言語ゲームは存在しない）

97 思考は後光につつまれている。——思考の本質である論理があらわしているのは、秩序だ。しかも、世界のア・プリオリな秩序である。つまり、世界と思考に共通しているにちがいない、可能性の秩序である。ところでその秩序は、きわめて単純でなければならないらしい。すべての経験に先行していて、どんな経験にも貫通していなければならない。その秩序じたいには、経験にまつわる濁りや不確かさがくっついていてはならない。――むしろその秩序は、きわめて純粋な結晶でなければならない。しかしその結晶は、抽象としてあらわれるのではなく、具体的なものとして、いや、もっとも具体的なものとして、いわば、もっとも硬質なものとしてあらわれるのだ。(『論理哲学論考』5. 5563)

私たちは勘違いしている。私たちの探究が特別で、深いもので、重要であるのは、言語のたとえようもない本質をとらえようとしているからだ、などと勘違いしているのである。そういう本質というのは、文、単語、推論、真理、経験などの概念のあいだにある秩序のことだが、そういう秩序は、――いわば――超=概念のあいだにある超=秩序にすぎないのだ。ところが「言語」や「経験」や「世界」という言葉が使われるとすれば、「テーブル」や「ランプ」や「ドア」という言葉とおなじように、高級でない使い方をする必要がある。

98　一方で明らかなことがある。私たちの言語のどの文も、「そのままでちゃんとしている」のだ。つまり私たちは、理想など追いもとめていないのである。日常的な、あいまいな文には完全無欠な意味などないのだから、完全な言語を私たちの手で構築しなくては、などとは考えていない。――他方では、「意味があるところでは、完全な秩序が存在しているにちがいない」ということが、明らかであるように思える。――しかし、そうすると、完全な秩序はきわめてあいまいな文のなかにもあるはずだ、ということになってしまう。

99 文の意味は——と言いたい人がいるだろう——あれやこれがオープンにされたままのこともあるだろうが、それでも文は、ひとつの意味を確定していなければならない。確定されていない意味——があるとすれば、もともとまったく意味がないということになるだろう。——ちょうどそれは、はっきりしない境界がもともとまったく境界でないようなものだ。このことは、こんなふうに考えられるだろう。私が「男を部屋に監禁したぞ——もっともドアをひとつ開けたままだが」と言うなら、——私は男を監禁なんかしていなかったことになる。監禁は見かけにすぎない。ここで、「つまり君は、なんにもしなかったんじゃないか」と言われかねない。囲いをしても穴があいていれば、囲いなんかしていなかったのと同様だ。——だが、本当にそうだろうか？

100 「ルールにどこかあいまいなところがあれば、それはゲームじゃないですよね」。——しかし本当にそれはゲームではないのか？——「ええ、君はゲームと呼ぶかもしれないけれど、どっちみち完全なゲームじゃないですよね」。つまり、それは純粋ではなくなっているというわけだ。しかし私が興味をもつのは、純粋ではなくなったもののほうなのだ。——しかし、私はこう言いたい。私たちの表現の仕方で理想がはたしている役割が、誤解されているのだ、と。つまり、私たちもそういうものをゲームと呼ぶかもしれないが、ただ私たちは、理想に目がくらんでいるので、「ゲーム」という単語の実際の使われ方をはっきりとは見ていないのである。

101 論理にあいまいさなど——と私たちは言いたがるわけだが——ありえない。いま私たちは、「理想は現実のなかに見いだされる『にちがいない』」と考えて、生きている。とはいえ、どのようにして理想が現実のなかに見いだされるのか、まだ見えていないし、その「にちがいない」の本質も理解していないのだが。私たちは、理想が現実のなかにあるにちがいないと思っている。理想がすでに現実のなかにあるのだと思っているから。

102 論理的な文構造の、厳密でクリアなルールは、——理解という媒体のなかに隠れていて——背景にあるもののように思われる。私には、そのルールがすでにいま(媒体を通してであっても)見えている。記号を理解し、記号によってなにかを思っているのだから。

103 私たちの考えのなかで、理想というものは固定していて揺らぐことがない。理想から抜けだすことはできない。くり返し理想のところに戻ってしまう。外部というものなどないのだ。外部では息ができない。——こういう考えはどこから来たのか。この考えは、いわば眼鏡のように私たちの鼻にのっている。私たちが見るものは、すべて眼鏡を通して見ているのである。眼鏡をはずそうと考えることなどまったくない。

104 ことがらについて用いられる述語は、表現の仕方として認められている範囲内のものだ。たとえをもちいることが可能なとき、私たちは強い印象をうけるのだが、その可能性を私たちは、きわめて一般的な事態の知覚だとみなしてしまう。

（ファラデー『ろうそくの科学』）。「水はひとつの個体である。――それは、けっして変化しない」

105 あの秩序、つまり理想が現実の言語のなかに見いだされるにちがいない、と思っているなら、日常生活で「文」、「単語」、「記号」と呼ばれているものに、私たちは満足しないだろう。
　文や、論理学であつかわれる単語は、純粋でクリアにカットされたものであるべきだと考えるからだ。だから、本来の記号のあり方（本質）について頭を悩ますことになる。――たとえばそれは、記号にかんする表象なのだろうか？　それとも現在の瞬間の表象なのだろうか？

106 その場合、いわば勇気をなくさないでいることがむずかしい。――私たちが日常的な思考の側にとどまっているしかない、ということを忘れずに、脇道にはまらないでいることがむずかしい。脇道にはまってしまうと、手持ちの手段ではまるで歯が立たないような、精緻きわまりないことがらを記述せざるをえない、と思えるからだ。まるでそれは、破れたクモの巣を私たちの指で修繕するように言われるようなものである。

107 実際に使われている言語をよくながめればながめるほど、実際の言語と私たちの要求は激しく対立するようになる。（論理が結晶のように純粋である、ということは私の研究の結果ではなく、要求だったのだ）。対立は耐えがたくなり、要求はむなしいものになろうとしている。――私たちはアイスバーンに入ってしまった。摩擦がないので、ある意味で条件は理想的だが、しかしだからこそ歩くことができない。私たちは歩きたい。そのためには摩擦が必要だ。ざらざらした地面に戻ろう！

108 気がついたことがある。私たちが「文」とか「言語」と呼んでいるものは、形式的に統一されているのではなく、程度の差こそあれ、おたがいに親戚であるものたちの家族なのだ。――それなら、論理学はどうなるのか？　その厳密さはバラバラになるように思える。――しかしだからといって論理学が完全に消えてしまうわけではないのでは？――どのようにして論理学は厳密でなくなるのだろうか？　もちろん、論理学から少しばかり厳密さが値切られることによってではない。――結晶のように純粋である、という先入見をとりのぞくことができるのは、私たちの見方を１８０度回転させたときだけだ。（こんなふうに言えるかもしれない。「見方は回転させなければならない。しかも、私たちがもともと必要としていることを回転軸にして」）

論理の哲学が文や単語について語るのは、私たちが日常生活で、たとえば、「ここに中国語の文章が書かれている」とか、「いや、それは文字に見えるだけで、実際は飾りなんだ」などと言うときに、文や単語についてしゃべっているのと、おなじ意味においてだ。

私たちが話題にするのは、空間的・時間的な言語現象であって、非空間的・非時間的なへんてこなものではない。〈もっとも私たちは、ひとつの現象にいろんな仕方で興味をもつのだが〉。しかし、私たちがチェスの駒について語るとき、それぞれのルールを述べるけれども、物理的な特性については触れないわけだが、それとおなじように私たちは言語についても語るわけだ。

「そもそも単語ってなに？」という質問は、「チェスの駒ってなに？」という質問に似ている。

109 適切にも私たちの考察は、科学的な考察であってはならなかった。「これこれのことが考えられる。私たちの先入見に反して」――たとえそれがどういう意味であっても――と聞かされても、私たちは興味をもてなかった。（思考がプネウマ〔気息・霊〕のようなものとしてとらえられている）。だから私たちはどんな理論も立ててはならない。私たちの考察には仮説のようなものがあってはならない。すべての説明には退場してもらい、そのかわり記述だけに登場してもらおう。記述が光を、つまり目的を受けとるのは、哲学の問題からである。哲学の問題はもちろん経験的な問題ではない。哲学の問題は、私たちの言語の働きを理解することによって解決される。その働きを誤解したいという衝動に逆らって、その働きが識別されることによって解決されるのだ。新しい経験をもちこむことによってではなく、ずっと前から知られていたことを編成することによって、問題が解決されるのだ。哲学とは、私たちの悟性が魔法にかけられていることにたいして、私たちの言語を使って戦うことである。

110 「言語（または思考）はユニークなものである」。――明らかにこのこと自体、文法の勘違いによって呼びだされた「思いこみ」なのだ（「まちがい」ではなく！）。

で、その勘違いに、つまり哲学の問題に、いまや情熱が傾けられているというわけである。

111 私たちの言語形式を誤解することから生じる問題は、深さという性格をもっている。それらの問題は、深い不安をもたらす。私たちの言語の形式とおなじくらい深く私たちのなかに根をおろしている。それらの意味は、私たちの言語の重要性とおなじくらい大きい。――考えてみよう。なぜ私たちは文法上のジョークを深いと感じるのか。（しかもそれこそが哲学的な深さなのだ）

112 比喩は、私たちの言語の形式のなかに採用されると、実際とはちがう見かけを生み、そのため私たちを不安にする。「いや、そうじゃないよ！」――と、私たちは言う。「でも、やっぱりそうにちがいないぞ！」

113 「やっぱりそうだ――――――」と、私は何度も何度も自分に言って聞かせる。この事実に視線をしっかり鋭くむけて、焦点をあわせることができさえすれば、ことがらの本質をつかまえることができるにちがいない、かのように私には思える。

114　『論理哲学論考』4.5。「文の一般的な形式は、『事情〔事態〕はこれこれである』だ」。——これは、数えきれないほどくり返されるような文である。何度も何度もものごとの本性を写生しているつもりなのだが、実際は、私たちがながめるときに使っている形式にのっとっているにすぎない。

115　あるイメージ〔像〕の、私たちは囚人だった。そしてそのイメージ〔像〕から抜けだすことができなかった。そのイメージ〔像〕が私たちの言語のなかにあったからである。そして私たちには言語がそのイメージ〔像〕を仮借なくくり返しているだけのように思えた。

116　哲学者たちが単語を使って——「知(Wissen)」、「存在(Sein)」、「対象(Gegenstand)」、「自我(Ich)」、「命題(Satz)」、「名(Name)」などを使って——ものごとの本質をつかまえようとしているとき、いつもつぎのように自問する必要がある。「その単語は、自分の故郷である言語において、実際にそのように使われているのだろうか?」——

私たちはこれらの単語を、形而上学的な用法から日常的な用法〔たとえば、「知〔ってい〕ること(Wissen)」、「〔で〕あること(Sein)」、「対象・物(Gegenstand)」、「私(Ich)」、「文(Satz)」、「名前(Name)」など〕へと連れもどすのだ。

117　私はこう言われる。「この表現、わかるでしょ。だから、——君の知っている意味で、この表現、ぼくも使っているんだよ」。——まるで意味というものが、単語に連れられていて、どんな使われ方をしてもくっついている雰囲気であるかのようだ。

(たとえば誰かが、「『これ、ここにあるよ』という文(そのときその人は自分の前にあるモノを指しているのだが)は、自分にとっては意味があるんだ」と言ったとしよう。その場合、その人には自問してもらいたい。「どういう特別な状況でこの文が実際に使われるのか?」。その状況において、その文は意味をもつのだ)

118 私たちの考察は、おもしろいものをみんな、つまり偉大で重要なものをみんな破壊しているようにしか思えないのだが、どうしてそういう考察が重要だと言えるのだろうか?(いわば、建物をすっかり破壊して、瓦礫しか残していないようなものなのに)。しかし私たちが破壊しているのは、空中楼閣なのだ。私たちは、空中楼閣が立っていた言語の地盤を露出させているのである。

119 哲学の成果はふたつある。ひとつは、他愛ない無意味を発見すること。もうひとつは、悟性が言語の限界に突進してつくったこぶ。そのおかげで、そのこぶのおかげで、私たちは、他愛ない無意味を発見することに価値があると気づくわけだ。

120 言語(単語や文など)について語るとき、私は日常の言語を使うしかない。日常言語は、私たちが言いたいことを言うためには、ラフで物質的すぎるのだろうか? では、もうひとつの言語はどんなふうにつくられるのだろうか?——そして、私たちの言語でなにかができるなどということは、なんと奇妙な話なのだろう！

言語について私が説明するときにはもう、できあがっている言語（準備段階の言語とか暫定的な言語とかではない）を使うしかない。すでにこのことからわかるように、私は言語について外面的なことしか言えないのである。

それはそうだが、では、外面的な説明がどうやって私たちを満足させてくれるのだろう？――そうだな、そういう質問をする場合だって、すでに日常言語を使ったわけだよね。なにか質問があるときは、質問は日常言語で表現するしかなかったわけだろう！

だいたい君の心配は、誤解にもとづいている。

君の質問は単語にかんするものだ。だから私は単語について話をするしかない。

「問題は単語じゃなくて、その意味だ」と言って、意味のことを考えるとき、それが単語とはちがうものであったとしても、単語のようなものを考えているわけだ。こちらに単語があり、こちらに意味がある。お金と、お金で買うことのできる牛。（また他方では、お金とその効用）

121 哲学が「哲学」という単語の使い方について語るときには、セカンド・オーダーの哲学が必要にちがいない、と思われるかもしれない。だが、そうではない。事情は正書法の場合に似ている。正書法は、「正書法」という単語もあつかうけれど、だからといってセカンド・オーダーの正書法があるわけではない。

122 単語の使い方を展望できないことが、私たちの無理解の源泉である。——私たちの文法は展望がきかない。——展望のきいた描写があれば、理解が生まれる。理解とはまさに、私たちが「つながりを見る」ことだからだ。だから、つながりをつくる中間項を見つけたり、考え出したりすることが重要である。

展望のきいた描写という概念は、私たちにとって基礎となる重要なものである。私たちがものをどう見るか、という描写形式をあらわすものだからだ。(では、それも「世界観」なのだろうか?)

123 哲学の問題には、「私には勝手がわからない」というフォームがある。

124 哲学は、言葉の実際の使い方に指一本、触れてはならない。哲学にできることは結局、言葉の実際の使い方を記述することだけ。

哲学はそれを基礎づけることもできないからだ。

哲学はどんなものでも、そのままにしておく。

哲学は数学も、そのままにしておく。数学の発見を促進することもできない。「数学的論理学の先端的な問題」も、私たちにとっては、ほかのどの問題ともおなじように、数学の問題にすぎない。

125 数学的な発見、論理数学的な発見によって矛盾を解決することは、哲学の仕事ではない。哲学の仕事は、私たちを不安にさせる数学の状態、つまり、矛盾が解決される前の状態を展望できるように

することなのだ。（展望できるようにしたからといって、困難を避けているわけではないが）

基本的な事実は、この場合、つぎのようなことである。まず、ゲームのルールやテクニックを定める。それから、ルールにしたがってゲームをやっていると、想定外の展開になる。だから、いわば自分のルールにひっかかって、身動きがとれなくなる。

自分のルールにひっかかって、このように身動きがとれなくなっている。そういうことこそ、私たちが理解、つまり展望したいことなのである。

そういうことは、「思う」という概念に光を投げかけてくれる。というのも、そういうケースでは、私たちが思っていたり、予想していたのとは、ちがった展開になるからだ。たとえば矛盾があらわれると、「こんなふうになるなんて、思ってもいなかった」と私たちは言う。

矛盾にも市民として居場所があること。または、市民社会において矛盾にも居場所があること。それが哲学のあつかう問題なのだ。

126 哲学は、あらゆることを提示するだけ。なにも説明しないし、なにも推論しない。——あらゆることがオープンになっているので、なにも説明することがない。隠されているようなものに、私たちは興味をもたない。

新しく発見され、考え出される前に可能であることも、「哲学」と呼べるかもしれない。

127 哲学者の仕事は、記憶を特定の目的のために収集することだ。

128　哲学でテーゼを立てようとしたって、それは議論の対象にならないのではないか。みんなそれには納得しているだろうから。

129　ものごとのもっとも重要なアスペクトは、単純で日常的なので、私たちには隠されたままだ。（このことに気づかないのは、――それがいつも目の前にあるからだ）。人間は、自分の研究の本当の基盤にはまったく気がつかない。それに気づいたことがある場合は別だけれど。――ということは、もっとも目をひく強烈なものであっても、いちど見たものには、私たちは気づかなくなるということだ。

130　クリアで単純な言語ゲームは、将来、言語を規制するための予備研究――いわば、摩擦や空気抵抗を考えない最初のシミュレーション――ではない。むしろ言語ゲームは、比較の対象なのである。似ているか、似ていないかによって、私たちの言語の状態に光を投げかけるもののはずだ。

131　というのは、そういうふうにするときにだけ、私たちの主張の不当さやむなしさから逃れることができるのだ。つまりモデルを、あるがままのものとして、比較の対象として、――いわば物差しとして――提示するのである。現実が対応していなくてはならないと思われている先入見として、提示するわけではないのだ。（哲学をするとき、私たちはそういう独断主義によく陥ってしまう）

132 言語の使い方を知るときの、秩序をつくっておこう。特定の目的のための秩序だ。たくさんの秩序が考えられるが、そのうちのひとつであって、決定的な秩序ではない。この目的のために私たちは、日常の言語形式では見落とされがちな、いろいろな区別をくり返し強調するつもりだ。その結果、言語の改革が私たちの課題だと考えているように思われるかもしれない。

なにか具体的な目的のために改革をしたり、実際の使用時での誤解を避けるために専門用語を改良することは、可能だろう。だがそれは、私たちのかかわるべきケースではない。私たちが気にかけるべき問題は、言語が仕事をしているときではなく、いわば言語が空回りしているときに生じる混乱なのだ。

133 言葉の使い方にかんするルールのシステムを、これまでにないやり方で洗練したり、完全なものにするつもりはない。

というのも私たちがめざしているのは、完全にクリアであることなのだから。いいかえれば、哲学の問題は完全に消えるべきなのだ、ということでしかない。

本当の発見というのは、私がその気になったときにはいつでも、哲学することをやめさせてくれるような発見である。――つまり哲学は、静かに休息をむかえ、哲学そのものを質問ぜめにするような質問に鞭打たれることもなくなる。――いろんな実例を手がかりにしてひとつの方法がしめされると、それら一連の実例は用済みになる。――いろんな問題が解決される（いろんな困難がとりのぞかれる)のである。なにかひとつの問題が解決されるのではない。

> 哲学にはひとつしか方法がないわけではない。いろいろな方法が、いわば、さまざまな治療法がある。

134 「事情[事態]はこれこれである(Es verhält sich so und so.)」という文を考えてみよう。——どのようにして私は「これが文の一般的な形式だ」と言えるのだろうか。——なによりもそれ自身が文である。ドイツ語の文で、主語と述語をもっているのだ。では、どのようにしてこの文は使われるのか——つまり、私たちの日常言語で? 私はこの文を、ほかでもない日常言語から借用しているのだ。たとえば私たちが、つぎのように言う。「彼は私に状況を説明して、『事情はこれこれであるから、前払いをしてほしい』と言った」。すると、それを聞いたかぎりでは、二重カッコの文はなにかの発言のかわりだな、と言うことができる。文のパターンとして使われているからだ。しかしそれは、ドイツ語の文の構造をそなえているから、というだけの理由なのだが。その文のかわりに、もちろん、「実際これこれである」とか「問題はこれこれである」とか言うこともできるだろう。また、記号論理学みたいに、ひとつの文字、ひとつの変項だけを使うこともできるだろう。だが誰も文字「p」を文の一般的な形式とは呼ばないだろう。すでに述べたように、「事情[事態]はこれこれである(Es verhält sich so und so.)」が文の一般的な形式であるのは、それ自身が、ドイツ語の文と呼ばれるものであるから、というだけの理由にすぎない。けれどもそれは文であるにもかかわらず、文の変項としてしか使われていない。「その文は現実と一致している（または、一致していない）」などと言ったところで、明らかにナンセンスである。つまりこの文がいい実例だが、文という概念のひとつの特徴は、「文のように聞こえる」ことなのである。

135 しかしそれでも、文とはなにか、「文」がどういう意味なのか、は理解できていないのではないか？——いや、そんなことはない。「ゲーム」がどういう意味なのか、を理解しているかぎりにおいて、そんなことはない。「文とはなにか？」と質問されれば、——誰かほかの人に答えるにせよ、自分自身に説明するにせよ——私たちはいろいろ例をあげるだろう。文の帰納的系列と呼ばれているものも、例としてあげるだろう。そして、そういうやり方で文を理解するのである。（文の概念と数の概念を比較してみるといい）

136 結局、「事情〔事態〕はこれこれである」が文の一般的な形式だと言うことは、ちょうど、「文とは、真か偽であるものすべてのことだ」と説明するのとおなじことである。「事情〔事態〕は……である」のかわりに、「これこれは正しい」（または「これこれはまちがっている」）というふうにも言えたはずだから。ところでしかし、

「p」は正しい ＝ p

「p」はまちがっている ＝ nicht-p

である。だから、「文というのは、真か偽であるものすべてのことだ」と言えば、「文というのは、私たちの言語で真理関数の計算を適用できるもののことだ」ということになる。

　すると、「文とは、真か偽であるものすべてのことだ」という説明は、「『正しい』の概念にうまくあてはまるもの、または、『正しい』の概念がふさわしいものが、文なのだ」と言うことによって、「文とはなにか」を決めているかのように思える。とすれば、私たちは真と偽の概念をもっていて、それによって、どれが文で、どれが文でないか、を決めることができるように思えてしまう。「正しい」という概念と（歯車のように）噛み合うものが、文なのだ、というわけだ。

　しかしこれはまずく描かれた画像である。つまりそれは、「チェスのキングとは、王手をかけることができる駒のことだ」と言うようなものだ。しかしそれでは、「チェスでは王手をかけることができるのはキングだけだ」という意味しかもてない。ちょうどそれは、「たったひとつの文だけが正しい可能性がある」という文が、「文と呼ばれるものにしか、『正しい』と『まちがっている』を述語にすることができない」としか言えないのとおなじことだ。「文とはなにか」を決めるものは、ある意味では、（たとえばドイツ語の）文構造のルールであり、また別の意味では、言語ゲームにおける記号の使い方なのである。しかも、「正しい」と「まちがっている」という単語の使い方は、そのゲームを構成する部分でもあるわけだから、私たちにとっては文の一部であるのに、文には「うまくあてはまら」ない。ちょうどそれとおなじように、「王手をかけることは、チェスのキングの概念の一部である（いわばキングを構成する部分である）」と言うこともできるわけだ。かりに、「王手をかけられることは、ポーンの概念にふさわしくない」と言うとすれば、それは、「ポーンに王手がかけられるようなゲームがあってさ、ポーンをとられたら、ゲームに負けるんだけど、——そんなゲームって、おもしろくないよね。バカバカしいっていうか、複雑すぎるっていうか……」などということを意味するだろう。

137 では、文の主語を、「誰が……?」や「なにが……?」と質問されることによって決めることを、私たちが学習するとしたら、どうだろう?——この場合、主語がその質問に「うまくあてはまる」わけだ。でなければ、質問によって、「主語とはなにか」をどうやって知るのだろう? これと似たような場合がある。アルファベットで「K」の後にくるのはどの文字かを知るのは、アルファベットで「A」から「K」まで順番に言ってみることによってである。では、「L」はどのような意味で、この「K」までのアルファベット列にうまくあてはまるのだろうか?——そのような意味でなら、『正しい』と『まちがっている』が文にうまくあてはまる」と言うことができるかもしれない。また、おなじようにして、子どもに文をほかの表現から区別することを教えることができるかもしれない。つまり、「『……は正しい』と後ろにつけ加えて言えるかどうか、考えてみて。もしその言葉がうまくあてはまるなら、それは文なんだ」と言うのである。(まったく同様に、「『事情[事態]はこうだ』という言葉を後ろに添えられるかどうか、考えてみて」と、言うこともできたかもしれない)

138 ところで、私が理解している単語の意味が、私の理解している文の意味にうまくあてはまらないことはないのだろうか? または、私の理解している単語の意味が、私が理解しているほかの単語の意味にうまくあてはまらないことはないのだろうか？――もちろん、もしも意味というものが、単語の使い方であるならば、うまくあてはまるかどうかを問題にするのはナンセンスである。けれども、単語を聞いたり、発音したりするとき、私たちは単語の意味を理解しているわけだ。一瞬のうちに把握するのである。そうやって私たちが把握するものは、時間とともに定着される「使い方」とは別のものである。

> 単語を理解しているかどうかを、私は知っている必要があるだろうか？　単語を理解していると思いこんでいるのだが（それは、なにかの計算の仕方を理解していると思いこんでいるのとおなじだが）、じつは、理解していなかったのだ、と気づくということもあるのではないか？（「私はね、『相対』運動や『絶対』運動がどういうものか、知ってるつもりだったけど、じつは、知らないことに気がついた」）

139
たとえば「立方体」という単語を聞かされたとき、私には、それがどういうものを意味しているのか、わかる。だがそのように理解するとき、その単語の使い方がすべて私の心に浮かんでいるのだろうか？

浮かんでいるのかもしれない。けれども他方、単語の意味するものは、その使い方によって決められるのではないのか？　そうやって決められた意味は複数あって、矛盾しあうことがあるのではないか？　一瞬のうちにわかったことが、ひとつの使い方と一致したり、その使い方にうまくあてはまったり、あてはまらなかったりすることがあるのではないか？　一瞬のあいだ存在し、一瞬のあいだ心に浮かんだものが、どのようにしてひとつの使い方にうまくあてはまるのだろうか？

　ひとつの単語を理解するとき、心に浮かぶものとは、いったいどういうものなんだろう？——イメージ〔像〕みたいなものだろうか？　イメージなんかではないのだろうか？

「立方体」という単語を聞いたときに、あるイメージが君の心に浮かんだ、と仮定してみよう。たとえば、立方体の図面とかが。その図面のイメージはどういう意味で、「立方体」という単語の使い方にあてはまっているのだろうか？　あてはまっていないのだろうか？——もしかしたら君はこう言うかもしれない。「ああ、簡単さ。——そのイメージがぼくの心に浮かんで、たとえば三角プリズムをさして、『これが立方体だよ』と言うなら、その単語の使い方はイメージにあてはまらないわけだ」——しかし、本当にあてはまらないのか？　私がわざとこういう例を選んだのは、イメージがうまくあてはまるような投影法を想像するのが簡単だからだ。

　立方体のイメージのおかげで、私たちはある種の使い方を思いついたわけだが、私はそのイメージをちがったふうに使うこともできたのである。

（a）「このケースで適切な言葉は……だと思うのだが」。この発言は、つぎのことを教えているのではないか？　つまり、単語の意味するものは、私たちの心に浮かぶものである。いわば、使いたいと思う、ぴったりしたイメージのようなものである、と。「りっぱな」、「威厳のある」、

「誇り高い」、「尊敬の念をおこさせる」という言葉から、どれかを選ぶとしよう。まるでそれは書類ばさみからスケッチを選ぶようなものではないか？——いや、ちがう。ぴったりした言葉のことを話題にしているからといって、なにかあるものの存在をしめしているわけではない。むしろ私たちには、絵のようなものを話題にしたがる傾向があるのだが、それは言葉を、イメージにぴったりしていると感じることがあるからだ。似てはいるけれども、おなじではない絵を選ぶように、しばしば言葉を選ぶからだ。言葉のかわりに、または言葉の説明のために、イメージを用いるからである。などなど。

(b)私は絵を見ている。ひとりの老人が描かれている。杖でからだを支えながら、けわしい坂道をのぼっている。——しかし、どうしてそう見えるのか？ 老人がその姿勢で道路をすべり落ちている、とも見えたのではないだろうか？ 火星人ならこの絵に描かれていることをそんなふうに述べるかもしれない。なぜ私たちはそんなふうには見ないのか、私には説明する必要がない。

140 私のまちがいは、「イメージに強制されて、ある特定の使い方をするようになる、と思っていた」とでも言われそうなものだが、ではそのまちがいとは、どんな種類のものだったのだろうか？ どのようにして私はそう思ったのか？ なにを私は思っていたのか？ ある特定の使い方をするイメージが、またはイメージに似たものが存在するのだろうか？ そうすると私のまちがいは、混同したことなのか？――というのも、「私たちが強制されるのは、たかだか心理的なものであって、論理的なものではない」と言いたがる傾向が私たちにあるかもしれないからだ。とすると、私たちは2種類のケースを知っているかのように、どうしても思えてしまう。

私の論拠にはどんな効用があったか？　それは、もともと考えていたプロセスとは別のプロセスのことも、「立方体のイメージの使い方」と呼んでもいい場合がある、ということに注目させた（ということを思い出させた）点だ。私たちが「イメージに強制されて、ある特定の使い方をするようになる、と思っている」というのは、だから、私たちが思いついたのはこちらのケースであって、ほかのケースではない、ということだった。「ほかにも解決策がある」ということは、私が「解決策」と呼んでもいいと思っているものが別にある、ということだ。これこれのイメージ、これこれのアナロジーなどを使ってもいいと思えるものが別にある、ということである。

重要なポイントは、単語を聞いたときにおなじものが私たちの心に浮かぶのに、その使い方がちがう可能性がある、ということがわかったことだ。とすると、どちらの場合でも、おなじ意味ということになるのか？　いや、そうではない、と私たちは答えることになるだろう。

141　しかし、立方体のイメージだけではなく、その投影法までもが心に浮かんだとすると、どう？――私はそれをどんなふうに想像すればいいだろう？――そう、たとえば、私がなんらかの投影パターンを思い浮かべている。たとえば、2つの立方体が投影線によって結ばれているといった具合に。――だが、そんな想像をして本当に私は先に進めるのだろうか？　そのパターンのいろいろな使い方を私は考えられないだろうか?――考えられるけれど、私には使い方がひとつも思い浮かばないってことはないだろうか?――いや、そんなことはない。ただ私たちは、その表現の使い方をもっとクリアにしておく必要がある。誰かが投影法を使えるようになるため、私がさまざまな投影法を説明するとしよう。そしてどのようなケースなら、「まさに私の考えている投影法が、その誰かの心に浮かんでいるのだ」と私たちが言えるのか、考えてみよう。

そのためには明らかに2種類の規準が承認できる。ひとつは、(どんな種類のものであれ)その誰かの心にいつかあるとき浮かんだイメージ。もうひとつは、それをその誰かが――時間のたつうちに――使うこと。(イメージは想像のなかで浮かんできたことであり、スケッチやモデルのように見えるのではないし、またモデルとして作り出されたわけでもない。というようなことがどうでもいいことなのは、ここでは明らかではないだろうか?)

では、イメージと使い方は衝突することがあるのだろうか? イメージが私たちに別の使い方を期待させるときにかぎって、衝突することがある。なぜなら人びとは一般に、このイメージをこのように使うからだ。

私はこう言いたい。ここにあるのはひとつの通常のケースと、複数の異常なケースなのだ。

142 通常のケースにだけ、言葉の使い方はあらかじめクリアに定められている。このケース、あのケースにはどう言うべきか、わかっているし、疑いもない。異常なケースになればなるほど、どう言ったらいいのか、疑わしくなっていく。そして事態が実際とはすっかりちがってしまった場合には、

――たとえば、痛みや恐れや喜びに特有の表現がなくなったり、普通のことが例外になったり、例外のことが普通になったり、または、普通のことと例外のことがおなじくらいの頻度であらわれたりしたら、――通常の言語ゲームは、ポイントがずれたものになるだろう。――チーズの塊を秤《はかり》にのせ、振れた針に合わせて値段を決めるというやり方は、もしもチーズの塊が突然これという原因もなしに大きくなったり、小さくなったりしたら、役に立たないだろう。ここで言っていることは、表現と感情などとの関係といったものを問題にすれば、もっとはっきりするだろう。

> ある概念の意味、つまり重要性を説明するために私たちが言わなければならないことは、しばしば、きわめてありふれた自然の事実なのだ。あまりにもありふれているために、ほとんど言及されることのない事実なのだ。

143 つぎのような言語ゲームを考えてみよう。BがAの命令により、なんらかの編成規則にしたがって記号の列を書くように言われている。

最初の列は十進法の自然数の列だ。――Bはどのようにしてこの十進法を理解するようになるのか？――まず数列が目の前で書かれて、Bはそれを真似して書くように言われる。（「数列」という言葉に気分を害さないでほしい。ここでは不適切に使っているわけではないのだ）。そしてすでにこの段階で、生徒には通常の反応と異常な反応があらわれる。――たとえば最初に0から9までの列を真似して書くときには、手をとって教えてやるのだが、その後のコミュニケーションの可能性は、生徒がひとりで先まで書けるかどうか、にかかってくるだろう。——そこで、たとえばこの場合、生徒はひとりで数字を写してはいるのだけれど、数列にしたがわず、あるときはこの数字、あるときはあの数字を不規則に書いているとしよう。するとそのとき、そこでコミュニケーションが途絶えているわけだ。——または生徒が順番を「まちがえ」て数字を書いている。——こちらのケースと最初のケースとのちがいは、もちろん頻度のちがいだ。——または、システムをまちがえることもある。たとえば、いつも数字をひとつおきに書いていたり、数列0,1,2,3,4,5,……を、1,0,3,2,5,4,……と写したりしている場合。こうなると私たちとしては、「生徒はまちがえて理解したのだ」と言いたくすらなってしまう。

だが、気をつけてほしい。不規則にまちがえることと、システムをまちがえることとのあいだには、はっきりした境界がないのだ。つまり、「不規則なまちがい」と呼びたくなるようなものと、「システムにかんするまちがい」と呼びたくなるようなものとのあいだには。

システムにかんするまちがいは(悪い癖とおなじように)やめさせることができるかもしれない。または、その生徒の書き写し方はそのままにしておいて、通常のやり方のほうを、生徒のやり方の変種、ヴァリエーションとして教えようとすることもできる。——だがこの場合でも、生徒の学習能力が挫折することがある。

144 「この場合、生徒の学習能力が挫折することがある」と言うとき、私はどういうことを意味しているのだろうか？　私の経験からそう言っているのだろうか？　もちろん、そうではない。（たとえそんな経験をしていたとしても）。ではその文で私はなにをしているのだろうか？　私としては、君に「うん、そうだよ。そういうことも考えられるかもしれない。そういうことが起きるかもしれないね」と言ってもらいたいのである。――だが私は誰かの注意をひいて、「そういうことを想像することができる」ということを知らせたかったのだろうか？――いや、私としてはそういうイメージをその人の目の前に置きたかったのだ。その人がそのイメージを承認するということは、目の前にあるケースを別なふうに考えたくなった、つまり、こちらのイメージ列で考えたくなった、ということである。私は、その人のものの見方を変えたのだ。〈インドの数学者が言った。「これをよく見よ！」〉

145　生徒が0から9までの数列を書いて、私たちが満足したとしよう。――これは、しばしば生徒がちゃんと書けた場合にだけ言えることであって、百回やって1回しか正しくできなかった場合のことではない。私は数列を先に進めて、1の位に最初の数列がくり返されていることに生徒の注意をむけ、それから10の位でも最初の数列がくり返されていることに注目させる。（これは、私がなにかを強調したり、数字にアンダーラインを引いたり、これこれのやり方で上下に数字をそろえて書いたりしている、ということにすぎない）――そうやってから生徒はついにひとりで数列のつづきを書く、――または、書かない。――でもどうして君は、そんなこと言うわけ？　そんなこと当たり前じゃないか！――もちろん、当たり前さ。ただね、私としては、こう言いたかっただけなのだ。つまり、これ以上どんなに説明しても、その効果は生徒の反応にかかっているのである、と。

しかし、ちょっと先生が努力したおかげで、生徒が数列を正しく、つまり私たちのするように、書きつづけていく、と仮定してみよう。その場合、「生徒が十進法のシステムをマスターした」と言えるわけだ。——しかし、私たちが胸を張ってそう言えるためには、生徒はどこまで数列を正しく書きつづけなければならないのだろう？　この場合、どこにも境界を置けないことは明らかである。

146　こんな質問をしてみると、どうだろうか。「生徒が百番目の数まで数列を書きつづけたら、十進法のシステムを理解したことになるのか？」。または、——プリミティブな言語ゲームでは「理解する」と言わないことになっているから、「数列をそこまで正しく書きつづけられたら、システムに親しんでいることになるのか？」——すると君はこう言うかもしれない。「システムに親しんでる（または、システムを理解してる）ってことは、数列をこの数までとか、あの数まで書きつづけられるってことなんかじゃないでしょ。そんなのは、理解してることの具体例にすぎない。理解しているということは、正しい使い方を生みだせる状態のことなんですよ」

ではここではいったい、どういうことが考えられているのだろうか？　数列を代数式からみちびくことを考えているのではないのか？　それともそれに類似したことを？——だがこの点についてはすでに触れたことがある。ひとつの代数式が使える場合はまさに1回以上あるわけだ。それをどんなふうに使ったとしても、ふたたび代数で書くことはできるけれども、もちろん、そうしたからといって私たちが前進するわけではない。——応用できるということは、理解しているかどうかの規準にすぎないのだ。

147「では、応用できることは、どのようにして理解の規準になれるのかな？　ぼくが『ある数列の規則を理解している』と言うとき、それまでにその数列の代数式をこういうふうに使ったことがあるんだという経験にもとづいて、言ってるわけじゃないよ！　ぼくの念頭にあるのはこういう数列だってことは、ちゃんと自分でもわかってるさ。その数列を実際にどこまで展開したかには関係なく」。

——

つまり君は、こう思っているわけだ。数列の規則を応用することができるぞ。特定の数にたいして実際に応用したことがあるという記憶なんかには、まるで関係なく、とね。そして君はこう言うかもしれないね。「もちろんそうだよ！　数列は無限だけど、私が展開できた数列の部分は有限だから」

148　ところで、それを知っている、というのはどういうことなんだろう？　質問させてほしい。君がその使い方を知っているのは、いつ？　いつも？　昼も夜も？　この数列の規則のことを考えているあいだだけ？　つまりさ、ＡＢＣや九九を知っているように、その使い方を知っているわけ？　それとも君は、「知っている」ってことを、——なにかを考えるみたいな——意識の状態とかプロセスと呼んでいるわけ？

149「ＡＢＣを知っているということは心の状態だ」と言われると、私たちは、心の装置（たとえば私たちの脳）の状態のことを考える。私たちはその装置を使って、ＡＢＣを知っていることの表出を説明するわけだ。そういう心の装置の状態のことを私たちはディスポジション〔傾向〕と呼ぶ。しかしここで心の状態について語ることには、心の状態について2つの規準が存在するとされるかぎり、異論がないわけではない。装置のはたらきとは別に、装置の構造を認識するという規準があるからだ。（この場合、意識の状態とディスポジションの対立をあらわすのに、「意識」と「無意識」という言葉を使うことほど、混乱をまねくものはない。その言葉のペアが文法上のちがいを隠してしまうからである）

（a）「単語を理解する」は状態である。だが、心の状態だろうか？――悲しみ、興奮、痛みなら、心の状態である。つぎのように言う場合、その文法を考えてみよう。
「彼は一日じゅう悲しんでいた」

「彼は一日じゅうとても興奮していた」

「彼はきのうからずっと痛みをもっていた」――

私たちは、「私はこの言葉をきのうから理解している」とも言うけれど、それは、「ずっと」理解していることなのだろうか？――たしかに、理解がとぎれることがある。でもそれは、どんな場合に？　「いつ、痛みがおさまったの？」と「いつ、その言葉が理解できなくなったの？」を比較してみよう。

（b）こんな質問をされたら、どうだろう？　「チェスの仕方を知ってるのは、いつ？　いつも？

駒を動かしているあいだ？　ひとつの駒を動かすたびに、チェスの全部を知ってるわけ？」――それから、チェスの仕方を知るには時間がかからないのに、一局やるために、ずいぶん時間がかかるというのは、不思議な話だ。

150　「知っている(wissen)」という言葉の文法は、「できる(können; imstande sein)」という言葉の文法と明らかに近い親戚である。「理解する(verstehen)」という言葉の文法とも、近い親戚である。（テクニックを「マスターする」こと）

151　さて、「知っている」という単語にはつぎのような使い方もある。私たちは「もう知ってるぞ！」と言う。――おなじように、「もうできるぞ！」とか「もう理解したぞ！」とかとも。

こういう例を想像してみよう。Aが数列を書きだしている。Bがそれを見ていて、数列に規則を見つけようとしている。規則が見つかると、Bが叫ぶ。「先をつづけることができるぞ！」――この能力、この理解は、一瞬のうちに起きたものである。では、そこでなにが起きたのか、調べてみよう。――Aが1, 5, 11, 19, 29と書いていった。するとBが「もうその先、知ってるよ」と言うのだ。なにが起きたのか？　いろんなことが起きた可能性がある。たとえば、Aがゆっくり数を順番に書いているあいだに、Bはいろんな代数式をせっせと書きだされた数字にあてはめようとしている。Aが19を書き終わってから、Bが式 $a_n = n^2 + n - 1$ を試してみると、つぎの数はBの想定どおりだった。

しかしあるいは、Bが式を考えない場合もある。Bはある種の緊張感をもって、Aが数を書いていくのを見ている。そのときBの頭には、ぼんやりといろんな考えが浮かんでいる。ようやくBは「項差数列って、どんなだったかな?」と思いつき、4, 6, 8, 10という規則を見つけて、「もうその先、できるよ」と言う。

または、Bが見ていて、「お、その数列なら、よく知ってる」と言って、――先をつづけていく場合もある。ちょうど、Aが1, 3, 5, 7, 9という数列を書いていたなら、Bがその先をつづけていただろうように。――または、Bはなんにも言わないで、さっさと数列を書いていく場合もある。もしかしたらBには、「これは簡単だ」というような感覚があったのかもしれない。(それは、たとえば、かすかに驚いたときのように、息を軽く、すばやく吸いこむ感覚だ)

152 しかし、これまで紹介してきたいろいろなプロセスが、理解するということなのだろうか?

「Bが数列のシステムを理解する」ということは、ただたんに、「Bが『a_n=……』という式を思いつく」ことではないのだ! 式は思いついたけれど、理解していない、ということもじゅうぶんに考えられるからである。「彼は理解している」には、「彼は式を思いつく」以上のことが含まれているにちがいない。そして同様に、理解することに付随している、程度の差はあれ特徴的なプロセスとか、表出だけではなく、それ以上のことも含まれているにちがいない。

153 さて私たちは、理解するという心的プロセスをつかまえようとしているのである。このプロセスは、どちらかというとラフだから目につきやすい付随現象のなかに隠されているように思えるのだが、つかまえることができない。もっと正確にいえば、つかまえようとすることすらできない。というのも、たとえ、理解するということのあらゆる場合に起きていることを発見したとしても、――なぜそのことが、理解するということになるのだろうか？　それに、私が理解したから、「もう理解したぞ」と私が言った場合、理解するというプロセスがなぜ隠されていたということになるのか?!　そして、「そのプロセスが隠されている」と言うのなら、――いったいどのようにして私は、自分がなにを探すべきか、がわかるのだろうか？　私は混乱している。

154　でも、ちょっと待て！――「もうシステムを理解したぞ」ということが、「……という式を思いついた」(とか、「その式を言うとね」とか、「その式をメモするとね」など)とおなじでないとしよう。――そうだとすると、私は、「もう……ということを理解した」や「もう先までつづけることができる」という文を、あるプロセスの説明として使っていることになるのではないだろうか？　あるプロセスとは、その式を言うというプロセスの、後ろや横にあるプロセスのことなのだが。

もしも、なにかが「その式を言うことの後ろに」あるにちがいないなら、そのなにかとは、ある種の状況である。私が式を思いついたとき――「先をつづけることができるよ」と言うのを正当化してくれるような、状況なのだ。

だが、理解するということを「心的プロセス」だなどとけっして思わないように！――そういう言い方をすると、君は混乱する。むしろ、つぎのことを考えてもらいたい。どのようなケースに、どのような状況で、「もう先をつづけることができるよ」と言うのだろうか？　もちろん、式を思いついた場合にだが。——

理解するということに特有のプロセス（それから心的プロセス）が存在するという意味においては、理解するということは、心的プロセスではない。

（痛みの感覚が消えたり、ひどくなったりすること、メロディーを聞くこと、文を聞くことは、心的プロセスだ）

155　つまり私はこう言いたかったのである。もしも彼が突然、先までつづけられるようになり、システムを理解したなら、特別の経験をしたのかもしれないのだ。——「システムが突然わかったときって、どんな具合だったの？　なにが起きたの？」とたずねられると、彼は、私たちがさっき説明したのと似たような説明をするだろう。——そういう場合、「理解したんだ」、「先まで知ってるよ」と彼が言うのを正当化するものは、彼がそういう経験をした状況のほうなのである。

156　このことをもっとクリアに見るには、ほかの単語に登場してもらって、ながめてみればいい。つまり「読む」という単語に登場してもらおう。最初に断っておかなければならないが、これから私がながめる「読む」には、読まれたものを理解することは含めない。ここで「読む」というのは、書かれたものや印刷されたものを音声に変える活動のことである。ほかにも、言葉を聞いて書き取ることとか、印刷物を書き写すこととか、楽譜にしたがって演奏することなども、「読む」ことだ。

日常生活のいろんな場面でこの単語がどう使われているかは、当然、じつによく知られている。しかし、この単語が生活ではたしている役割と、この単語を使っている言語ゲームとを、大ざっぱに説明しようとしても、むずかしいだろう。ひとりの人間が、たとえばドイツ人が、学校とか家庭で、よく見うけられるようなレッスンをほどこされ、そのレッスンで母語が読めるようになる。後でその人は、本や手紙や新聞などを読むことになる。

さて、その人がたとえば新聞を読むとき、どういうことが起きているのだろうか？——目は、印刷されている単語にそって——いわば——すべっていく。そして単語が読みあげられる。——または、本人にだけ聞こえるように読みあげられる。ある種の単語は、印刷された形まるごとで判別されて読みあげられ、別の単語は、目が最初のシラブルをとらえてから読みあげられ、いくつかの単語は、シラブルごとに読みあげられ、また単語によっては、アルファベットをひとつずつ追いかけながら読みあげられる。——大きな声で読まなかったり、自分にだけ聞こえるように読まなくても、後で、文を文字どおり、またはそれに近い形で再現できたなら、「その人は文を読んだ」と言うことにしてもいいだろう。——読んでいるときには、自分の読んでいるものに注意してもいいし、また、自分の読んでいるものに注意をはらわず——いわば——たんなるリーディングマシンとして、つまり大きな声で正確に読むだけでもかまわない。もしかしたら、注意はまったく別なことに向けられているかもしれない。（その結果、読み終わってすぐに、「なにを読んでたんですか？」とたずねられても、答えられない）

さて、この人と初心者を比較してみよう。初心者は単語を苦労して判読しながら、読みあげる。

――いくつかの単語はコンテキストから見当をつけたり、読まされているテキストの一部は暗記したものなのかもしれない。そこで先生が、「この生徒は単語を本当に読んでいるとはいえないね」と言う。（また場合によっては、「読んでるふりをしてるだけじゃないか」と言う）

こういう読み方、つまり初心者の読み方をながめて、「読むって、どういうことなんだろう?」と考えてみると、「特別で意識的な精神活動なんだ」と言いたくなるだろう。

この生徒について私たちは、こんなことも言うだろう。「本当に読んでいるのか、暗記した言葉を言っているだけなのかは、もちろん本人にしかわからない」。（この文「本当に……本人にしかわからない」については、さらに議論が必要である）

だが私は言っておきたい。認めざるをえないことがあるのだ。つまり、――印刷された単語のひとつを発音することにかんして――「読んでいる」「ふりをしている」生徒の意識のなかで起きていることは、実際に「読んでいる」ベテランの読み手の意識のなかで起きていることとは、おなじである可能性があるのだ。「読む」という単語は、初心者の場合と、ベテランの読み手の場合とでは、ちがった使い方をされる。――もちろん私たちとしては、こう言いたいのだ。単語を発音する場合、ベテランの読み手のなかで起きていることと、初心者のなかで起きていることとは、おなじであるわけがない。だから、両者がまさに意識していることにかんして、ちがいがないとしても、精神の無意識の働きとか、脳においては、ちがいがある。――というわけで私たちは、こう言いたいのだ。ここにはいずれにしても、ふたつのメカニズムがある！　だから、そのメカニズムのなかで起きていることが、「読む」と「読まない」を区別してくれるにちがいない。――しかしそういうメカニズムは、仮説にすぎない。君が知覚したものを説明し、まとめるためのモデルにすぎないのだ。

157　つぎのようなケースを考えてみよう。人間たちを、またはほかの生物を、リーディングマシンとして使うと仮定するのである。彼らはこの目的のためにトレーニングされる。トレーナーが、何人かについては、「もう読めるね」と言い、別の人たちについては、「まだ読めないな」と言う。それまでトレーニングをうけていなかった生徒の場合を考えてみる。書いた単語を見せられると、生徒はときどきなんらかの音声を出すだろう。そしてときおり「偶然に」、音声がだいたい合っていることがある。そのとき第三者が生徒の発音を聞いて、「読んでますね」と言う。だが先生のほうは、「いや、読んでませんよ。偶然にすぎない」と言う。――さらに仮定してみよう。その生徒が、もっとほかの単語も見せられて、正しい反応をしつづけたとする。しばらくしてから先生が、「もう読めますね」と言う。――では、あの最初の単語はどうだったのだろう？　先生は、「私の勘違いでした。読めてたんですよね」と言うべきだろうか？――それとも、「後になってから、本当に読めるようになったんです」と言うべきだろうか？――いつ、生徒は読みはじめたのだろうか？　生徒が最初に読んだ単語は、どれ？　こんなことをここでたずねるのはナンセンスである。もっとも、「最初に『読んだ』単語とは、生徒が正しく読みはじめた50個の単語の、最初のもの」（といったような）説明をしたときは、また別だが。

それとはちがって、「読む」という単語を、記号から音声への移行を経験するようなものとして使うなら、生徒が実際に読んだ最初の単語のことを問題にしても、たしかに意味があるだろう。そのとき生徒は、「この単語のときに、はじめて『お、読んでるぞ』という気がした」と言うかもしれないわけだ。

しかし、これとはちがったケースを考えてみよう。自動ピアノのような方式で記号を音声に翻訳するリーディングマシンの場合なら、こう言えるかもしれない。「マシンにこれこれのことが起きて、——こことここの部分がワイヤーで結ばれて——はじめて、マシンが読んだわけである。マシンが読んだ最初の記号は、……だ」

生きているリーディングマシンの場合、「読む」とは、「文字の記号にたいしてこれこれの反応をする」ことだった。したがってこの概念は、心的メカニズムやほかのメカニズムの概念から完全に独立していた。——そこでは先生は、トレーニングされている生徒についても、「もしかしたらこの単語をすでに読んでいたのかもしれない」とは言えない。生徒のやったことには疑いようがないからである。——生徒が読みはじめたときの変化は、ふるまいの変化だった。だから、「新しい状態での最初の単語」を問題にすることは、ここではナンセンスなのだ。

158 だがこのことは、私たちが脳や神経系のプロセスについてあまりにも知らなさすぎるからだけではないのか？ そういうプロセスについてもっと精確に知るようになれば、トレーニングによってどういう神経結合が形成されたのか、わかるのではないか。また、生徒の脳内を見ることができれば、「いま、この単語を読んだぞ。いま、読むことの神経結合が形成された」と言うことができるかもしれない。——そしてそれは、たぶんそうであるにちがいない。——そうでなかったら、私たちは、そういう結合が存在することをどうして確信できるのだろう？　たぶん、それはア・プリオリにそうなのだろう。——それとも、ありそうに思えるだけなのだろうか？　では、どのくらいありそうなのか？　こういうことについて君はなにを知っているのか、自問してほしい。——しかしそれがア・プリオリなら、それは、私たちにとってはきわめてわかりやすい描写形式だということになる。

159　しかし、よく考えてみると、私たちはこう言いたくなる。読んでいることの、たったひとつ現実的な規準は、読むという意識的な行為、文字から音声を読みとるという行為なのである、と。「自分が読んでいるのか、読んでいるふりをしているだけなのかは、本人が知っているのだ！」——Aが、自分はキリル文字を読むことができると、Bに信じさせようとしている、と仮定してみよう。ロシア語の文を暗記したうえで、Aは、印刷された単語をじっと見ながら、まるでそれを読んでいるかのように言ってみせる。この場合、「Aは自分が読んでいないことを知っており、読んでいるあいだも、まさにそう感じている」と、たしかに言えるだろう。というのも当然、印刷された文を読むということには、程度の差はあれ特有の感覚がたくさんあるからだ。それらを思い出すことはむずかしくない。たとえば、つっかえたり、じっと文字を見たり、読みちがえたり、フレーズをすらすら読んだり、たどたどしく読んだりする、などの感覚のことだ。同様に、暗記したことを言ってみせるときに特有の感覚というものもある。そしてAは、この場合、読んでいることに特有の感覚をひとつももっていないだろう。いかさまをするときに特有の感覚なら、かなりもっているだろうけれど。

160　ところでつぎのようなケースを考えてみてほしい。すらすら読むことができる人に、これまで見たことのないテキストを読んでもらうのだ。その人は私たちの前で読んでくれる——のだが、まるで暗記したものを読んでいるような感じである。（それはなにか毒物の作用かもしれない）。こういうケースで私たちは、「その人、テキストを本当には読んでない」と言うだろうか？　したがってこの場合、その人からうける感じを、「読んでいるか、読んでいないか」の規準とみなすのだろうか？

しかしこういうケースはどうだろう。なにかの毒物の影響をうけている人に、文字らしき記号をいくつも見せるのである。記号は、実際に存在するアルファベットである必要はない。その人は、記号のまとまりにしたがって、まるでそれが文字であるかのように単語を発音していく。しかも読むときにあらわれる外面的特徴や感じもともなって。（似たようなことは、夢で経験することがある。目が覚めてから、「なんだか記号を読んでるようだったな。記号なんかじゃなかったのに」と言ったりするわけだ）。そういうケースのとき、「その人はその記号を読んでいるんだ」と言いたがる人もいるが、逆に、「読んじゃいないね」と言いたがる人もいる。——さて、おなじようにしてその人が、4つの記号でできたグループを、OBENと読んだ（または、解釈した）と仮定してみよう。——そこで私たちはおなじ4つの記号を逆の順序にして見せると、その人はNEBOと読むのだ。さらに実験をつづけてもその人は記号をおなじ方式で解釈しつづけている。こういう場合、「その人は、そのつどそのつどにアルファベットをあてはめ、あてはめたアルファベットにしたがって読んでいるのだ」と言いたくなるだろう。

161　こういうことも考えておいてほしい。読むようにと言われたものを、暗記して言ってみせるケースと、コンテキストから見当をつけることも、暗記にたよることもまったくなく、どの単語もひとつひとつアルファベットをたどりながら読むケースとのあいだには、たくさんの移行ケースが連続したグラデーションで存在しているのだ。

　こういう実験をしてもらいたい。1から12までの数字を順番に言ってから、時計の文字盤を見て、その数字を順番に読んでいくのだ。――時計の文字盤を「読む」とは、君にとってどういうことだったのか？　つまりその場合、読むということをするために、君はどういうことをしたのだろう？

162　「誰かが目の前にあるものからその複製を再生して（導きだして）いるなら、その人は読んでいるのだ」という説明をしてみよう。ここで「目の前にあるもの」というのは、読んだり清書したりするテキストとか、言葉を聞いて書き取るときの声とか、演奏されるスコアなどのことだ。――たとえば誰かにキリル文字のアルファベットを教えて、それぞれの文字をどう発音するかを教えたとしよう。――その人は、見せられたテキストを読むのだが、ひとつひとつの文字を教えられたように発音しているとしよう。――そうすると私たちとしては、「あたえられたルールに助けられながら、書かれた文字から単語の音を再生したね」と言うだろう。こういう場合も、読むというクリアなケースである。（私たちは「『アルファベットのルール』を教えてあげたのだ」と言えるかもしれない）

　しかし、なぜ私たちは、「発音する言葉を、印刷された言葉から再生した（導きだした）んだな」と言うのだろうか？　「それぞれの文字をどう発音するのかを教えられてから、生徒は声に出して言葉を読んだ」ということ以上のことを、私たちは知っているのだろうか？　私たちとしては、つぎのように答えるかもしれない。「あたえられたルールに助けられながら、印刷された言葉から発音された言葉へ移行する。それを、生徒がしめしているわけですよ」。——どのようにしめすことができるのかは、私たちの例をちょっと変更すれば、もっとはっきりする。つまり、生徒には、テキストを声に出して読むかわりに、清書してもらうことにするのだ。活字体を筆記体に変えて。その場合、ルールを表の形にして渡しておけばいい。その表の第1列には活字体が並んでいて、第2列には筆記体が並んでいる。印刷された言葉から文字を再生して（導きだして）いることは、生徒が表を参照していることからわかる。

163　しかし生徒がそうするとしたら、しかも、いつもAをbに、Bをcに、Cをdに、……、Zをaにといった具合に書きかえたとしたら、どうだろう？——そういうことも私たちはやっぱり「表による再生」と呼ぶことになるだろう。——つまり、**86**の最初のパターンではなく、2番目のパターンにしたがって表を使っているのだ、と言えるのではないか。

それもまた、表による再生ということになるだろう。単純な規則性などないけれども、矢印のパターンによってあらわされているのだから。

しかし、ひとつの書きかえ方にこだわらず、単純なルールにしたがって書きかえ方を修正していった場合を考えてみよう。最初のAはnに、つぎのAはoに、そのつぎのAはpに、といった具合に書きかえるのである。——では、このやり方と不規則なやり方との境界はどこにあるのだろう？

すると、「『再生する（導きだす）』という単語にはじつは意味がない」ということになるのだろうか？　その意味を追いかけていくと、消えてなくなってしまうようだから。

164　**162**の場合、「再生する（導きだす）」という単語の意味ははっきりしていた。しかし私たちは、「これは、再生する（導きだす）ということの、きわめて特殊なケースにすぎない。きわめて特殊な服なので、再生するということの本質を知りたいのなら、その服を脱がせなければならない」と思っていたのである。そこで特別の衣服を脱がせてみたら、再生する（導きだす）ということ自体が消えてしまった。――本当のタマネギを見つけようとして、タマネギを全部むいてしまっていたのである。もちろん**162**は、再生する（導きだす）ということの特殊なケースだったのだが、再生する（導きだす）ことの本質的な点は、このケースの外側のしたに隠されていたのではなく、その「外側」もまた、再生する（導きだす）というケースたちがつくっている家族の一員だったのだ。

同様に私たちは、「読む」という単語を、「読む」というケースたちがつくっている家族にたいして使うのである。「読んでいる」ということにたいして、私たちはいろいろな状況でいろいろな規準をあてはめるのだ。

165　しかし、読むというのは――こう言いたくなるのだが――やっぱり、じつに特別なプロセスである！　印刷されたページを読んでみれば、それがわかる。特別のことが、きわめて特徴的なことが起きているのだ。――では、私が印刷物を読んでいるとき、どういうことが起きているのか？　私は、印刷された単語を見て、発音をしている。だがもちろんそれだけではない。印刷された単語を見て、発音することができるかもしれないが、それは、読んでいることではないかもしれない。私の発音している単語が、実際に存在しているアルファベットにしたがって、印刷された単語から読みとられることになっている単語であっても、読んでいることではないかもしれない。——また、「読むということは、特定の経験だ」と君が言っても、みんなから認められているアルファベットのルールにしたがって、読んでいるか、読んでいないかは、まったく関係がない。——では、読むという経験に特有のこととは、どういうことなのか？——ここで私はこう言いたい。「私が発音する言葉は、特別な仕方でやってくる」。つまり、たとえば、私が言葉をひねり出すときにやってくるようには、やってこない。——ひとりでやってくるのだ。——だが、そう言うだけではじゅうぶんではない。印刷された言葉を見ているあいだに、その言葉の響きが頭のなかで聞こえることがあるのだが、だからといって私は読んでいたわけではないからだ。——さらに、こんなふうに言えるかもしれない。発音された単語は、たとえば、なにかが私に思い出させるかのように、私の頭のなかで聞こえるわけでもないのだ。私としては、「印刷した単語『nichts』が、いつも私に『nichts』の音声を思い出させる」などとは言いたくないのである。——むしろ、発音された単語が、読んでいるときに、いわば滑りこんでくるのだ。印刷されたドイツ語を見ていると、独特のプロセスに見舞われてしまう。そのドイツ語の響きが私の頭のなかで聞こえてしまうのだ。

表情の文法。「じつに特別な」（雰囲気）。

「この顔には、じつに特別な表情がある」と言って、その特徴をあらわす言葉を探したりする。

166 読むときに私が発音する言葉は、「特別な仕方で」やってくる、と言ったが、それは、どんな仕方なのか？ それはフィクションではないのか？ 文字をひとつひとつ見て、文字の音声がどんな仕方でやってくるのか、注意してみよう。文字Aを読んでみてほしい。――どんなふうにして音がやったきた？――それについてはなんにも言うことができないね。――じゃ、こんどは小文字のaを書いてみてほしい。――書くときに、手はどんなふうに動いた？ さっきのAの音の場合とはちがってる？――私は活字体のaを見てから、それを筆記体で書いただけで、それ以上のことはわからない。

――では、こんどは  を見て、君の頭のなかで音を聞いてほしい。私の頭のなかでは「U」の音が聞こえてきたけれど、「その音がやってきた仕方に基本的なちがいがあった」とは言えないかもしれない。状況が、ちょっとちがっていたのだ。つまり私は以前に、「なにか音が頭のなかで聞こえるはずだ」と思っていたので、音がやってくるまで、ちょっと緊張していたのだ。だから私は、アルファベットのUを見たときのように自動的に「U」の音を出したわけではない。おまけに私はアルファベットのようにはその記号に親しんでいなかった。いわば緊張し、その形にある種の興味をもってながめ、裏返しになったシグマσのことを考えた。――さあ、こんどは君が、この記号をつねに文字として使うことになってしまった、と想像してみてほしい。つまりそれを見たら、「シュ」みたいな音を出すようになるのだ。私たちは、「しばらくしてからは、その記号を見たら自動的にその音がやってくる」と言うだろうが、それ以上になにが言えるのだろう？　私はその記号を見ても、「これはどういう種類の文字だ？」とは考えない。――また、「この記号を見たら、『シュ』という音を出すぞ」とも思わない。――さらにまた、「この記号を見ると、なぜか『シュ』の音を思い出すね」とも言わない。

（このことと比較してみてほしい考えがある。それは、「記憶のイメージがほかの想像のイメージとちがうのは、特別の特徴があるからだ」という考えだ）

167　「読むというのは、やっぱり『じつに特別なプロセスなのだ』」という文には、なにがあるのか？　たぶんそれは、「読んでいるときには、いつも特別なプロセスがひとつは生じていて、それを私たちが再認している」ということだろう。――だが、もしも私が印刷された文を一度読んでから、そのつぎにはモールス符号で書いたとすると、――その場合、実際、おなじような心的プロセスが生じるのだろうか？――そんなことはないが、逆にもちろん、印刷したページを読むという経験には同形性がある。プロセスの形がおなじだからだ。そしてすぐに理解できることだが、そのプロセスは、任意の線を見て単語を思い浮かべるプロセスとはちがうものである。――というのも、印刷された1行をながめるということだけでも、すでに際立った特徴があるからだ。つまり、じつに特殊なイメージなのである。文字はすべて、ほぼおなじサイズだし、その姿も親戚みたいだし、つねにくり返し登場してくる。単語のほうも、大部分はたえずくり返され、かぎりなく慣れ親しんだ存在なので、よく慣れ親しんだ顔にそっくりだ。――単語の正書法が変えられたときに感じる、居心地の悪さのことを考えてみてほしい。(また、単語の表記法に疑問をもったときには、もっと居心地が悪くなるが)。もちろん、すべての記号形式が私たちの心に深く刻みこまれているわけではない。たとえば論理代数の記号などは、勝手に別のものに置き換えられても、とりたてて居心地が悪くなるわけではない。——単語の視覚イメージと単語の聴覚イメージは、私たちにとってはおなじ程度に慣れ親しんだものである。このことをよく考えてほしい。

168 印刷した行のうえを視線もまたなめらかに移動する。任意のフック型や渦巻きの並んだ列のうえを移動するときとは、ちがう。(ところでここでは、読んでいる人の目の動きを観察することによって確認されることを、問題にしているわけではない)。視線は、いわば、特別の抵抗もなく、ひっかかることもなく、すべるように移動するのだが、スリップはしない。そしてそのとき、想像のなかで話をすることが不随意に行われている。おなじようなことは、私が、印刷された形であれ、手書きであれ、そしていろいろな書体で書かれていても、ドイツ語やほかの言語を読んでいるときに起きているのだ。——ところで、これらすべてのうちなにが、読んでいること自体にとって本質的なのだろうか? 読むというケースすべてにわたって、ひとつの特性があらわれるわけではない。(普通の活字体を読んでいるときのプロセスと、ときどきパズルの解答に見られるような、全部が大文字で印刷されている言葉を読むことを、比較してみてほしい。なんとちがったプロセスだろう。——また、文書を右から左へ読んでいくこととも、比較してみてほしい)

169 しかし私たちは、読んでいるとき、単語のイメージによって発話がひきおこされているみたいだと感じないだろうか？——なにか文を読んでみてほしい。——こんどは、

&8§≠ §≠?ß +% 8!'§*

という列を目で追いながら、なにか文を言ってみてほしい。最初の場合は、発話が記号を見ることと結びついていた。2番目の場合では、発話が記号を見ることと結びつくことがないまま、記号を見ることと併走していると感じられないだろうか？

しかしなぜ君は、「私たちが発話をひきおこされていると感じた」と言うのだろうか？ ひきおこされるというのは、実験によって確認することである。たとえば、プロセスとプロセスが規則的に出会うのを観察することによって確認する。いったいどうやって私は、「そうやって実験によって確認されるものを私は感じる」と言えるのだろうか？ (ひきおこされることを確認できるのは、規則的な出会いを観察したときだけではないことは、確かである)。むしろ、「文字こそ、私がこういうふうに読んでいることの理由なのだ」と私が感じる、と言えるかもしれない。というのも、「なぜそう読んでいるのですか？」とたずねられたら、——私は、ここに書かれている文字を理由にするからだ。

ところで、私が考えて言ったその理由を感じるとは、どういうことなのか？ 私としては、「読んでいるときに文字から、なんらかの影響を感じる」と言いたい。——しかし、あの任意の渦巻きの列からは感じない。——もう一度、ひとつの文字と渦巻きを比較してみよう。「ｉという文字を読むとき、私は『ｉ』の影響を感じている」と私は言うだろうか？ 「ｉ」を見てｉの音を出すのか、「§」を見てｉの音を出すのかには、ちがいがある。文字を見れば、ｉの音が自動的に、意思に反し

て頭のなかに聞こえてくるのだが、文字を音読すれば、発音することが、「§」を見たときよりも楽になる、というちがいである。つまり、——そういう実験をするときには、そうなるけれど、たまたま「§」という記号が目にとまって、i の音をもっている単語を発音するときには、もちろんそうはならない。

170 もしも文字のケースを任意の線と比較していなかったら、「読んでいるとき、私たちは文字の影響を感じている」というふうにはけっして考えなかっただろう。そしてここで私たちはたしかにちがいがあることに気づく。そのちがいを私たちは、影響があることと、影響がないこととのちがいだと解釈している。

　しかも、そういう解釈にとくに傾くのは、故意にゆっくり読む場合、——たとえば、読んでいるときになにが起きているのか、を見ようとする場合である。いわば、かなり故意に文字にリードしてもらうときだ。ところでこの「リードしてもらう」ことのほうは、私が文字をよく見るときにだけ、——雑念などを捨てたときにだけ——できることなのである。

　いわば、単語のイメージと私たちの音声とを結びつけるメカニズムは、感情をとおして知覚されているのだ、と私たちは思いこんでいる。というのも私が影響された経験や、ひきおこされた経験や、リードされた経験を話題にするときには、文字を見ることと音声を出すこととを結びつけるような、いわばレバーの動きを感じていることになるはずだからだ。

171 単語を読むときの私の経験なら、いろんなやり方によって言葉でぴったり表現できたかもしれない。たとえば、「書かれたものが私に音声をインプットする」とか。――また、「文字と音声が――まるで合金のように――ひとつになっている」とか。（似たような融合は、たとえば、有名人の顔とその名前の響きのあいだに存在する。その名前だけがその顔をぴたっとあらわしている、と思えるのだ）。そんなふうにひとつにまとまっていると感じたなら、私は「書いてある単語のなかに音声が見える。または、聞こえる」と言えるかもしれない。――

しかし、印刷した文を２つか３つ、読んでみてほしい。読んでいるという概念のことを考えずに、ふだんやっているように読んでみてほしい。そして、読んでいるときに、ひとつにまとまっている経験とか、影響された経験などがあったかどうか、考えてみてほしい。――「無意識のうちにあったんだ」などと言わないように。「よく見れば」そういう現象があらわれたのだ、というイメージにも惑わされないように。あるモノが遠くからどう見えるか、説明するようにと言われた場合、そのモノにもっと近づいて、見えるものを述べたからといって、詳しい説明になるわけではない。

172 リードされるという経験のことを考えてみよう。たとえば、どこか道に連れていかれるとき、それはどういう経験のことなのだろう？――つぎのようなケースを想像してみてほしい。

遊び場で目隠しをされたまま、誰かに手を引かれて、右へ、左へと連れていかれる。君は、手を引かれていることをつねに忘れてはならず、思いがけない方向に引かれても、つまずかないよう用心しなければならない。

または、誰かに手を引かれていて、行きたくないところに無理やり連れていかれる。

または、ダンスでパートナーにリードされる。君はできるかぎり受け身になって、相手の意図を推測し、ほんのちょっと押されただけでも、それにしたがう。

または、誰かが君の散歩をリードしている。しゃべりながら歩いているのだが、リーダーがどこへ行こうと、君はついていく。

または、君は野道を歩いている。脇道はせず、その野道にそって歩いていく。

これらの状況はおたがいに似ている。だがすべての経験に共通するものがあるだろうか？

173

「リードされるってことは、やっぱり特定の経験ですよね！」――それにはこう答えよう。「君が考えているのは、リードされるという特定の経験のことだ」

これまでの例のひとつでは、書いているときに、印刷したテキストと表にリードされる人がいたが、その人の経験を思い浮かべてみようとすると、「良心的な」チェックといったようなことが想像できる。私はある特定の（たとえば良心的な簿記係の）表情といったものまで想像するのだ。そのイメージでは、たとえば細心であることがとても重要だが、別のイメージでは、自分の意思をすべて排除することがとても重要である。（しかし、つぎのようなことを想像してみてほしい。普通の人なら不注意にしかやらないようなことを、誰かが細心の注意をはらっているような表情で――「感じで」と言ってもいいだろう――やっているとしよう。――さて、その人は細心の注意をはらっているのだろうか？　たとえば、細心の注意をはらっている顔をした召使いが、お茶のトレーを、その上にのせたものもいっしょに、床に落っことすという場合を想像してみよう)。特定の経験を思い浮かべるとき、それが私には、リードされている(または読んでいる)経験そのもののように思えるのだ。しかしここで私は、「君はなにをしているのだろう?」と考えてみる。——君は記号をひとつひとつ見て、そういうときの顔をして、慎重に文字を書いている(などなど)。——つまりそれが、リードされているという経験なのだろうか?——私としては、こう言いたい。「いや、そうじゃない。それは、もっと内面的で、もっと本質的なものなのだ」と言いたい。——まるで最初は、これらすべての、程度の差はあれ本質的でないプロセスが、特定の雰囲気にくるまれているかのようだが、私がよく見てみると、その雰囲気が消えてしまうのである。

174　考えてみてほしい。ある線分に平行に、ある線分を「慎重に」引くにはどうするか。——また別の場合、ある線分にある角度をもって、ある線分を慎重に引くにはどうするか。「慎重に」の経験とは、どういうことか? 考えはじめるとすぐに君は、ある特定の顔つきとか、身ぶりを思いついてから、——「うん、まさにそれは特定の内的経験だな」と言いたくなる。(そう言ったからといって、もちろん、それ以上なにも言っていないのだが)

(これは、意図や意思の本質を問題にすることと関係している)

175　紙になんでもいいからイタズラ描きをしてみよう。——そしてその横に、その模写をしてみよう。イタズラ描きにリードしてもらうのだ。——私としては、こう言いたい。「たしかにリードしてもらった。でも、なにか特徴のあることが起きたのだろうか？——起きたことを私が言ってみたところで、そんなものが特徴とは思えない」

しかし、気づいてもらいたいことがある。私がリードされているあいだ、すべてはじつに単純で、私はなにも特別なことに気づかない。けれども、そのときなにが起きていたのかを考えてみると、言いようのないことがあったように思えてくる。そうなると、どんなふうに書いても私は満足できない。イタズラ描きをながめて、こんな顔をして、線を引いただけだとは、いわば信じられないのである。——しかし私は、それ以外のことを覚えているのだろうか？ 覚えてはいないが、それ以外になにかがあったにちがいないと思えるのだ。とくに、「リードする」とか「影響」などの単語を言ってみたときには。「やっぱリードされてたんだから」と思うわけである。——そのときになってはじめて、あのエーテルのような、つかみどころのない影響という考えが登場してくる。

176 経験のことを後から考えると、本質的な点は——複数の現象がたんに同時に起きたというのとは逆に——「影響を経験すること」、つながりを経験することだと私には感じられる。しかしそれと同時に私は、経験したどの現象のことも「影響の経験」とは呼びたくない。（ここには、「意思は現象ではない」という考えが働いている）。私は「なぜなら」を経験した、とは言いたいけれど、どの現象のことも「なぜならの経験」と呼ぶつもりはない。

177 「私はなぜならを経験する」と言いたいが、それは、私がその経験を覚えているからではない。

そのようなケースでなにを経験しているのか、考えてみたときに、「なぜなら」という概念を媒体にして(「影響」とか「原因」とか「つながり」の概念でもいいが)、それを見るからなのである。――というのも、「私は目の前にあるものに影響されてこの直線を引いた」と言うことはもちろん正しいわけだが、しかしそれは、たんに私が直線を引くときに感じるからではなく、――状況によっては、たとえば、私が直線をほかの直線にたいして平行に引くからなのである。たとえそれが、リードされるということにとって共通の本質ではないとしても。――

178 また私たちは、「私が目の前にあるものにリードされているのを、君は見ているわけだ」と言う。――しかし、それを見ている人は、なにを見ているのだろう?

自分にむかって「やっぱり私はリードされている」と言うとき、――私は、リードをあらわしているように手を動かしたりもする。――こんどは君が、誰かを案内しているかのように、手を動かすとしよう。そして、その手を動かすことがどういうわけでリードしていることになるのか、考えてみてほしい。なにしろ君は誰もリードしていなかったのだから。それなのに君は、その動きを「リードの」動きと呼びたがっている。とするとその動きや感覚のなかには、リードするという本質が含まれていないにもかかわらず、君はそう呼ぶようにうながされていたわけだ。そういう表現を強制することが、まさにリードという現象のひとつの形式なのである。

179 151のケースに戻ろう。明らかに私たちは、「Bには、代数式が思いついたから、『もうその先、知ってるよ』と言う権利がある」とは言わないだろう。――もっとも、代数式を思いつくこと――口にすること、書きつけること――と、数列を実際に展開することとのあいだに、経験上つながりがある場合は別だが。そしてたしかにそういうつながりはあるのだが。――すると、「先をつづけることができるぞ」という文は、「経験上、数列の先をつづけることができるような経験があるぞ」という文とおなじような意味であると、思われるかもしれない。しかしBが「先をつづけることができるぞ」と言う場合も、そう思われているのだろうか？ さっきの文が頭のなかに浮かんでいるのだろうか？ それともその文を、自分の言っていることを説明したものだと認めるつもりがあるのだろうか？

ちがう。「もうその先、知ってるよ」という言葉が正しく使われていたのは、代数式を思いついたときである。つまり場合によるわけで、たとえば、代数を学んでいて、そういう式を以前に使ったことがあるようなときだ。――だからといって、「その発言は、私たちの言語ゲームの舞台となっている状況すべてを圧縮記述したものにすぎない」というわけではない。――考えてもらいたいのは、つぎのことだ。どのようにして私たちは、「もうその先、知ってるぞ」とか、「もう先をつづけることができるぞ」などの表現を習うのか？ どのような言語ゲームの家族のなかでそれらの表現の使い方を習うのか？

つぎのようなケースを想像することもできる。Bの頭のなかでは、突然――たとえばほっとした感じで――「もうその先、知ってるぞ」と言うことしか思い浮かばず、いまや代数式を使わずに実際、数列の先まで計算している。このケースでも私たちは――場合によるわけだが――「先まで、知っていた」と言うことになるだろう。

180 *そういうふうにこの言葉が使われる*。たとえば、後ろのほうのケースで、この言葉を「心の状態の記述」と呼ぶなら、じつに誤解を招きやすいだろう。――むしろこの場合は、「シグナル」と呼べるかもしれない。シグナルが正しく使われていたかどうかは、Bがその後にどうするか、によって判断されるわけだ。

181 このことを理解するためには、つぎのことも考えておく必要がある。Bが「その先、知ってるよ」と言ったとしよう。――しかしBがつづけようとすると、つっかえてしまい、先に進めない。こういう場合、私たちは、「『その先、つづけることができるよ』って言ったのは、ウソじゃないか」と言うべきか、それとも、「あのときはつづけることができたけど、いまできないだけだよ」と言うべきか？――明らかに私たちは、いろんなケースにいろんなことを言うだろう。（この2種類のケースについてよく考えてみてほしい）

182 「合う」、「できる」、「理解する」の文法。課題（1）どういうときに「シリンダーZが空洞シリンダーHに合う」と言うのだろう？　ZがHに差しこまれているときだけ？　（2）「Zが、これこれの時間にHに合わなくなった」と言われることがある。このケースでは、その時間にそうなったことは、どんな規準によって判断されるのか？　（3）ある物体がある時間に重さを変えたのだが、そのとき秤《はかり》にのっていなかった場合、なにがその規準とみなされるのだろうか？　（4）きのう私はその重さを覚えていたが、きょう忘れてしまった。「いつ私は、それを覚えているのをやめたのかな？」という質問が意味をもつのは、どういうケースだろうか？　（5）「この重さ、もちあげられる？」と聞かれて、「うん」と答えた私は、「じゃ、やってみて」と言われたのだが、――もちあげることができない。さて、「『うん』と答えたときは、できたんだけど、いまはできない」という弁解は、どういう状況でなら通用するのだろうか？

「合う」、「できる」、「理解する」に適用される規準は、はじめて見たときの印象よりはるかに複雑な規準である。つまり、これらの言葉を使ったゲームは、これらの言葉を手段にした言語交通で、これらの言葉を使っているわけだが、私たちがつい考えてしまいがちなゲームよりは錯綜しているし、――私たちの言語でこれらの言葉がはたしている役割は、私たちがつい考えてしまいがちな種類とは別のものである。

（これらの役割こそ、哲学のパラドクスを解決するために理解しておくことが必要なものである。そしてそのためには、普通、どんな定義も役に立たない。また、「単語というものは『定義できない』」などと確認してみたところで、ますます役に立たない）

183　しかしこれはどうだろうか。――ケース**151**の「もう先をつづけることができるぞ」という文は、「ああ、式を思いついた」という文とおなじことを意味していたのか？　それとも違う意味だったのか？　その状況においてなら、ふたつの文はおなじ意味だ（おなじ効果がある）と言うことができる。しかしまた一般に、ふたつの文はおなじ意味ではない、とも言うことができる。また、「もう先をつづけることができるぞ。つまりね、式、知ってるんだよ」とも言うわけだ。ちょうど、「行けるよ。つまり、時間あるよ」とか、「行けるよ。つまり、もう元気だよ」とか、「行けるよ。つまり、脚の具合なら大丈夫」とか言うように。つまり、行けることの条件をほかの条件に対置して、これだと限定するのである。しかしここで用心しなければならないことがある。ケースの性質にしたがって、(たとえば、行くことの)条件すべてを集積した全体のようなものがあって、すべてが満たされれば行かざるをえなくなる、などと思わないようにしなくてはならない。

184　メロディーを思い出そうとするのだが、思い出せない。突然、「わかったぞ」と言って、歌う。私が突然わかったとき、どういう状態だったのだろうか？　その瞬間にメロディーのすべてを思い出したわけではない。——「メロディーがここにあるぞ、っていう特定の感じなんです」と君は言うかもしれない。——けれども、本当にそこにあるのだろうか？　では、私が歌いはじめてから、詰まってしまった場合は、どういうことになるだろうか？——でもその瞬間には、「わかったぞ」と私は確信したはずではなかったのか？　だったら、ある意味ではそこにあったわけだ。——でもそれは、どういう意味で？　「メロディーがそこにある」と君が言うのは、たとえば、メロディーを通して歌ったり、最初から最後まで頭のなかで聞こえたりする場合だろう。もちろん私は、「メロディーがそこにある」という発言にまったく別の意味をあたえることができる、ということを否定するわけではない。——たとえば、「メロディーを書きつけたメモ用紙をもっている」というような意味だが。——ところで、「わかった、と『確信』する」というのは、どういうことなのだろう？——もちろん、つぎのように言うことができる。誰かが確信をもって、「もうメロディー、わかったよ」と言うとき、メロディーはその瞬間（なんらかのやり方で）全部が頭のなかにあるのだ。――そしてそれは、「メロディーが全部、頭のなかにある」という言葉の説明なのである。

185　**143**の例に戻ってみよう。生徒はもう――普通の規準で判断すれば――自然数の数列をマスターしている。こんどは基数のほかの数列も書けるように教えている。たとえば「＋n」という形の命令にたいしては、

0, n, 2n, 3n, etc.

といった形の数列が書けるように教えているのである。「＋1」という命令をあたえれば、自然数の数列になるというわけだ。――さて、そういう練習をして、1000までの数でどれくらいできるか、抜き打ちテストもすませたとしよう。

こんどは（たとえば「＋2」の）数列を1000以上の数で書いてもらうことにする。――すると生徒は、1000, 1004, 1008, 1012と書いたのである。

「ほら、なにやってるんだ」と言ってやっても――生徒はわからない。「2を足せばいいわけだろ。ほら、数列、どうやってはじめた？」と言ってやると、――生徒が答える。「これじゃ、ダメなの？こうやるように言われたんじゃないの？」――または、生徒が数列を指しながら、「おんなじようにやってきたんだけど」と言ったとしよう。――そこで私たちが、「しかし……がわからないの？」と言ってやったり、――これまでの説明や例示をくり返してやっても、ムダだろう。――こういう場

合、こういう人は生まれつき、その命令を、私たちの説明にもとづいて、理解してしまうのだと言えるかもしれない。ちょうど私たちが、「1000まではいつも2を加え、2000までは4を加え、3000までは6を、といった具合に加えて」と言われたときに、理解するように。

このケースは、ある人が手でなにかを指す動作をされたとき、指先の方向ではなく、指先から手首までの方向を見てしまうのと似ているかもしれない。

186　「すると君が言っていることは、『+n』という命令に正しくしたがうためには、どの段階でも新しい洞察が——直観が——必要だ、ということになりますね」。——正しくしたがうために！　では、ある点においてなにが正しいステップなのかは、どのように決められるのか？——「正しいステップというのは、——命令が意味されたように——命令と一致するステップのことなんです」。——だったら君は、「+2」と命令したときには、1000の後には1002を書くべきだ、と思っていたわけだ。——おなじようにそのときには、1866の後には1868を、100034の後には100036を、なんて具合に——そういう文を数えきれないほど——書くべきだと考えていたわけ？——「ちがうよ。ぼくが考えていたのは、どの数の後でも、その2つ先の数を書けばいいということ。そうすると、どこでも、いま言ったような文になるわけです」。——しかしまさに問題は、こういうことなんだ。どこかある場所で、その文からなにが出てくるのか？　また、——どこかある場所で、なにがその文と「一致している」と呼ばれるべきなのか？（一致するのは文だけではなく、君がその文に託した思い——それがどういう思いであったにせよ——でもあるわけだが）。「どの点においても直観が必要だ」と言うよりは、「どの点においても新しい決定が必要だ」と言うほうが正しいのではないだろうか。

187 「ぼくが命令したときからすでに、生徒が1000の後には1002と書くべきだ、とわかってたんですよ！」——たしかにそうだ。それどころか君は、「そのときそう思っていた」とすら言うことができる。もっとも、「知っている」とか「思っている」という単語の文法に惑わされるべきではない。というのも君は、そのとき1000から1002への移行のことを考えていたわけではないし、——たとえ移行のことを考えていたとしても、ほかの数の場合は考えていなかった。君が言った「ぼくが命令したときからすでに、……とわかってたんですよ」は、「1000の後にどういう数を書くべきか、とたずねられたなら、『1002』と答えていただろう」といったような意味なのだ。その点については私も疑っていない。それは、「もしも彼が水に落ちていたなら、私は後を追って飛びこんだだろう」といった種類の仮定なのだ。——では、君の考えでまちがっているのはどういう点なのか？

188 私としてはまずこう言っておきたい。「君の考えは、命令をああいうふうに思うことがああいう移行をすべてそれなりにやってしまっている、ということだった。君の魂は、思うことによって、いわば先に飛んでいき、君のからだがそこやあそこに到着する前に、すべての移行をやってしまうわけだ」

だから君としては、「移行はもともと、ぼくが書いたり、口で言ったり、頭のなかで考えたりする前に、すでにやられていたのです」と言いたくなったわけだ。そして移行は、ユニークなやり方であらかじめ決定されており、予見されているように見えた。――思うことだけが現実を予見できるかのように見えたのだ。

189 「しかし、すると移行は、代数式によって決定されているわけじゃないわけですか?」――その質問にはまちがいがある。

「移行は、……という式によって決定されている」という表現を私たちは使うわけだが、どのようにこの表現は使われているのか?――たとえば、こんなふうに言うことができる。$y=x^2$という式の使い方を教育(トレーニング)すれば、みんながxにおなじ数を代入したとき、いつもyの値がおなじとなる計算をするようになる、と言うことができる。また、こんなふうに言うこともできる。「この人たちは『+3』と命令されると、全員がおなじ段階でおなじ移行をするように教育されている。私たちはこのことを、こんなふうに表現できるかもしれない。『+3』という命令はこの人たちにたいして、ある数からつぎの数への移行を完全に決定している、と」。(この人たちとは逆に、「+3」と命令されても、どうしていいかわからない人もいるし、また、自信満々に、それぞれ別のやり方で反応する人もいるわけだが)

また他方では、いろんな種類の式を、それからその式にふさわしい、いろんな種類の使い方を(いろんな種類のトレーニングを)比べてみることもできる。その場合、ある種類の式(とその使い方)を「あたえられたxにたいしてyを決定する式」と呼び、別の種類の式を「あたえられたxにたいしてyを決定しない式」と呼ぶ。($y=x^2$が最初の種類で、$y\neq x^2$がつぎの種類ということになるだろう)。

このとき、「……という式は、数yを決定する」という文は、式の形式について発言していることになる。――すると、「ここに書きつけた式は、yを決定する」とか、「ここにあるのは、yを決定する式だ」という文は、――「式$y=x^2$は、あたえられたxにたいして数yを決定する」という種類の文から――区別することができるわけだ。すると、「そこには、yを決定する式が書かれてるの？」という質問は、「そこに書かれているのは、この種類の式なの？　それともあの種類の式なの？」という質問とまったくおなじことになる。――しかし、「$y=x^2$は、あたえられたxにたいして数yを決定する式なの？」という質問ですることは、そう簡単にはっきりしているわけではない。この質問は、生徒が「決定する」という単語の使い方を理解しているかどうか、チェックするときに役に立つかもしれない。またこの質問は、「あるシステムにおいて『xの2乗はひとつの値しかない』ことを説明せよ」という数学の問題であるかもしれない。

190　ここで、「どういう意味の式だと考えているかによって、どういう移行をするべきかが決定されるのだ」と言うことができる。「どういう意味の式だと考えているか」を判断する規準は、なんだろう？　たとえば、いつもその式をどうやって使っているか、とか、その式をどうやって使うのか教えられたことが、規準になる。

たとえば、見覚えのない記号を使っている人にむかって、つぎのように言う。「『x!2』でx^2ということを意味しているのなら、yの値としてはこうなるし、2xということを意味しているのなら、ああなるね」――さて、君に考えてみてもらいたい。「x!2」でこういうこと、またはああいうことを意味するということは、どのようになされているのだろうか？

　というわけで、そのようにして意味することが、移行をあらかじめ決定しているのである。

191　「ぼくらは、まるで一瞬のうちに、単語の使い方をすっかり把握できるみたいですね」。――たとえば、どんなふうに？――われわれは――ある意味では――一瞬のうちに把握できるのではないですか？　そして、どういう意味で君にはできないんですか？――まるで私たちが、もっと直接的な意味で「一瞬のうちに把握」できるかのようだが。――しかし君には、その具体例があるのかな？　いや、ない。私たちに提供されるのは、そういう表現の仕方だけなのだ。イメージとイメージが交差した結果として。

192　「一瞬のうちに把握する」というのは、極端な事実である。その具体例もないのに、君は超=表現を使う誘惑にかられている。（それを哲学的最高級と呼べるかもしれない）

193　働き方のシンボルとしての機械。機械は――まず最初にこう言えるかもしれない――自分の働き方をすでに自分のなかにもっているように見える。ということはどういうことだろうか？――機械と親しくなってみると、ほかのすべてのことが、つまり機械がするだろう運動が、すっかり決定されているように思えるのだ。
　私たちは、まるで機械のその部分はそんなふうにしか動けないかのように言っている。それ以外のことはなにひとつできないかのようだ。これはどういうことだろう？——機械が曲がったり、折れたり、溶けたりする可能性を忘れているわけなのか？　たしかに私たちは、多くの場合、そんなことはまるで考えない。機械とか、機械のイメージは、一定の働き方のシンボルとして使われる。たとえば誰かに機械のイメージを伝えるときには、イメージから各部分の運動がどんなものか、導きだされるはずだと期待しているわけだ。（ちょうど誰かに、ある数を伝えようとするとき、「それは数列 1, 4, 9, 16, ……の25番目の数だ」と言うようなものである）

「機械は、自分の働き方をすでに自分のなかにもっているように見える」と言う場合、機械のこれからの運動が決定されていることについて、機械の運動をモノに——すでに引き出しに入っていて、これから取り出されるモノに——たとえたくなる。——実際の機械の動きを予言するときには、こんな言い方はしない。部分が変形する可能性を普通は忘れたりしないものだからだ。——しかし、どのようにして機械を運動の仕方のシンボルとして使うことができるのだろうか、と不思議に思うときには、そういう言い方をする。——機械はまったく別の運動をすることがあるわけだから。

「機械、または機械のイメージは、私たちがそのイメージから導きだせるようになったイメージ列の、初項である」と言えるかもしれない。

けれども、機械が別の運動をしたかもしれないと考えてみれば、シンボルとしての機械のなかにはその運動の種類が、実際の機械よりもはるかに決まった形で含まれているにちがいない、かのように思えることもある。「その運動の種類は、経験上あらかじめ決定されていた運動だ」というのでは十分ではなく、「もともと——神秘的な意味において——すでに目の前に存在しているにちがいない」。

そしてたしかに、機械シンボルの運動は、あたえられた現実の機械とはちがうやり方で、あらかじめ決定されているのである。

194

さて、どういうときに、「機械はその可能な運動をすでに、なんらかの神秘的なやり方で自分のなかにもっている」と考えるのだろう？——それは、哲学するときだ。では、どうしてそんなふうに考えたくなってしまうのか？　機械について語るときの流儀のせいだ。たとえば私たちは、「機械はそういう運動の可能性をもっている（所有している）」と言う。これこれの運動だけをすることができる、理想的な剛体でできた機械のことを問題にしているのだ。——運動の可能性って、なんだろう？　運動のことではないけれども、運動のたんなる物理的条件でもなさそうだ。——物理的条件というのは、たとえば、軸受けと軸のあいだに遊びがあって、軸が軸受けにきつくはまりすぎないことである。たしかにこれは経験上、運動の条件ではあるが、「運動の可能性」という言葉から別のことがイメージされるかもしれない。むしろそれは、運動そのものの影のようなものと考えられるのだ。しかし君は、そういう影を実際に知っているだろうか？　しかも影ということで私は、運動のなんらかのイメージを考えるわけではない。——この運動のイメージが、まさにこの運動のイメージである必要はないからだ。だが、この運動の可能性は、まさにこの運動の可能性でなければならない。（ここでは、なんと言語の波が高いことか！）

その波は、「機械について語るとき、『運動の可能性』という言葉をどのように使っているのだろう？」ということを考えてみると、すぐにおさまる。——しかしどうしてそういう不思議な考えが出てきたのだろう？　たとえば運動のイメージによって私が君に、運動の可能性をしめすとしよう。「だから可能性というのは、現実に似たものである」ということになる。私たちは、「これはまだ運動していないが、運動する可能性をすでにもっている」と言う。——「だから可能性というのは、現実にとても近いものである」ということになる。私たちとしては、「これこれの物理的条件がこの運動を可能にしているかどうか」を疑うかもしれないが、「これがこの運動の可能性なのか、それともあの運動の可能性なのか」についてはまったく議論しない。「だから運動の可能性は運動そのものとはユニークな関係にあるわけで、イメージの可能性とモノとの関係よりも密接である」ということになる。なにしろ、「これはこのモノのイメージなのか、あのモノのイメージなのか」と疑うことができるからだ。私たちは、「これが軸にこういう運動の可能性をあたえるかどうかは、経験が教えてくれるだろう」と言うけれど、「これがこういう運動の可能性かどうかは、経験が教えてくれるだろう」とは言わない。「だから、こういう可能性がまさにこういう運動の可能性であるということは、経験上の事実ではない」ということになる。

　私たちは、こういうことにかんして、自分の表現の仕方について注意をはらうけれども、それを理解しておらず、まちがった解釈をする。私たちは、哲学をするとき、野蛮人や未開人のようだ。文明人の表現の仕方を聞いて、まちがった解釈をし、そこから不思議な結論をひきだしてくるのだ。

195　「しかしぼくはね、ぼくがいま（単語の意味を一瞬のうちに把握するときに）やっていることが、将来にわたって単語の使い方を因果的に、そして経験的に決定する、なんて言ってないんですよ。不思議なやり方でその使い方そのものが、なにかある意味で目の前にある、と言ってるだけなんです」。——たしかに、「なにかある意味で」は、そうだ。もともと、君が言っていることでまちがっているのは、「不思議なやり方で」という表現だけなのだ。それ以外は正しい。君の文が不思議に思えるのは、その文にたいして、実際に使われているのではない別の言語ゲームを想像するときだけなのである。（誰かから聞いた話だが、その人は子どものとき、仕立屋が「服を縫うことができる」ということを不思議に思っていたという。——つまり、糸に糸を縫いつけるだけで服が生まれてくるのだ、と思っていたのだ）

196 言葉を理解しないまま使うと、不思議なプロセスをあらわしたものだと解釈される。（ちょうど、時間というものを不思議な媒体であると思ったり、心というものを不思議な存在であると思ったりするように）

197 「まるで一瞬のうちに、単語の使い方をすっかり把握できるみたいだね」。——私たちは、そうしていると言う。つまりこの言葉で、自分のやっていることを述べることがある。だが、実際に起きていることには、驚くようなことや不思議なことはなにもない。不思議になるのは、「将来の展開がなんらかの形ですでに把握する行為のなかに姿を見せているにちがいないのに、まだその姿が見えない」と、私たちが考えてしまう場合である。——なにしろ私たちは、「明らかにこの単語を理解している」と言うのだが、他方、この単語の意味はこの単語の使い方なのだから。明らかに私はこれからチェスをするつもりなのだが、チェスというのは、そのルール全部（など）によるゲームである。とすると私は、ゲームをやり終わらないうちは、自分のやりたいことがわからないのだろうか？　それともすべてのルールは、意図するという私の行為のなかに含まれているのだろうか？　では、意図する行為の後につづくのが普通はゲームをするというようなことなのだ、ということを教えてくれるのが経験なのだろうか？　とするとやっぱり私は、自分がやりたかったことに確信がもてないのだろうか？　それがナンセンスなら、――意図するという行為と意図されたことのあいだには、どのような超=融通のきかないつながりがあるのだろうか？――「チェスを一局やろう」という言葉の意味と、チェスのすべてのルールとは、どこでつながっているのだろうか？――それは、チェスのルール表において、チェスのレッスンにおいて、日頃、チェスを実際にやることにおいてである。

198
「しかしどうやってルールは、この場でぼくがするべきことを教えることができるのですか？　ぼくがなにをしようと、なんらかの解釈によってそれはルールに合っているわけですよね」。――いや、そんなふうに言うべきではない。そうではなくて、すべての解釈は、解釈されたものといっしょに浮いたままなのだ。解釈されたものを支えることはできない。解釈だけでは、意味は決まらない。
「とすると、ぼくがなにをしようと、ルールに合わせることができるわけですか？」――いや、こういう質問をさせてほしい。ルールを表現したもの――たとえば、道しるべ――は、私の行動とどんな関係があるのだろうか？　どういうつながりが生まれているのか？――たとえば、その記号にたいして私がある反応をするようにトレーニングされていて、実際そういうふうに反応する、というようなことなのだが。

　しかしそれだと君は、因果的な関係を述べただけだ。どのようにして道しるべにしたがうようになったのかを説明しただけだ。その記号にしたがうということがどういうことなのか、説明していない。いや、そうじゃない。私としては、道しるべにしたがうのは、定まった使い方や慣習がある場合にかぎられるのだ、とも暗示しておいたのだが。

199　「あるルールにしたがう」と呼ばれていることは、たったひとりの人間が生涯で一度だけするようなことだろうか？――もちろんそれは、「ルールにしたがう」という表現の文法につけられたひとつの注である。
　たったひとりの人間がひとつのルールにしたがったのが一度だけ、ということはありえない。一度だけひとつの報告がされたとか、一度だけひとつ命令がくだされたとか、一度だけひとつの命令が理解されたとか、ということはありえない。――ルールにしたがう、報告をする、チェスの対局をするということは、慣習（習慣、制度）なのだ。

　文を理解するということは、言語を理解することである。言語を理解することは、技術をマスターすることである。

200　ゲームを知らない民族のところで、ふたりの人がチェス盤にむかって、一局やっている。しかもゲームにともなういろんな心の動きまで見せている。こういうケースはもちろん考えられるわけで、私たちがそれを見れば、ふたりはチェスをやっている、と言うだろう。だが、つぎにこういう場合を想像してもらいたい。チェスがなにかのルールにしたがって、普通なら私たちがゲームを連想しないような行動に翻訳されているとしよう。――たとえば叫び声をあげるとか、足を踏みならすとかするのである。さてこのふたりが、よく知られた形式のチェスをやるかわりに、叫び声をあげたり、足を踏みならしたりするように言われたとしよう。しかも、ふたりのやっている行動は、なんらかのルールを適用すればチェスの対局に翻訳できるようになっている。さてこのような場合でも、私たちは、ふたりがゲームをやっている、と言いたくなるだろうか？　どのような権利でそう言えるのだろうか？

201　私たちのパラドクスは、こういうものだった。「ルールは行動の仕方を決定できない。どんな行動の仕方でもルールと一致させることができるから」。それにたいする答えは、こういうものだった。「どんな行動の仕方もルールと一致させることができるなら、ルールに矛盾させることもできる。だからここでは、一致も矛盾も存在しない」

　そこに誤解があることは、私たちがこうして考えているあいだ解釈に解釈を重ねていることからも明らかである。まるでどの解釈も、すくなくとも一瞬のあいだは私たちを安心させてくれるのだが、私たちはすぐにその解釈の背後にある解釈を考えてしまうかのようなのだ。つまり、このことによってわかるのは、ルールの解釈ではないルール把握というものが存在していることだ。ルール把握は、ルールを適用するケースごとに、「ルールにしたがう」ことと「ルールにそむく」ことにおいてあらわれる。

だから、「ルールにしたがった行動はどれも解釈だ」と言いたくなるのである。「解釈」と呼んでもいいのは、ルールについてひとつの表現を別の表現に置き換えることだけである。

202 だから、「ルールにしたがう」ということは、実際にそうすること［実践］なのである。そしてルールにしたがっていると思うことは、ルールにしたがっていることではない。だからルールには、「私的に」したがうことはできない。私的にしたがうことが可能なら、ルールにしたがっていると思えば、ルールにしたがっていることになるのだから。

203 言語は、いろいろな道からできている迷路である。ある方面から来ると勝手がわかるが、おなじ場所でも別の方面から来ると、もう勝手がわからない。

204 私は、たとえば、誰もやらないようなゲームを考え出すことができる。――だが、人類がゲームというものをしたことがないのに、あるとき誰かがゲームを考え出した、ということは可能だろうか？――もちろんその場合、そのゲームはされなかったわけだが。

205 「意図にかんして、つまり心的プロセスにかんして奇妙な点は、慣習や技術がなくても困らないという点です。たとえば、ふたりの人間が、いつもはゲームなどしない世界で、チェスの対局をはじめたけれど、いや、はじめたばかりだけれど、――邪魔された、というような場合を考えることができます」

しかしチェスは、そのルールによって定義されていないだろうか？　どのようにしてそのルールは、チェスをやろうと思っている人の頭に浮かんでいるのだろうか？

206　ルールにしたがうということは、命令にしたがうということに似ている。命令にしたがうようトレーニングされ、ある一定のやり方で命令に反応する。しかし命令とトレーニングにたいして、ある人がそのように反応し、別の人がちがったふうに反応したとしたら、どちらが正しいのだろうか？

まったくなじみのない言語を使っている、未知の土地に研究者としてやって来たとしよう。どのような状況でなら君は、その土地の人たちが命令をくだし、命令を理解し、命令にしたがい、命令に抵抗している、などと言うだろうか？

人間に共通の行動の仕方が座標系（参照システム）である。それを手がかりにして私たちは未知の言語を解釈する。

207　その土地の人たちが人間として普通の活動をし、どうやら分節言語をもちいている、と想像してみよう。行動を見ていると、理解できるし、「論理的」であるように思える。しかしその言語を習得しようとすると、できないとわかった。話される音声と行動とのあいだに規則的なつながりがないからだ。とはいうものの、その音声が余分というわけではない。たとえばその土地のひとりの人に猿ぐつわをかませると、私たちの場合とおなじような結果になる。——私の考えを言うなら——その音声がないと、その人たちの行動が混乱するのだ。

「その人たちには、命令や伝達などをする言語というものがある」と言うべきだろうか？

その土地の、私たちが「言語」と呼ぶものには、規則性が欠けている。

208 では私は、「命令」や「ルール」とはなにか、ということを「規則性」によって説明するのだろうか？——どのようにして私は、「規則的な」とか、「おなじ形の」とか、「おなじ」の意味を説明するのだろうか？——たとえばフランス語しか話さない人には、これらの単語に対応するフランス語によって説明するだろう。しかしそういう概念をまだもっていない人には、言葉を例や練習によって使うことを教えるだろう。——そのさい私は、自分の知っているかぎりのことを伝えるのである。

つまりそのレッスンで私は、おなじ色、おなじ長さ、おなじ形をしめして、見つけさせたり、描かせたりするだろう。それだけでなく、たとえば連続模様を、命令にしたがって「おなじように」つづけて描かせたりするだろう。——またさらに、数列を先につづけさせることもするだろう。だから、たとえば、・・　・・・　・・・・　・・・・・　・・・・・・　と書かせるのだ。

まず私がやってみせてから、生徒がそれを真似する。私は、ＯＫやダメ出しや期待やはげましの反応をしてやる。好きなようにやらせたり、止めたりする。などなど。

こういうレッスンを君が目撃することになったとしよう。そこではどんな単語もそれ自身によって説明されることはないし、どんな論理的循環も起きないだろう。

「などなど」や「などなど、無限につづく」という表現もそのレッスンでは説明されることになる。そのときとくに身ぶりも役に立つだろう。「そのままつづけて」とか「などなど」をしめす身ぶりには、モノや場所を指すのに似た機能がある。

区別しておく必要があるのは、先を書くのを省略した「などなど」と、先まで書くのを省略していない「などなど」だ。「などなど、無限につづく」は、先まで書くのを省略したものではない。πのすべての桁を書きだせないことは、数学者がときどき思うような、人間の能力不足ではないのだ。

使った例のところにとどまろうとするレッスンは、使った例を「超えて先へ進む」レッスンとは区別される。

209 「しかし、理解しているほうが、すべての例より遠くまで届きませんか？」——とても奇妙な言い方だが、もちろんそうだ。——

だがそれで、おしまい？　もっと深い説明はないのだろうか？　説明を理解することは、もっと深いものでなくてはならないのでは？——そうすると、私は自分ではもっと深く理解しているのだろうか？　説明するときよりも、もっと理解しているのだろうか？——もっと深く理解しているのではないか、という感覚はどこから来るのだろう？

それは、限りのないものを、どんな長さよりも遠くまで届いている長さだと解釈するようなものなのだろうか？

210　「しかし君は、自分で理解していることを生徒に説明するのですか？　本質的なことを生徒に推測させないのですか？　君は例を並べていく——けれども生徒のほうは、並べられた例の傾向を、つまり君の意図を推測するしかないわけですね」。——私は、自分にたいして説明できる説明はひとつ残らず、生徒にも説明する。——「生徒が私の意図を推測する」ということは、生徒の頭に私の説明のいろいろな解釈が浮かんで、そのうちのひとつがそれだと言いあてる、ということかもしれない。だからその場合、生徒は質問することができるかもしれないし、私のほうも、生徒に答えることができるかもしれないし、答えるかもしれない。

211　「どんなふうに連続模様をつづけるかを教えるにしても、——生徒のほうは、どんなふうに自分がひとりでつづけるべきか、どうやって知ることができるのですか？」——どうやってこの私にそんなことがわかるのだろう？——もしもその質問が「私に根拠はあるのか？」という意味なら、答えは、「根拠なんてすぐに消えてしまうだろう」だ。そして私は、根拠なしに行動するだろう。

212　私が恐れている人から、数列を先までつづけるように命令されたら、私はなにひとつ疑うことなく、大急ぎでそうするだろう。根拠がないことなど、まったく気にしないで。

213　「でもこの数列の初項には明らかにさまざまな解釈が(たとえば代数であらわすことによって)可能だったわけだから、君はまずそのひとつを選ぶしかなかったわけですね」。——とんでもない！

状況によっては、疑うことができた。しかしだからといって、私が疑ったとか、疑うことしかできなかった、というわけではない。（それと関係していることだが、プロセスの心理的「雰囲気」を問題にするべきだ）

直観だけがこの疑いを浮上させることができたのだろうか？――直観が内なる声なら、――その声にどのようにしたがうべきなのか、どうやって私にわかるのだろうか？　直観が私をミスリードしないことを、どうやって私はわかるのだろうか？　直観が私を正しくリードしてくれることがあるなら、私をミスリードすることもあるわけだから。

（〈直観。不必要な口実〉）

214　直観が数列１２３４……の展開に必要なら、数列２２２２……の展開にも必要となる。

215　しかし、おなじということは、すくなくともおなじだということではないか？

おなじであることについては、あるモノがそれ自身とおなじである場合に、まちがえようのないパラダイム（範例）があるように思える。私は「ここにはさまざまな解釈など存在しない。あるモノを目の前で見ているときには、おなじであることも見ているわけだ」と言いたい。

とすると、ふたつのモノが、ひとつのモノのようなら、おなじということになるのだろうか？　ではどうやって私は、そのひとつのモノがしめしているものを、ふたつのモノの場合に適用すればいいのだろう？

216「ひとつのモノはそれ自身と同一である」。——役に立たない文として、これほどみごとな例はない。しかしこの文とつながりのある想像ゲームがある。想像のなかで、そのモノをそれ自身の形のなかに置いてみたら、ぴったりはまるのを見ているようなゲームだ。

「どんなモノでもそれ自身にぴったりはまる」とも言えるかもしれない。——または、「どんなモノでも自分の形にぴったりはまる」とも。この場合、あるモノをながめてから、「そのモノのために空間が空けられていたので、いま、それがそこにぴったり収まっている」と想像するのである。

この斑点は周囲の白に「ぴったりはまっている」のではないか？——しかし、ちょうどそういうふうに見えるのは、最初は斑点のかわりに穴が空いていて、そこにこの斑点がぴったりはまった場合ではないだろうか。「ぴったりはまっている」という表現で今回のイメージを描くのは、そう簡単ではない。今回の状況はそう簡単ではない。

「どんな色の斑点も周囲の白にぴったりはまっている」というのは、同一性にかんする、ちょっと特殊な文なのだ。

217「どのように私はルールにしたがうことができるのか？」——この質問が、原因をたずねているのでなければ、「私がルールにしたがってこういうふうに行動する」ことを正しいとする理由をたずねているのだ。

そこでその理由をすっかり並べてしまっていたら、私は硬い岩盤に達したわけであり、私のスコップははね返されてしまう。すると私は、「こういうふうに行動しているわけですよ」と言いたくなってしまう。

(思い出してもらいたい。説明を要求するのは、その内容のためではなく、説明の形式のためであることがある。私たちの要求は、建築様式上のものであり、説明は、なにも支えていない化粧蛇腹のようなものなのだ)

218 「数列の最初は、目に見えない無限にまで敷かれたレールの、目に見える一部である」という考えは、どこから来たのだろうか? ところで、ルールのかわりにレールを考えることもできるのではないか。すると、無制限に使われるルールには、無限に長いレールが対応していることになる。

219 「すべての移行は、もともと、すでに行われているのだ」ということは、私には選択の余地がないということである。ルールになんらかの意味がいったん焼きつけられると、それを遵守するためのラインがすべての空間にわたって引かれることになる。——もしも実際にそうなら、どんな役に立つのだろうか?

いや、はじめの文に意味があったのは、それを象徴的に理解することができたときだけなのだ。——そういうふうに私には思える——と、言うべきだった。

ルールにしたがうとき、私は選択をしない。

私はルールに無批判にしたがっている。

220 **219**の冒頭の象徴的な文には、どんな目的があるのか？　因果的な条件と論理的な条件をはっきり区別するためだろう。

221 私が象徴的に言ったことは、じつはルールの使い方を神話的に述べたものだった。

222 「そのラインは、私がどういうふうに進むべきかをガイドしてくれます」。——しかしもちろんそれはイメージにすぎない。だから、ラインが、いわば無責任にあれこれガイドしているんだな、と私が判断すれば、「ルールだと思ってラインにしたがう」とは言わないだろう。

223 ルールのウィンク（ささやき）をいつも待ちかまえていなくては、とは感じられていない。実際は逆だ。私たちは、ルールがこれからなにを言ってくれるのだろうかと期待しているのではない。ルールの言うことはいつもおなじであり、私たちはそれを実行しているだけなのだ。

自分がトレーニングしている生徒にむかって、「ほら、私がやってることはいつもおなじだよ、ほらね……」と言えるのではないか。

224 「一致」という単語と「ルール」という単語は、親戚だ。いとこ同士である。一方の単語の使い方を教えられれば、もう一方の単語の使い方も教わったことになる。

225 「ルール」という単語の使い方は、「おなじ」という単語の使い方とからまり合っている。（ちょうど「文」の使い方が、「正しい〔真〕」の使い方とからまり合っているように）

226 誰かが 2x＋1〔独英対訳版（第4版）では 2x−1 となっています〕の数列を書きだしながら、数列 1, 3, 5, 7, ……とたどっているとしよう。そしてこう自問している。「ところで私は、いつもおなじことをやってるのかな？ それとも毎回ちがったことをやってるのかな？」

来る日も来る日も、「あした君んちに行くよ」と約束する人は、——毎日、おなじことを言っているのだろうか？ それとも毎日、ちがうことを言っているのだろうか？

227 「もしも彼が毎回ちがったことをやっているなら、私たちは『彼はルールにしたがっている』と言わないだろう」。こう言うことに、意味があるだろうか？ いや、意味はない。

228 「数列にはなにかの顔があるようです！」——たしかに。でもどういう顔？ 代数の顔とか、その展開の一部の顔とか。それとも、ほかの顔もあるのだろうか？——「しかし顔にはすでにすべてが書かれています！」——しかし顔のなかに、数列の一部が確認されるわけでもないし、顔から読みとられたことが確認されるわけでもない。顔にあらわれているのは、「私たちはルールの口もとを見て行動するだけであって、それ以外の指示をほしがっているわけではない」ということだ。

229　数列の一部分はじつに精妙なスケッチであるように思える。特徴がくっきり描かれているので、「などなど」と書かれるだけで、数列を無限に展開することができる。

230　「そのラインは、私がどういうふうに進むべきかをガイドしてくれる」。これは、「そのラインは、私がどういうふうに進むべきか、を最終的に決める」のパラフレーズにすぎない。

231　「だって……だとわかるだろ！」。ところでこれは、ルールに縛られている人ならではの発言だ。

232　あるルールが、どのように私がそれにしたがうべきか、ガイドしてくれるとしよう。つまり私が目でラインを追っていくと、内なる声が「そういうふうに進め！」と言ってくれるのだ。――一種のインスピレーションにしたがうこのプロセスと、ルールにしたがうプロセスとのちがいは、なんだろう？　ふたつはおなじではないはずだ。インスピレーションの場合、私は指示を待っている。そのラインにしたがう私の「テクニック」を他人に教えることはできないだろう。もっとも、よく聞くことか、受容することを教えるというのなら、できるだろうけれど。だがそのときでも、他人が私のようにラインにしたがうことは、もちろん期待できない。

以上は、インスピレーションにしたがってやったり、ルールにしたがってやった私の経験ではなく、文法上の注である。

233 算数のようなものの場合にも、そういうレッスンを考えることができるかもしれない。子どもたちは——内なる声に耳を傾け、それにしたがっているかぎり——それぞれ自分のやり方で計算することができる。こういう計算は作曲のようなものだろう。

234 だがまた、私たちが計算するように計算することもできないものだろうか？ つまり、計算しながら(全員が一致するなどして)、しかも計算のどのステップにおいても、魔法のようにルールに導かれているという感じがあって、私たちが一致していることに驚く、といった具合に計算するのである。(神にまでその一致を感謝したりして)

235 このことから見えるのは、日常生活で「ルールにしたがう」と呼ばれていることの容貌の、一部にすぎない。

236 計算で正しい結果を出すのだが、結果の出し方を説明できない天才がいる。そういう天才は計算していない、と言うべきなのか？ (さまざまのケースがひとつの家族となっている)

237 ラインをルールと考えて、ある人がつぎのようなやり方でラインにしたがっていくとしよう。コンパスの一方の先を、ルールであるラインにそって動かすと、もう一方の先は、ルールにしたがったラインを引くことになる。ところがその人はルールにしたがっているのだが、コンパスの開き方をじつに精密に変えていく。つねにルールには、動きを決めるのがルールであるかのように、注意をはらっているのだが。さて、それをながめている私たちには、そのコンパスの開閉になんの規則性も見つけることができない。ラインにしたがっていくやり方をその人から教えてもらえない。私たちとしてはここで、実際こう言うかもしれない。「目の前にあるラインはその人に、どういうふうに進むべきか、ガイドしているようだ。しかしそれは、ルールではない」

238　ルールがそのすべての帰結をあらかじめ生みだしたかのように見えるためには、帰結のすべてが私にとって自明でなければならない。私にとってこの色を「青」と呼ぶのが自明であるように、自明でなければならない。（これが、私にとって「自明である」ということの規準だ）

239　「赤」と聞こえたとき、どの色を選ぶべきか、どうやってわかるのだろうか？——とても簡単なことだね。「赤」という単語を聞いたとき、頭に浮かぶイメージの色を選べばいいのだから。——けれども、どの色が「頭に浮かんだイメージの」色なのか、どうやってわかるのだろうか？（……という単語を聞いたとき頭に浮かぶ色を選ぶ、というプロセスは、たしかに存在する）

「『赤』というのは、『赤』という単語を聞いたとき、私の頭に浮かぶ色のことである」——というのも、まあ、定義ではある。しかし、単語がなにかの名前になるということのポイントを説明するものではない。

240　ルールにしたがってやったのか、やらなかったのかについて、（たとえば数学者のあいだでは）論争は起きない。たとえば、なぐりあいになることもない。それは、私たちの言語が働く（たとえば記述する）ときの、足場の一部なのだ。

241　「そういうわけで君は、『人びとが一致したときに、なにが正しくて、なにがまちがっているのかが決まる』と言ってるんですね？」――正しいとかまちがっているとかは、人びとの言うことだ。言語においてなら、人びとは一致している。それは意見の一致ではなく、生活形式の一致なのだ。

242　言語によるコミュニケーションに必要なのは、いろんな定義の一致だけでなく、（とても不思議に聞こえるかもしれないが）いろんな判断における一致である。このことは論理を破棄しているように見えるが、破棄しているわけではない。――測定方法を述べることと、測定結果をえて言うこととは別々のものである。しかし、ある種の恒常的な測定結果もまた、「測定する」ということを決めているのだが。

243　人間は自分で、自分をはげましたり、自分に命令したり、自分に服従したり、自分を非難したり、自分を罰したり、自分に質問したり、その質問に答えたりすることができる。だから、ひとりごとしか言わない人たちを想像することもできるだろう。自分の活動にひとりごとをくっつける人たちである。――研究者がそういう人たちを観察し、その人たちのひとりごとを立ち聞きすれば、その人たちの言語を私たちの言語に翻訳できるかもしれない。（そうなると、研究者は、その人たちの行動を正しく予測できるようになるかもしれない。その人たちの心づもりや決心が聞こえるのだから）

ところで、誰かが自分の内的経験を――自分の感情や気分などを――自分だけのために書きとめたり、しゃべったりできるような言語というものを考えられないだろうか？――そういうことなら、私たちの普通の言語でできるのでは？――いや、そうじゃない。私の考えている言語の単語は、しゃべる人だけにしかわからないことを意味しているものなのだ。その人の、じかの、私的な感覚を指示しているものなのである。他人には理解できない言語なのである。

244 どのようにして単語は感覚を指示するのだろうか？――ここには問題がないように思われる。私たちは毎日のように感覚についてしゃべったり、名前で呼んだりしているのではないか？ ところで、どのようにして名前と、名前で呼ばれるものとは、結びつけられるのだろうか？ この質問は、つぎの質問とおなじである。どのようにして人間は、感覚の名前が意味しているものを学習するのだろうか？ たとえば「痛み」という単語。言葉が、感覚の素朴で、自然な表現と結びつけられ、その代理をしているという可能性がある。子どもがけがをして、泣く。そこで大人が話しかけて、「痛いよ」と叫ぶことを教え、その後で文を教える。痛みを感じたときにとる新しい行動を教えるわけだ。

「すると君は、『痛み』という単語はじつは、泣き叫ぶことを意味している、と言うわけですか？」

――いや、その逆だ。痛みを言葉であらわすことは、泣き叫ぶことのかわりをしているのであって、泣き叫ぶことを描写しているわけではない。

245　痛みの表現と痛みとのあいだに、どうやって私は言葉で割りこもうなどと思えるのだろう？

246　さて私の感覚はどの程度まで私的なのか？——私が痛みを実際にもっているかどうかは、私だけにわかることであって、他人は推測することしかできない。——それはある意味ではまちがっており、別の意味ではナンセンスである。私たちが、「わかる」とか「知っている」という単語を使うときは、普通に使われるように使うわけだが（それ以外にどんな使い方があるのだろう！）、私が痛みをもっているとき、ほとんどの場合、それは他人にわかる。——わかるといっても、私自身がわかっているほど確実にではないけれども。——私にかんして、「私が痛みをもっていることを、私は知っている」などとは、（冗談のときは別だが）言ったりしない。「私が痛みをもっている」ということ以外に——どういう意味があるというのだ？

「他人が私の感覚を学習するのは、私の行動をとおしてだけだ」と言うことはできない。——私にかんして、「私は痛みを学習した」とは言えないからだ。私は痛みをもっているだけなのである。

他人にかんして、「私が痛みをもっているかどうか、その人は疑っている」と言うことには、たしかに意味がある。だが私自身にかんして、「私が痛みをもっているかどうか、私は疑っている」と言うことには意味がない。

247 「君にそういう意図があったのかどうかは、君にしかわからない」。こんなふうに言って、「意図」という単語の意味を説明することができるかもしれない。つまり、そういうふうに「意図」という単語を私たちが使っているということだ。
（そして「わかる」とか「知っている」ということはこの場合、不確かであると表現しても意味がないということである）

248 「感覚は私的である」という文は、「ひとりでやるペーシェンスをひとりでやる」という文に匹敵するものだ。

249 「乳児の微笑は偽装ではない」と想定することは、せっかちかもしれない？——どういう経験にもとづいて私たちはそんなふうに想定するのだろうか？
（ウソをつくことも言語ゲームである。ほかのすべての言語ゲーム同様、学習しておくことが必要だ）

250 なぜ犬は痛がっているふりをすることができないのか？　正直すぎるからなのか？　犬に痛がっているふりをすることを教えられないものか？　特定の機会に痛がっているような声で吠えることを、教えることができるかもしれない。けれども本当に痛がっているふりをするには、それに必要な環境がまだ欠けている。

251

「私にはその反対のことが想像できない」とか、「これがこうでなかったら、どうなんだろう?」とか言うとき、それはどういうことを言っているのか?——たとえば、誰かが「私の想像は私的なものなんです」とか、「私が痛みを感じていることは、私にしかわからない」などなどと言った場合のことだが。

「私にはその反対のことが想像できない」というのは、ここではもちろん、私の想像力が不足しているのです、ということではない。そう言うことによって私たちは、形式的には経験命題のふりをしているけれど実際は文法命題であるもの、に抵抗しているのだ。

ところでなぜ私は、「私にはその反対のことが想像できない」と言うのだろう? なぜ私は、「私には、君の言っていることが想像できない」と言わないのだろう?

たとえば、「どんな棒にも長さがある」。これはつまり、なにかを(または、これを)「棒の長さ」とは言うけれども、——「ボールの長さ」と言うものはない、ということだ。では私は、「どんな棒にも長さがある」ということを想像できるだろうか? いや、私が想像するのは1本の棒だけで、それでおしまい。ただしこの文に結びついているイメージは、「このテーブルは、あそこのテーブルとおなじ長さだ」という文に結びつくイメージとは、まったく別の役割をはたしている。なにしろ後ろの文でなら、反対のイメージをもつこと(それは想像上のイメージである必要はない)がどういうものなのか、理解できるからだ。

ところが文法命題にくっついたイメージのほうは、「棒の長さ」と呼ばれるものしかしめすことができなかった。その反対のイメージとは、どういうものなのだろうか?
（〈ア・プリオリな命題の否定についてのコメント〉）

252 「この物体には大きさがある」という文にたいして、「ナンセンス!」と答えることができるかもしれない。——けれども、「もちろん!」と答えたくなる。——なぜだろう?

253 「他人は私の痛みをもつことができない」。——どれが私の痛みなのだろうか? ここではなにが同一性の規準なのか? 物理的なモノの場合、なにによって「ふたつがまったくおなじ」と言えるか、考えてみよう。たとえば、「この椅子は、きのう君がここで見たのと同一ではないが、まったくおなじ椅子だ」と言う場合。

「私の痛みは彼のとおなじ痛みだ」と言うことに意味があるかぎりにおいて、私たちはふたりとも、おなじ痛みをもっている可能性がある。(ふたりの人間がおなじ場所に——たんに相同の場所であるだけでなく——痛みを感じるということも考えられるだろう。たとえばシャム双生児の場合がそうかもしれない)

このテーマについて議論していたとき、誰かが胸をたたいて、「しかしね、ほかの人にはまさに**この**痛みをもつことはできない」と言っていたことがある。——それにたいしては、「この」という言葉をそんなに強調したところで、同一性の規準を確定できるわけではない、と言っておこう。むしろそう強調されることによって、私たちは、そういう規準はよく使われているのだと信じ込まされているだけなのだ。しかし私たちは、このことを忘れてはならない。

254 「おなじ」という単語を（たとえば）「同一の」に置き換えることも、哲学がよくやる典型的な急場しのぎの方策なのだ。まるで意味の陰影が問題なのだから、私たちの言葉でニュアンスをぴったり表現することだけが大切であるかのように。だからそのことが哲学をするときに問題となるのは、私たちが、ある表現の仕方を使いたくなる誘惑を、心理的に精確に描写しなければならない場合だけなのである。そういう場合に「言いたくなってしまう」ことがらは、もちろん哲学ではない。哲学の原料なのだ。だから、数学者がたとえば数学的事実の客観性やリアリティーについて語りたくなってしまうことがらも、数学の哲学ではなく、哲学があつかうべきことがらなのである。

255 哲学者は問いをあつかう。病気を治療するように。

256 では、私の内的経験を述べていて、私にしか理解できないような言語は、どうだろう？　どのようにして私は私の感覚を言葉であらわすのだろうか？――私たちが普通にやっているように？　だとすると、私の感覚語は、私の自然な感覚表現と結びついているのだろうか？――その場合、私の言語は「私的」ではない。それは他人が私とおなじように理解できるかもしれない。――けれども私に、自然な感覚表現がなく、感覚しかないとしたら、どうだろう？　私はともかく感覚から名前を連想して結びつけ、記述するときにその名前を使うだけだ。――

257

自分の痛みをあらわすことをしない（うめかない、顔をしかめない、など）人たちがいるとしたら、どうだろう？　子どもには「歯痛」という単語の使い方を教えることができないだろう。――さて、その子どもが天才で、自分でその感覚の名前をつくりだすとしよう。――だが、もちろんその単語ではコミュニケーションができないだろう。――ということは、その子どもは名前を理解しているのだが、その意味を誰にも説明できないことになる？――ところで、「自分の痛み」に名前をつけたということは、どういうことなんだろう？――どのようにして痛みに名前をつけたんだろう?!　どのようにしたとしても、それにはどのような目的があるのか？――「彼がその感覚に名前をつけた」と言うとき、名前をつけただけで意味が発生するためには、その言語にはすでに多くのことが準備されていなければならない。「誰かが痛みに名前をつける」ということについて語るときには、単語「痛み」の文法がすでに準備されているのだ。その文法によって、新しい単語が文で配置されるポストが指示されるのである。

258

こういうケースを想像してみよう。ある感覚がくり返し起こるので、私はそのことを日記につけようと考えた。そこでその感覚(Empfindung)を記号「E」に結びつけることにして、その感覚を感じた日にはかならずカレンダーに記号「E」を書きこむのである。――まず言っておきたいのだが、その記号の定義をはっきり述べることはできない。――けれども自分にたいしてだけは、いわば、指さしてする定義のように定義できるのだ！――えっ、どうやって？　感覚を指さすことができるわけ？——普通の意味ではできないけどね。でも、口に出して言ったり、記号を書いたりしながら、その感覚に注意を集中させて、——いわば心のなかでその感覚を指さすわけだな。——でもなんのためにそんな儀式を？　だってそんなの、儀式にしか見えないじゃないか！　定義をすれば、記号の意味が確定できるわけなのに。——ところで、確定は、まさに注意を集中することによって行われる。注意を集中して、記号と感覚の結びつきを胸に刻むわけだから。——「胸に刻む」ということは、そういうプロセスをへておけば、将来、正しくその結びつきを思い出せる、ということにすぎない。しかしこの場合、私には「正しさ」の規準が見あたらないのだ。ここで、「『正しさ』というのは、私にとっていつも、『正しさ』だと思えるようなもののことだ」と言いたくなるかもしれない。ということは、「ここでは『正しさ』を問題にできない」ということでしかない。

259　私的言語のルールとは、ルールのような印象なのか？——印象をはかる秤《はかり》は、秤のような印象ではない。

260　「うん、これ、また感覚Eだと思うが」。——たぶんそうだと思う、と、君が思ってるわけだ！

そうすると、この記号をカレンダーに書きこんだ人は、まったくなにもメモしなかったことになるのでは？——「誰かが記号を——たとえばカレンダーに——書きこめば、なにかをメモしたことになる」ということを、当然だとみなさないように。メモにはなにかの機能があるけれど、「E」には、そのままでは機能がない。

（自分にむかって話すことはできる。——ほかに誰もいないときに話をしている人は、自分にむかってしゃべっているのだろうか？）

261 どんな根拠があって私たちは、「E」をなにかの感覚の記号だと呼ぶのだろうか？ なにしろ「感覚」は、私たちに共通の言語、私ひとりだけが理解しているわけではない言語の、単語なのだ。だから、この単語を使うには、みんなに理解されるような正当化が必要である。——「それが感覚である必要はない」とか、「彼が『E』と書くときには、なにかをもっている」と言ったとしても、なんの役にも立たないだろう。——しかも、それ以上のことは言いようがないかもしれない。しかし、「もっている」や「なにか」もまた、共通の言語に属している。——というわけで、哲学をしていると結局は、分節化されていない音声しか発したくないような地点にたどり着いてしまうのだ。——だがそういう音声が表現であるのは、なんらかの言語ゲームにおいてだけである。そういう言語ゲームのことをこれから記述する必要がある。

262 「単語を私的に説明した人は、その単語はこういうふうに使おうと心のなかで決めているにちがいない」と言えるかもしれない。だが、その人はどのようにしてそうしようと決めるのか？ その人が使い方のテクニックをつくりだすのだ、と私は考えるべきなのか？ それとも、仕上がっているテクニックが目の前にあったのだ、と考えるべきなのか？

263「将来、**このこと**を『痛み』と呼ぼうと、ぼくは（心のなかで）決めることができるんだ」。――「でもたしかにそういうふうに決めたのかい？　そのためには、注意を君の感情に集中させるだけで十分だったと、自信があるわけ？」――不思議な質問だ。――

264「その単語がなにをあらわしているか、わかれば、君は、その単語を理解しているわけであり、その単語の使い方をすっかり知っていることになるよね」

265　私たちの想像のなかにだけ存在する表を想像してみよう。たとえば辞書。単語Xを単語Yに翻訳することは、辞書によって正当化することができる。だが、そういう表が想像のなかでしか参照されない場合も、正当化することと言っていいのだろうか？――「そうだな、まさに主観的な正当化ってやつだね」。――しかし、独立した場所に訴えてこそ、正当化と言えるわけだよ。――「けど、ぼくは、なにかの記憶についてなら、別の記憶に訴えることもできるよ。（たとえば、）列車の発車時刻をちゃんと覚えているかどうか心配になって、時刻表のページを画像として思い出して、調べてみるわけだ。この場合も、おなじじゃない？」――いや、ちがう。思い出すことによって、正しい記憶を実際に呼びおこさなければならないからだ。想像した時刻表の画像が、その正しさを自分でチェックできないのであれば、最初の記憶の正しさをどうやって証明できるのかな？（それは、きょうの朝刊に書いてあることが本当であることを確認するために、おなじ朝刊を何部も買うようなものだ）

　想像のなかで表を参照することは、表を参照することではない。ちょうどそれは、想像上の実験結果を想像することが、実験結果でないのとおなじである。

266 いま何時かを見るために、時計を見ることがある。だがまた、いま何時かを言いあてるために、時計の文字盤を見ることもある。あるいはおなじ目的のために、時計の針のほうを調節して、正しいと思っている位置に動かすこともある。こんなふうに、時刻を決めるために時計の像がはたすやり方は、ひとつだけではない。（想像のなかで時計を見ること）

267 想像のなかで橋をつくるとしよう。そして、その構造設計を正当化するために、まず想像のなかで橋の材料の強度試験をするとしよう。もちろんそれは、橋の構造設計の正当化と呼ばれているものについての想像である。だがそれを、構造設計の想像の正当化とも呼ぶのだろうか？

268 なぜ私の右手は私の左手にお金をプレゼントすることができないのか？――私の右手はお金を私の左手に渡すことができる。私の右手が贈与証を書いて、私の左手が受領書を書くことはできる。――けれども実際にそれ以上なにをしても、贈与が行われたことにはならないだろう。左手が右手からそのお金を取り上げたりしたとしても、「で、それがどうしたの？」と質問されるだろう。おなじような質問をされるかもしれないのは、誰かが単語を私的に説明した場合だ。つまり、ひとつの単語を自分に言って聞かせながら、ある感覚に注意をむけたような場合である。

269　思い出しておこう。まず誰かが、ひとつの単語がわからず、その単語からなにひとつ語られることもなく、その単語でなにをしたらいいのか見当がつかないとき、そういう場合には、ふるまいという、ある種の規準がある。つぎにその人が、その単語を「わかっていると思って」いて、ある意味をそれに結びつけているのだが、まちがった意味であるときにも、そう判断する規準がある。最後にその人が、その単語をちゃんとわかっているときにも、そう判断する規準がある。2番目の場合は、主観的な理解であると考えられるだろう。ほかの誰にもわからないのに、私だけが「わかっているように思える」音声は、「私的言語」と呼べるかもしれない。

270　記号「E」を私の日記に書きこむとき、その使い方を想像してみよう。私は、つぎのような経験をしている。ある感覚があるときにはいつも、血圧のあがっていることが血圧計によってわかる。そうやって私は、血圧計などなくても自分の血圧の上昇をアナウンスできるようになる。これは役に立つ成果だ。私がその感覚をちゃんとそれと認めたかどうかは、この場合、まったくどうでもいい。その感覚を確認するときにいつも勘違いしているとしても、問題にならない。ということから、すでにわかるように、勘違いは見せかけの仮定にすぎなかったのだ。（私たちは、あるボタンを回していたみたいなものである。そのボタンを回せば、マシンのなにかが調整されるように見えていたのだが、じつは飾りにすぎず、メカニズムとはまったく無関係だったのである）

　ではここでは、どのような根拠があって「E」を、ある感覚の名前とみなすのだろうか？　もしかしたら根拠は、この記号がこの言語ゲームで使われている仕方が、その根拠なのかもしれない。――

ではなぜ、「ある感覚」なのか？　つまり、なぜ毎回おなじ感覚なのか？　それは、毎回「E」と書くと仮定しているからだ。

271　「こういう人を想像してほしい。『痛み』という単語がなにを意味しているのか、覚えておくことができないので、――いつも別のことを『痛み』と呼んでいるのだけれど、――しかし『痛み』という単語のほうは、痛みに普通ともなう気配や前提と一致させて使っている」――とすると、その人は「痛み」という単語を私たちみんなとおなじように使っているわけだ。ここで私は言っておきたい。回すことはできるけれど、マシンのほかの部分を動かさない車輪は、マシンの一部ではないのだ。

272　私的な経験についての重要なポイントは、本来、誰もが独自のサンプルをもっているという点ではなく、ほかの人も独自のサンプルをもっているのか、別のものをもっているのか、誰にもわからないという点である。だから、赤にかんして人類の一部はある感覚をもっていて、また別の一部は別の感覚をもっている、という想定は――検証できないけれど――可能ではないだろうか。

273　「赤」という単語はどうだろう？――この単語は「私たちみんなに向かいあっている」ものをあらわしていると言うべきだろうか？　そして誰もが本来この単語のほかに、自分なりの赤の感覚をあらわす単語をもつべきではないか？　それとも「赤」という単語は、私たちが共通して知っているものをあらわしているだけでなく、誰にとっても自分だけが知っているものをもあらわしている（いや、指示している、と言うほうがいいかもしれない）のだろうか？

274 「私的なものを『あらわしている』」と言うかわりに「私的なものを『指示している』」と言っても、もちろん「赤」の機能を理解する役にはまったく立たない。けれどもそのほうが、哲学するときには、ある経験を心理的にもっとうまく表現したものなのだ。その単語を口にするとき、自分の感覚を横目で見るようなものだからだ。あたかも、「私はこれでなにを言っているのか、もうわかってるんだよ」と自分に言って聞かせるために。

275 空の青を見て、「なんて青いんだろう、空は」と自分に言う。――君が――哲学しようなどと思わずに――自然にそう言うとき、その色の印象が自分だけのものだ、とは思わない。ためらわずにその声をほかの人にもむける。その言葉でなにかが指されているなら、それは空だ。つまり、「自分自身のなかを指している」という感じは、「私的言語」のことを考えるとき、しばしば「感覚の名前」につきものなのだが、その感じを君はもっていないのである。また、色を指すとき、そもそも手ではなく、色に注意をむけるだけだとも君は思わないのである。（「注意をむけることによって、なにかを指す」とはどういうことなのか、考えてみてほしい）

276 「しかし、私たちがある色を見て、その色の印象を言葉にするとき、すくなくともなにか特定のものを意味しているのではないだろうか？」。文字どおりそれは、見たモノから薄皮を剝ぐように、

色の印象を剥いでいるかのようだ。（このことに私たちは疑いをいだくべきだろう）

277　ところで、あるときはひとつの単語で、みんなが知っている色を意味していると思いたくなり——またあるときは、私がいま受けている「視覚印象」を意味していると思いたくなるのだが、そういうことはどのようにして可能なのか？　この場合、片方だけとしても、そういう誘惑はどのようにして起きるのだろうか？——ふたつのケースで私が色にむける注意はおなじではない。私が私自身の色の印象（と言いたいのだが）のことを考えているとき、私はその色のなかに潜りこんでいるのだが。——ほとんどそれは、ある色のことを私が「見あきることがない」かのように。だから、鮮やかな色とか、印象的に配合された色とかを見るときのほうが、こういう経験をしやすいのである。

278　「緑の色がぼくにはどんなふうに見えるのか、ぼくにはわかっている」。——まあ、その発言には意味がある。——たしかにそうだが、その文がどのように使われていると、君は考えるわけ？

279　「自分の身長くらい知ってるよ」と言いながら、そのしるしとして手を頭のてっぺんに置く人を、想像してみてほしい！

280　誰かが絵を描いている。舞台のシーンをどんなふうに想像しているのか、をしめすためだ。そこで私はこう言う。「その絵には2重の機能がある。まず、ほかの人になにかを伝えている。絵や言葉がまさになにかを伝えるように。――しかし伝えている人にとって、それは別の種類の描写（または伝達？）だよね。自分の想像のイメージだけど、ほかの人にとってはちがう。その私的なイメージは、本人には本人の想像したことを語っているわけだが、ある意味では、ほかの人にとってのイメージであるわけがない」。――1番目のケースで、描写とか伝達という言葉が正しく使われていた、とするなら――この2番目のケースで私はどのような権利があって、描写とか伝達を問題にしているのだろうか？

281　「しかし君が言ってることは、『たとえば、痛そうなふりをしてなかったら、痛みは存在しない』ということになりませんか？」――だとすると、「感覚がある」とか、「見ている」とか、「目が見えない」とか、「聞いている」とか、「耳が聞こえない」とか、「意識がある」とか、「意識がない」と言えるのは、生きている人間か、生きている人間に似ている（似たようなふるまいをする）ものに限定されることになってしまう。

282　「でもメールヘンなら、鍋だって、見ることも聞くこともできるでしょ！」。（たしかに。しかし、しゃべることもできる）

「でもメールヘンは、事実ではないことを話にしているだけで、ナンセンスなことをしゃべっているわけじゃない」。――いや、そんなに簡単なことではない。「鍋がしゃべる」と言うことは、ウソやナンセンスなのだろうか？　どういう状況で鍋について「鍋がしゃべる」と言うのか、はっきりした

イメージがあるのだろうか？（ナンセンス詩もまた、幼児の片言と同様、ナンセンスではない）

たしかに、命のないものについても、たとえば、人形遊びのときなどでは、「痛がってる」と言うことがある。しかしそういう痛みの概念の使い方は二次的なものだ。こういうケースを想像してもらいたい。命のないものについてだけ「痛がっている」と言い、人形たちのことだけを気の毒がる人たちを想像してみるのだ。（子どもたちが電車ごっこをするとき、そのゲームは子どもたちの電車の知識と関係する。電車を知らない部族の子どもたちの場合、そのゲームをほかの子どもたちから教わるのだが、そのゲームが電車にちなむものだとは知らないまま、遊ぶことがあるかもしれない。その場合、そのゲームはその子どもたちにとって、私たちとはおなじ意味をもたない、と言えるかもしれない）

283 「生き物や事物は、なにかを感じることができる」とさえ私たちは考えることがある。こういう考えはどこから来ているのだろうか？

私は自分のなかにある感情に注目するよう教育されたために、そういうふうに考えるようになったのかもしれない。そして、それをいま私は私以外の対象に転用しているのではないか？　私は（自分のなかに）、ほかの人たちの言葉の使い方と矛盾しないで「痛み」と呼べるものがあることに気がついているのではないか？——石や植物などに自分の考えを転用しているわけではない。

私は恐ろしい痛みを感じて、それがつづいているあいだに、石になってしまったと想像することができないだろうか？　さて、私が目を閉じているなら、私が石になってしまったかどうか、どうやって私にわかるのだろう?——もしもそんなことになったら、どういう意味で石は痛みを感じるのだろうか? どの程度まで石についてそのことが言えるのだろうか? その場合、なぜ痛みは痛みのにない手をもつことになっているのだろう?!

そして石について、「石には心があり、その心が痛みを感じる」と言えるのだろうか? 心は石とどういう関係があるのか? 痛みは石とどういう関係があるのか?

人間のようにふるまうものについてだけ、痛みを感じていると言うことができる。

というのも、からだについては、またお望みなら、からだがもっている心については、そう言うにちがいないからだ。ではどのようにしてからだは心をもつことができるのか?

284 石をながめて、石に感覚がある、と想像してみてほしい。——ここで私たちは考えこむ。モノに感覚があるなどと、どうして考えついたのだろう? 同様に数にも感覚があると考えることもできるのではないか!——それから私たちは、足をバタバタさせているハエをながめてみる。するとたちまちこの難問は消えてしまい、痛みというものがここで手がかりをつかむことができるように思える。以前はすべてが痛みというものにとって、いわばツルツルだったのだが。

すると死体も痛みをまったく感じないように思える。——生者にたいする私たちの態度は死者にたいする態度とはちがう。私たちの反応はすべて異なっているのだ。——「それは、『生きたものがこういうふうに動き、死んだものはこういうふうに動かない』せいだとは簡単には言えない」と誰かが言うなら、——私はその人にそれとなく言うつもりだ。ここにあるのは、「量から質へ」の移行例なのですよ、と。

285 顔の表情を読みとることを考えてみてほしい。または、顔の表情を記述することを考えてみてほしい。――それは顔のサイズを述べることではないのだ。それからまた、鏡で自分の顔を見ないで、ある人の顔つきを真似ることができるか、考えてみてほしい。

286 しかし、からだについて「痛みをもっている」と言うのは、馬鹿げていないだろうか？――ところでなぜ馬鹿げていると感じるのだろう？　どの程度まで私の手は痛みを感じないで、私が私の手に痛みを感じるのだろう？

「痛みを感じるのは、からだなのか？」という問題は、どういう種類の論争なのか？――この問題はどのようにして決着をつけるべきか？　「痛みを感じるのは、からだではない」ということは、どのようにして認められるのか？――たとえば、つぎのようにしてである。誰かが手に痛みをもつとき、痛いと言うのは手ではないし（手が痛いと書くときは別だが）、手を慰めてもらうわけでもない。慰めてもらうのは、痛がっている本人であり、本人は目を見つめられるのだ。

287 どのようにして私は、その人に対する同情でいっぱいになるのか？　同情の対象がなにであるのかは、どのようにしめされるのだろう？（同情とは、言ってみれば、他人が痛がっていることを確認する形式である）

288

私は硬直して石になり、私の痛みはつづいている。——ところがこのとき、私が勘違いしていて、痛みだと思っているものが痛みなんかではなかったとしたら、どうだろう？——だが勘違いしているわけがない。私が痛みをもっているかどうかを疑うことには、意味がないからだ！——つまり、もしも、「私の感じているのが、痛みなのか、ほかのものなのか、わからない」と言う人がいたなら、私たちは、その人が「痛み」という単語の意味を知らないのだと考えて、それを説明してあげるだろう。——では、どのようにして？ もしかしたら身ぶりによって。または、その人を針で刺して、「ほら、これが痛みだよ」と言うことによって。この単語の説明は、ほかの単語の場合と同様、正しく理解されるか、まちがって理解されるか、まったく理解されないか、のどれかになるだろう。どれであるかは、ほかの場合と同様、その人がその単語をどう使うかによって明らかになるだろう。

しかし、その人が、「ああ、『痛み』ってどういうことなのか、わかった。でもね、いま私の感じているものが痛みなのかどうかは、わからない」と言ったとしたら、——私たちは首をふって、その発言を不思議な反応だとみなすしかないだろう。そんなことを言われても、どうしていいかわからないからだ。（まるでそれは、誰かがまじめな顔をして「はっきり覚えてるけど、私が生まれるちょっと前に……と思ったんですよね」と言っているのを、聞くようなものだ）

前のパラグラフの「わからない」発言は、言語ゲームには属していない。しかし、感覚の表現は人間のふるまいであり、それが排除されているなら、やっぱり私は疑ってもいいように思える。とすると私は、「感覚を実際とは別なものとみなすことができる」と言いたくなってしまうのだが、そういう誘惑が生まれる事情があるのだ。つまり、感覚の表現をもった通常の言語ゲームが廃止されていると考えるなら、感覚がおなじであることを判断する規準が必要になり、そうなれば、勘違いする可能性もあるかもしれない。

289　「ぼくが『痛みをもっている』と言えば、ぼくはすくなくともぼく自身にたいしては正当化されている」。──それはどういうこと？「なにを私は『痛み』と呼んでいるのか。それを他人が知ったなら、その人は、私がその単語を正しく使っていることを認めてくれるだろう」ということなのか？
　ある単語を正当化されないまま使うことは、その単語を不当に使うことではない。

290　私が自分の感覚をそれだと認めるのは、もちろん規準によってではない。おなじ表現を使うことによってである。しかしそれでその言語ゲームが終わるのではなく、はじまるのだ。
　ところでその言語ゲームは、──私が記述する──感覚によってはじまるのではないか？──「記述する」という単語は私たちをからかっているのかもしれない。私は、「心の状態を記述する」とか、「部屋を記述する」と言う。言語ゲームにはいろんなものがあることを忘れてはならない。

291　「記述」と呼ばれるものは、特定の使い方を意識した道具である。機械の図面を考えてみてほしい。機械工が手もとにもっている、サイズつきの断面図とか、立面図。ところが記述を、事実を言葉で描いたイメージだと考えるなら、誤解を招きやすい。部屋の壁にかけてある絵のようなものしか考

えないからだ。モノがどんなふうに見えて、どんな状態なのかを模写しているだけらしい絵。（そういう絵は、いわばムダなのだ）

292　君は、自分の言葉を事実から読みとったものだとか、事実はルールにしたがって言葉に写しとったものだとか、かならずしも思う必要はない。というのも君は、特別な場合にはルールをガイドなしで使わざるをえないだろうから。

293　「『痛み』という単語がなにを意味しているのか、自分の場合にかんしてだけ知っている」と私が自分について言うなら、——同様のことを他人についても言う必要はないだろうか？　ところで、どのようにして私は、たったひとつのケースをこんなに無責任に一般化できるのだろう？

さて、誰もが自分について、「『痛み』とはなにか、自分についてだけ知っている」と私に言う！——誰もが箱をひとつもっていて、そのなかには、私たちが「カブトムシ」と呼んでいるものが入っている、と仮定してみよう。誰もほかの人の箱のなかをのぞくことはできない。そして誰もが、「自分のカブトムシを見ただけで、カブトムシとはなにかを知っている」と言う。——この場合、どの箱にも別のモノが入っている可能性があるだろう。おまけにそれが変化しつづけていることも考えられるかもしれない。——しかし、このとき、その人たちの「カブトムシ」という単語の使い方があるとしたら？——それは、モノの名前の使い方ではないだろう。箱のなかのモノは言語ゲームの一部などではまったくない。なにかあるものですらない。箱が空っぽであることもあるのだから。——いや、箱のなかのこのモノのおかげで「短絡する」ことができるのだ。それがどんなものであっても、消えうせる。

つまり、こういうことになる。痛みの表現の文法を「対象と名前」というパターンにしたがって構成すると、対象は無関係なものとして考察から抜け落ちるのである。

294　「自分が記述している私的なイメージを、彼は目の前で見ている」と君が言うなら、いずれにしても君は、彼が目の前にしているものについて想定していたわけだ。つまり、君はそれをもっと詳しく記述することができる、または記述しているということになる。もしも、彼が目の前にしているものがどういう種類のものなのか、まったく見当もつかない、と君が白状するなら、――どうしてまた、「彼がなにかを目の前にしている」と言いたくなったのだろう？　それは、まるで私が誰かについて、「彼はなにかをもっている。でもそれがお金なのか、借金なのか、空っぽの金庫なのか、知らないけどね」と言うようなものではないか。

295　「私は、自分のケースだけから……ということを知っている」という文は、いったいどういう種類のものであるつもりなのか？　経験命題なのか？　ちがう。――では、文法命題なのか？

そこで私は想像する。誰もが自分のことについて、「痛みとはなにか、自分の痛みについてだけ知っている」と言うのだ、と。――実際にそう言われているとか、そう言おうとしているだけだ、などと想像するのではない。しかしともかく誰もがそう言ったとしたら、――それは叫び声のようなものかもしれない。そしてその叫び声は、情報としてはなにも言ってないとしても、ともかくなんらかの絵である。では、なぜ私たちはそういう絵を心に浮かべようとしてはいけないのだろうか？　言葉のかわりに寓意画を想像してほしい。

たしかに、哲学するとき自分のなかをのぞきこむと、しばしば私たちはまさにそういう寓意画を目にすることになる。文字どおり、私たちの文法が絵で描かれているのだ。事実ではなく、いわばイラスト化された言い回し。

296「そうだ。でも、ぼくの痛みの叫び声に付随しているものが、やっぱりあるんだよ。そういうもののために叫び声をあげてるんだ。それは大切なものだし、――恐ろしいものだ」。――だが、いったい私たちは誰にそれを伝えるのか？　どういう機会に？

297　もちろん、お湯が鍋でぐらぐら煮たっているとき、湯気が鍋からのぼっている。絵の湯気も絵の鍋からのぼっている。しかし、「絵の鍋のなかでも、煮たっているものがあるにちがいない」と言いたくなったとしたら、どうだろう？

298　自分で自分の感覚をさしながら、――「大切なことはこれなんだ」と言うのが私たちは大好きだ。このことからもわかるように、私たちは、情報でないことを言いたがる傾向が強い。

299 哲学の考えにふけっているときは、——これこれだと言ってしまったり、どうしてもこうなのだと言いたくなったりすることがあるけれど、それは、なにかを想定せざるをえなくなっているとか、なにかある事態が即座にわかった、または、ある事態を知っているということではない。

300 「彼は痛みを感じている」という言葉でする言語ゲームには、——こう言いたがる人がいるのだが——ふるまいの画像だけではなく、痛みの画像も必要です。または、ふるまいのパラダイム(範例)だけではなく、痛みのパラダイム(範例)も必要です。——「痛みの画像は、単語『痛み』でする言語ゲームに入ってくる」と言うことは、誤解である。痛みを想像することは画像ではない。それを想像することは言語ゲームでは、画像と呼ばれるだろうものによっては置き換えられない。——痛みを想像することは、ある意味では言語ゲームに入ってはくるだろうが、画像としてではない。

301 想像することは画像ではないが、画像は想像することに対応しているだろう。

302 他人の痛みを自分の痛みをモデルにして想像しなくてはならない場合、それは、そんなに簡単なことではない。私の感じている痛みにしたがって、私の感じていない痛みを想像するわけだからだ。想像のなかで痛みを、ある場所から別の場所へ移動させるのは簡単ではないからだ。たとえば、手の痛みから腕の痛みへ、といった具合に。他人のからだのある部分に私が痛みを感じているなどとは、想像しないものである。(これはできなくもないけれど)

痛みのふるまいによって、痛い部分を指すことはできる。――けれども、痛みを感じている人間が、痛みをあらわしている人間なのだ。

303 「他人が痛みを感じていると、ぼくは信じることしかできない。でも、ぼくが痛みを感じていることは、ぼくが知っている」。――たしかに、「彼は痛みを感じている」と言うかわりに、「彼が痛みを感じていると、私は信じている」と、言うことにすることはできる。だが、それだけのことだ。――ここで心的プロセスにかんする説明とか発言のように見えることは、実際は、ある言い方を別の言い方に交換したものにすぎない。別の言い方のほうが、哲学しているときには、ぴったりしているように思えるので。

いちど――実際の場面で――他人の不安や痛みを疑ってみてほしい！

304 「でも、痛みがあって痛そうにしてるのと、痛みがないのに痛そうにしてるのとには、ちがいがあるわけで、やっぱりそれは君も認めるでしょう」。――認めるどころじゃないよ。それより大きなちがいがあるだろうか！――「でもそれなのに、君がいつもたどり着く結論は、『感覚そのものは、なにものでもない』じゃないか」。――いや、そうじゃない。感覚は、なにかではないけれども、なにものでもないわけじゃない！　結局、なにものでもないものが、なにも発言されることのないなにかと同様の働きをしているのではないか、というだけのことだった。私たちは、ここでしきりに首を突っこんでくる文法を却下しただけのことだよ。

このパラドクスが消えるのは、つぎのような見方からきっぱり手を切るときだけなのだ。つまり、「言語はいつもひとつのやり方で機能している。——家、痛み、善悪、どんなものについての考えであれ——考えを運ぶというおなじ目的に奉仕しているのだ」という見方を捨てるときだけなのだ。

305 「でも、思い出すときに心的プロセスがあることは、君だって否定できないよ」。——私たちがなにかを否定したがっているかのような印象は、なぜ生まれるのだろう？ 「そのときやっぱり内的プロセスがある」と言う人は、——「やっぱり君には、見えてるんだ」とつづけて言おうとする。しかしやっぱりこの内的プロセスこそ、その人が、「思い出す（sich erinnern）［再帰動詞 sich erinnern は、〈再帰代名詞（sich 自分に）＋他動詞（erinnern 思い出させる）〉と分解することができます］」という言葉で意味しているものなのだ。——私たちがなにかを否定したがっているかのような印象が生まれるのは、私たちが「内的プロセス」のイメージに抵抗しているからである。私たちが否定しているのは、内的（inner）プロセスのイメージによって、単語「思い出させる（erinnern）」の正しい使い方を教えてもらえるということなのだ。つまり私たちが言っているのは、そのイメージとその波及効果に邪魔されて、その単語の使い方が、あるがままに見られていない、ということなのである。

306 なぜ私は、心的プロセスがあるということを否定しなくてはならないのか?! もっとも、「いま私のなかで、……を思い出すという心的プロセスが起きた」は、「私はいま……を思い出した」ということにほかならないのだが。心的プロセスを否定するなら、「思い出させる」を否定し、「誰かがなにかを思い出す」ことを否定することになるだろう。

307 「じつは君は、変装した行動主義者じゃないのかな？『人間の行動は別として、すべてはフィクションだ』と、結局、言ってるんじゃないのかな？」――私がフィクションと言うときは、文法上のフィクションのことを言っているのだ。

308 いったいどうして、心的プロセスや心的状態や行動主義という哲学の問題になるのだろうか？――最初の第一歩は、まったく目立たないものだ。私たちはプロセスや状態を問題にして、それらの性質には手をつけないでおく。それらについては、いずれそのうちもっとよくわかるようになるだろう――と思っている。だがまさにそうすることによって、私たちは、ある一定の見方に縛られてしまったのだ。というのも、「プロセスをもっとよく知るようになる」とはどういうことなのか、について私たちは、ある一定の概念をもっているからである。（手品師の手品の決定的な一歩が踏みだされたのだが、まさにその一歩は純粋無垢なものに思えるのである）。――ところがいまや、私たちの考えをわかるようにしてくれるはずだったアナロジーが瓦解する。だから、まだ研究されていない媒体における、まだ理解されていないプロセスは否定するしかない。だから、心的プロセスを私たちが否定したように見えるのだ。しかし、もちろん、否定などするつもりはない！

309 哲学で君の目的って、なに？――ハエに、ハエ取りボトルからの逃げ道を教えてやること。

310 私が誰かに「痛いんだ」と言う。するとその人は、そう思う、そうは思わない、どっちなのかな、などの態度をとる。

もしもその人が、「そんなにひどくないだろう」と言ったとしよう。——それは、痛みの表明の背後になにかがあるぞ、と思っていることの証拠ではないだろうか？——その人の態度は、その人の態度の証拠である。「痛いんだ」という文だけでなく、「そんなにひどくないだろう」という応答も、自然な音声と身ぶりの代用だと考えてみてほしい。

311 「それより大きなちがいがあるだろうか！」——痛みの場合なら、私は自分にたいして私的にそのちがいを演じてみせることができるだろう。折れた歯と折れていない歯のちがいなら、誰にでも見せることができる。——しかし私的に演じてみせるのなら、痛みを呼びだす必要などまるでなく、痛みを想像するだけでいい。——たとえば、ちょっと顔をしかめるとか。ところで、君がそういうふうに演じてみせるものが、痛みであって、たとえば顔の表情でない、ということを君は知っているのだろうか？　自分にたいしてそれを演じてみせる前に、君はなにを演じてみせることになっているのか、ということも知っているのだろうか？　そういうふうに私的に演じてみせることは、幻想なのだ。

312 ところで、歯の場合と痛みの場合も、やはり似ていないだろうか？　前者の視覚と後者の痛覚が対応しているからだ。その視覚は痛覚と同様、私は自分にたいして上手か下手にしめすことができるわけである。

こういうケースを考えてみよう。周囲にあるモノ（石や植物など）の表面には、私たちが触れると皮膚が痛くなるような場所やゾーンがあると仮定するのだ。（たとえば表面の化学性質によって。しかしそういうことは、いまはわかる必要がない）。こんにち、ある植物の赤い斑点のある葉っぱが話題になるように、将来、痛みの斑点をもった葉っぱが話題になるかもしれない。痛みを感じさせる斑点とその形態が知覚できるようになれば、役に立つだろうし、その知覚からそれらのモノの重要な特性を推定することができるかもしれないのである。

313　私はほかの人に「これが痛みだ」としめすことができる。ほかの人に「これが赤だ」としめすのとおなじように。また、ほかの人に「これが直線で、曲線で、木で、石だ」としめすのとおなじように。——こういうことを私たちはまさに「ほかの人に『これが……』としめす」と呼んでいるのである。

314　感覚の哲学的問題をはっきりさせるために、私が自分の頭痛の状態を観察しようとするなら、そこには根本的な誤解がある。

315　一度も痛みを感じたことのない人が、「痛み」という単語を理解することができるのだろうか？——それが痛みなのかどうか、経験が教えてくれるのだろうか？——では、「これまで痛みを感じたことがなければ、痛みを想像することができない」と言うとしたら？——どこから私たちはそういうことを知るのだろう？　それが正しいかどうか、どうやって決められるのだろう？

316　「考える」という単語の意味をはっきりさせるため、「ここで観察するものが、この単語の意味だとしよう！」と考えながら、自分をながめてみる。——だが「考える」という概念は、そんなふうには使われてはいない。（ちょうどそれは、チェスを知らないのに、チェスの対局の最後の一手をじっくり観察することによって、「王手詰め《チェックメート》」という単語の意味を探りだそうとするようなものだ）

317　誤解を招きやすい類比。悲鳴は、痛みの表現——文は、考えの表現！
あたかも、他人がどんな気分であるか、を知らせるのが文の目的であるかのようだ。しかも、いわば思考装置だけが問題であって、胃は問題でないかのように。

318　考えながら話したり、書いたりするとき——ふつう私たちがやっているように、という意味でだが——、一般に私たちは、「考えるほうが、話すより速い」とは言わない。この場合、考えは表現から剝離されていないように見える。他方、考えの速さが問題にされることがある。考えが稲妻みたいにひらめいたとか、問題が一挙にはっきりした、など。ここで当然、つぎのような質問が浮かんでくる。稲妻のように考えるときには、考えながら話すときとおなじことが起きているのだろうか、——きわめてスピードアップされているだけで？　つまり前者の場合、いわば時計のぜんまいが一気に解けるのだが、後者では言葉がブレーキになって、すこしずつ解けていくわけだ。

319 私は稲妻のようなスピードで、ひとつの考えを、わずかな言葉や線でメモできるのとおなじように、目の前で見たり、理解することができる。

どうしてそのメモは、その考えの要約になっているのだろうか？

320 稲妻のような考えと、発言された考えとの関係は、代数関数と、代数関数から展開される数列との関係に似ている。

たとえば代数関数があたえられると、私は、1、2、3から10までの変数にたいする値なら計算できるだろうという**自信**がある。この自信は「十分な根拠がある」と言われるだろう。私はそういう関数の計算などができるようになっているからだ。別のケースでは自信に根拠はないだろうが、——計算の成功によって正しさが認められるだろう。

321 「ひとりの人間が突然に理解するとき、なにが起きているのか？」——これはまずい質問だ。「突然に理解する」という表現の意味をたずねられているなら、その答えは、「突然に理解する」と呼ばれているプロセスを指さすことではない。——質問はこういうことかもしれない。突然に理解する場合、その徴候はなんだろう？　突然に理解するときにあらわれる特徴的な心的随伴現象とは、どういうものだろう？

（たとえば、ある人が自分の顔の表情の動きとか、心の動きに特有の、呼吸の変化とかを感じていると想定する根拠はない。たとえその人が、それに注意をむけるやいなや、それを感じるとしても）。

（（身構え））

322　「突然に理解する」という表現の意味をたずねられても、いまのような説明では答えにならない場合、「理解するということは、定義することのできない特殊な経験なのだ」などと、まちがった結論になってしまう。しかし忘れられているのは、私たちが関心をもたざるをえない質問のほうなのだ。どのようにしてこれらの経験を比較しているのか？　なにをこのできごとの同一性の規準として定めているのか？

323　「もう先、つづけることできるよ」と叫ぶ。それは自然の音声や、うれしくてからだがピクッと動くこととおなじだ。そう私が感じたからといって、もちろん、私が先をつづけようとすると、すぐにすらすらできるということにはならない。――「『先、つづけることできるよ』と言ったら、実際そうなった」と言うようなケースがある。たとえば、思いもよらない邪魔が入ったときに、そう言うだろう。けれども思いもよらないことが、私が先をつづけられなかったということなんかであってはならない。

誰かがくり返し、なにかひらめいたと勘違いし、――「わかったぞ」と叫ぶのだが、けっしてそれを行動で正当化できない、ということも考えられる。――本人には、頭に浮かんでいたイメージの意味を一瞬のうちに忘れてしまったかのように思えるのかもしれない。

324 つぎのように言うとすれば、正しいのだろうか?「これは帰納なんだよ。数列を先までつづけられるだろうって、自信があるんだ。この本から手を離せば、地面に落っこちるだろうってことに自信があるようにね。もしもかりに私が、はっきりした理由もなく突然、数列の展開ができなくなってしまったとしても、私の驚きは、本が地面に落っこちずに宙に浮いている場合の驚きとおなじようなものさ」。――それにたいして私はこう答えるつもりだ。「実際、そういう自信にはなんの根拠もいらないのだ」。成功より見事に自信を正当化するものなど、あるだろうか?

325 「この経験をしたなら――たとえばこの式を見たなら――私は先をつづけられるだろう、と確信するわけだが、その確信は要するに帰納にもとづいている」。これはどういうことだろう?――「火で私は火傷するだろう、という確信は、帰納にもとづいている」。これは、私の場合、「いつも炎で火傷してきたから、今回もそうなるだろう」と推測することだろうか? あるいは、以前の経験は私の確信の原因であって、理由ではないのだろうか? 以前の経験は確信の原因なのだろうか?――それは、仮説のシステム、自然法則のシステムしだいである。そのシステムのなかで私たちは確信という現象を考察しているわけだが。

確信というのは正当化されているのか?――なにをすることを人びとは正当化だとみなしているのか、――そのことによって、人びとの考え方や暮らし方がしめされる。

326 私たちはそういうことを期待し、こういうことに驚く。しかし理由や根拠の鎖には終わりがある。

327 「しゃべらないで考えることはできるかな?」——では、考えるとはどういうことなのか?——じゃ、君はまったく考えないわけ? 自分を観察して、どういうことが起きているのか、見ることができないわけ? それは簡単なことであるはずだ。それを君は、天文学的できごとを待つように待つ必要はないし、大急ぎで観察したりする必要もない。

328 さて、どういうことが「考える」ということなんだろう? なんのために、その言葉を使うことを学習したのだろうか?——「考えたのですが」と私が言うとき、——私はいつも正しくなければならないのか?——その場合、どのような種類のまちがいが存在するのか? 「私がやったことって、本当に、考えることだったの? 勘違いしてるんじゃないかな?」と質問するような状況があるのだろうか? 誰かが、考えている途中で測量をする場合、測量しながら自分に話しかけなかったら、考えることを中断したことになるのだろうか?

329 言語のなかで考えているとき、私の頭には言語表現のとなりに「意味」が浮かんでいるのではない。言語そのものが思考の乗り物なのだ。

330 考えることは、話をするようなものか？「考えることは、考えながら話をすることを、考えないで話をすることから区別するものだ」とよく言われる。――その場合、考えることは、話すことのお供のように思える。なにか別のもののお供をするかもしれないが、ひとりで流れることもできるプロセス。

「このペン、ペン先がくたびれてる。でもまあ、書けるな」というセリフを言ってみてほしい。まず、考えながら。つぎに、考えないで。それから言葉なしで、セリフの内容だけを考えて。――そうやりながら私は、ペン先を調べて、顔をしかめ、――しょうがないなという身ぶりをして書きつづけるかもしれない。――また私は、なにかを測っているときに、そばで見ている人から「『ふたつのサイズが3番目のサイズとおなじなら、たがいにおんなじだな』と――言葉なしで――考えてたみたいですね」と言われるような行動をするかもしれない。――しかしここで考えることというのは、言葉が考えなしに話されるべきではない場合に、言葉のお供をするにちがいないプロセスのことではない。

331 声を出さないと考えられない人を想像してみてほしい。（声を出さないと読めない人もいるわけだから）

332 「考える」というのは文に心的プロセスをお供させることだ、と言われることがたしかにある。しかしそういうお供のことを、「考え」とは言わない。――ある文をしゃべり、その文を考えてみてほしい。その文を理解しながらしゃべってみてほしい。――こんどは文をしゃべらないで、君がその文を理解しながらしゃべったときにお供させたものだけを、やってみてほしい。――（この歌を表情をこめて歌ってみてほしい。こんどは歌は歌わずに、表情だけをくり返してみてほしい。――するとこの場合にも、なにかをくり返すことになるかもしれない。たとえば、からだをゆするとか、呼吸にもっと緩急をつけるとか、など）

333 「それが言えるのは、それに納得している人だけだ」。――納得している人がそれを言うとき、その納得はどんなふうにその人を助けているのか？――口にされた表現のとなりに納得がすわっているのだろうか？（それとも納得は、小さな音が大きな音におおい隠されるように、表現におおい隠されるので、その結果、納得が声によって表現されると、いわばもう聞こえなくなるのだろうか？）。誰かが「メロディーを記憶にしたがって歌えるようにするため、メロディーを頭のなかで聞いて、それを真似して歌わなければならない」と言ったとしたら、どうだろう？

334 「つまり本当は……と言うつもりだったんだね」。――こういう言い方によって、ひとつの表現形式から別の表現形式へと導かれていく。すると、自分が本当に「言うつもりだった」こと、自分の「思っていた」ことは、それを口にする以前にはまだ頭のなかにあったのだ、というイメージを使いたくなってしまう。ひとつの表現をやめて、そのかわりに別の表現を採用しようと私たちに思わせるものには、いろいろなものがある。それを理解するためには、数学の問題の解決と、その問題を問うきっかけや由来との関係を考察してみるといい。たとえば、「定規とコンパスで角を三等分する」ことの場合、一方では誰かが角を三等分しようとしているのに、他方では、角の三等分はないと証明されているわけだ。

335　たとえば手紙を書くときのように——自分の考えに適切な表現を見つけようとしているとき、なにが起きているのだろうか？——こういう言い方は、このプロセスを翻訳のプロセスとか描写のプロセスにたとえていることになる。考えが（たとえばすでに前もって）そこにあって、私たちはそれを表現するものを探しているだけなのだ。こういうイメージは、程度の差はあれ、いろいろなケースにあてはまる。——しかしこの場合、すべてのことが起きているわけではない。——私がある気分にひたっていると、表現のほうがやって来る。または、描写しようとしていたイメージが、私の頭に浮かぶ。または、私は英語の表現を思いついたので、それに対応するドイツ語の表現を思い出そうとする。または、ある身ぶりをして、「この身ぶりに対応する言葉は、なんだ？」と考える。などなど。

「その表現を思いつく前に、その考えをもってたわけ？」とたずねられたとすると、——なんと答えなければならないのだろうか？　では、「その表現よりも前にあったような考えって、どこにあったの？」という問いには、なんと？

336　ここにあるケースは、「ドイツ語とかラテン語の奇妙な語順をもった文は、そのままの語順では内容を考えにくい。文がまず考えられるにちがいない。それから単語があの不思議な順番に並べられるのだ」と想像するケースに似ている。（こんなことを書いたフランスの政治家がいる。「人が考える順番に言葉が並んでいるのが、フランス語の特徴である」）

337　しかし私はその文全体の形を、たとえば最初から意図していたのではないか？　とするとその文は、口にされる以前から頭に浮かんでいたことになる。——頭に浮かんでいたのなら、普通は、別の語順ではないはずだ。しかしここでまたもや私たちは、「意図」について、つまりこの単語の使い方について、誤解をまねきかねないイメージをつくっている。意図というものは、状況のなかに、人間の慣習や制度のなかに埋めこまれているものだ。チェスのテクニックがなければ、私はチェスをするという意図をもてないだろう。文の形を前もって意図しているというのなら、それは、私がドイツ語をしゃべれるということによって可能になっているわけだ。

338　なにかが言えるのは、しゃべることができるようになってからの話である。だから、なにかを言おうとするなら、言語をマスターしておくことも必要である。しかし、しゃべろうとするときに、しゃべる必要がない場合があることも明らかだ。ダンスしようとするときに、ダンスをしないように。
　そしてそういうことをじっくり考えるとき、精神がダンスやおしゃべりなどについて想像をめぐらせるわけだ。

339　考えるということは、おしゃべりに生命と意味をあたえる非身体的プロセスではありません。そして、あたかも悪魔が「影をなくした男」ペーター・シュレミールの影を地面から取りはずすように、非身体的プロセスをおしゃべりからはがすことができるかもしれません。――しかし、考えるということは、どのようにして「非身体的プロセスではない」のか？　私は非身体的プロセスをよく知っているのだろうか？　考えるということも非身体的プロセスのひとつではないのだろうか？　いや、私が「非身体的プロセス」という言葉に頼ったのは、「考える」という単語の意味をプリミティブなやり方で説明しようとして、当惑していたからだ。

　しかし、「考える」という単語の文法を、たとえば「食べる」という単語の文法と区別しようとすれば、「考えるということは、非身体的プロセスである」と言えるかもしれない。もっともそういうふうに言っても、意味のちがいはあまりにもわずかに思えるが。（それは、「数の記号は現実的なモノだが、数は非現実的なモノだ」と言うことに似ている）。表現の仕方が不適切であることは、混乱から抜けださないための確実な手段である。いわば逃げ道がふさがれてしまうのだ。

340　単語がどのように機能するのか、推測することはできない。その使い方をよく見て、そこから学ぶしかない。

　ところでむずかしいのは、そういうふうに学ぶとき邪魔となる偏見を取り除くこと。邪魔になる偏見は、馬鹿な偏見ではないのだ。

341　考えずにしゃべることと、考えながらしゃべることは、考えずに曲を演奏することと、考えながら曲を演奏することに、たとえることができる。

342 ウィリアム・ジェームズは、しゃべらなくても考えることができることをしめそうとして、聾唖者、バラードさんの回想を引用している。バラードさんは書いている。「幼いころ、まだしゃべれなかったときに、神と世界のことを考えました」。——これはどういうことなんだろう！——「書き言葉の手ほどきをうける2、3年ほど前、馬車乗りを楽しんでいるあいだに、あの問題を考えはじめたわけです。いかにして世界は存在するようになったのか、と」。——君には、これが、言葉のない考えがちゃんと言葉に翻訳されたものだという自信がある？——と私たちはたずねたい。そして、なぜこの質問が——普通なら存在などしそうにない質問だが——ここで頭をもたげてくるのか？　書き手の記憶がまちがっている、と私は言うつもりなのか？——私がそう言うかどうか、私にはわかりさえしない。その回想は、不思議な記憶現象なので、——そこからどのような結論が、語り手の過去について引きだせるのか、私にはわからない。

343 私が自分の記憶を表現する言葉は、私の記憶の反応である。

344 人びとが耳に聞こえる言語をしゃべらず、内面で、想像のなかで、自分にむかってしゃべっている、ということを想像できるだろうか？

「いつも自分の内面で自分にむかってしかしゃべらないとしたら、その人たちは結局、今日でもときどきやっていることを、いつもやるだけのことだな」。——こういうことを想像するのは、じつに簡単である。「いくつか」から「すべて」へ気楽に移行するだけでいいのだから。(これは、「無限に長くつづく並木とは、要するに、終わることのない並木のことだ」に似ている)。ある人が自分にむかってしゃべっていると判断する規準は、その人が私たちに言うことであり、その人のそれ以外の行動なのだ。「自分にむかってしゃべっている」と私たちが言うのは、普通の意味で、しゃべることができる人についてだけである。オウムとか、蓄音機については、そんなふうに言わない。

345 「ときどき起きることは、いつも起きるかもしれない」——これはどういう種類の文なのだろう？ これと似ているのが、「『F(a)』に意味があるなら、『(x).F(x)』にも意味がある」という命題だ。「誰かがあるゲームでまずい手を指すようなことがあれば、すべての人がすべてのゲームでまずい手しか指さないことがあるかもしれない」。——つまり私たちは、ここで表現の論理を誤解して、言葉の使い方をまちがって説明する誘惑にかられているわけだ。

命令はときどき守られないことがある。だが、命令がけっして守られないとしたら、どういうことになるのだろうか？ 「命令」という概念の意味が消えてしまうだろう。

346 しかし神がオウムに突然、知性をプレゼントして、オウムが自分にむかってしゃべっている、と想像できないだろうか？——だがここで忘れてはならないことがある。そのような想像をするために私が助けを求めたのは、神というものを想像することだった。

347 「でも自分にかんしてなら、『自分にむかってしゃべる』ということがどういうことなのか、わかってるよ。それに、もしも声を出してしゃべる器官が奪われたとしても、私は自分のなかではひとりでしゃべることができるだろうな」

しかし、自分のことしかわからないなら、私には、なにを私がそう呼んでいるかしかわからず、なにを他人がそう呼んでいるかは、わからないことになる。

348 「この聾啞者たちはみんな、身ぶり言語しか学んでないけれど、誰もが自分にむかって心のなかでは音声言語でしゃべっている」。——これ、君には理解できないかな？——いったいどうやって私には、理解できるかどうかがわかるのだろう?!——そういう報告をされても（まあ、それが報告だとしての話だが）、どうしていいかわからない。だいたい「理解する」ということ自体、ここでは怪しいにおいがする。理解できるとか、理解できないとかを言うべきかどうかも、私にはわからない。私としては、こう答えておきたい。「それはドイツ語の文で、見かけはちゃんとしているようだ。——つまり、その文でなにかやろうと思うまでは、の話だが。ほかの文ともなんとかつながっているけれど、そのつながり方のせいで私たちは、『その文がなにを報告しているのか、じつはよくわからない』と言いにくい。哲学のおかげで鈍感になっていない人なら誰でも、ここではなにかがおかしい、と気がつくはずだ」

349 「しかしこの文の想定していることは、ちゃんと意味が通るじゃないですか！」——たしかにそうだ。その言葉もそのイメージも、通常の状況では理解できるように使われている。——しかしそういう使い方をしない場合を想定してみると、いわばはじめて私たちは、その言葉とそのイメージの不毛さに気づくのだ。

350
「しかし『ある人が痛みを感じている』と想定するとき、私はたんに『私がしばしば感じたのとおなじ痛みを、その人が感じている』と想定しているだけのことですよ」。——そう言ったところで、どうしようもない。つぎのように言っているようなものだからだ。「『ここでは5時だ』がどういうことなのか、わかるよね。だったら、『太陽では5時だ』がどういうことなのかも、わかるわけだ。つまりさ、『ここが5時なら、太陽でもこことまったく同様に5時なのだ』ということなんだから」。——「おなじである」ということによって説明することは、ここでは通用しない。なぜなら、「ここの5時はあそこの5時と『おなじ時刻だ』と言える」ことはわかるけれども、「どのようなケースに、こことあそこの時刻がおなじだと言っていいのか」は、まさにわからないわけだから。

まったく同様のことがある。「『彼が痛みを感じている』という想定は、まさに『彼は私とおなじ痛みを感じている』という想定なのだ」と言っても、説明にならないのだ。なにしろ私には文法のつぎの部分がはっきりわかっているからである。つまり、「ストーブが私とおなじ経験をしている」と言うのは、「ストーブが痛みを感じている」と言う場合のことなのだから。

351 それでも私たちはいつも言いたがる。「痛みの感じは痛みの感じだ。——彼が痛くても、私が痛くても。そして彼が痛みを感じているかどうかを、どんなふうに私が聞いたとしても」。——それには私も納得できるかもしれない。——そして「『ストーブが痛みを感じている』と私が言うとき、どういうことを私が思っているのか、君にはわかりませんか？」——とたずねられると、私は、「そう言われると、いろんなことが想像できるが、そんな想像をしてもなんの役にも立たない」と答えることができる。そして私は「太陽ではちょうど午後5時だった」と言われても、なにかを想像することができる。——たとえば、5時を指している振り子時計だ。——もっといい例は、「上」と「下」を地球に使った場合だろう。この場合、「上」と「下」がなにを意味するかについて私たちはみんな、じつにはっきり想像している。つまり私が上にいて、地球が下にあると見ているわけだ。（この例をどうか笑わないでほしい。たしかにすでに小学校の段階で、「そんなことを言うのは馬鹿だ」と教えられている。けれども問題は解くより、土をかぶせて埋めてしまうほうが、ずっと簡単なのだ）。そしてよく考えてみてはじめてわかるのだが、この場合、「上」と「下」は普通のやり方では使われていない。（たとえば地球の裏側に住む人たちのことを、私たちは大陸の「下」に住む人たちと呼んでいるわけだが、逆にその人たちが私たちのことをおなじように呼んだとしても、私たちとしては正しいと認めざるをえない）

352 さてここでは、私たちの思考が私たちに不思議ないたずらをしている。つまり私たちは排中律を引用して、「彼の頭にはそういうイメージが浮かんでいるか、いないかであって、第3のケースは存在しない」と言おうとするのだ。——こういう不思議な議論には、哲学の他の領域でもお目にかかる。「πを無限に展開していくとき、『7777』というグループが登場するか、しないかであって、——第3のケースは存在しない」。つまり、神にはわかるが、——私たちにはわからない、ということになる。しかしこれはどういう意味なのか？——私たちは比喩のようなイメージを使っているわけだが、目に見える数列のイメージを、ある人は展望できるが、別の人は展望できない。ここで排中律は、「こういうふうに見えるか、ああいうふうに見えるか、のどちらかでしかない」と言う。つまり排中律はじつは——これは自明のことだが——まったくなにも言っておらず、イメージをあたえているだけなのだ。だからここで問題は、現実がイメージと一致しているかいないか、ということになるはずだ。そしてこのイメージが私たちに、なにをするべきか、なにをどのように探すべきか、決めてくれるように思われる。——しかし実際は決めてくれない。なぜなら私たちには、このイメージをどのように応用したらいいのか、さっぱりわからないのだ。もしもここで私たちが、「第3のケースは存在しない」とか、「やっぱり第3のケースなんて存在しないんだ！」と言うなら、——このイメージから目を離すことができない、ということが表現されていることになる。——つまりこのイメージのなかに問題とその解決策とがあるにちがいない、と見えるのである。しかし実際はちがうぞ、と私たちが感じているにもかかわらず。

まったく同様の場合がある。「彼にはこの感覚があるか、ないかだ！」と言われると、——私たちの頭にまず浮かぶイメージでは、すでにその発言の意味がまぎれもなく決定されているように見える。「なにが問題なのか、もうわかっているよね」——と私たちは言いたがる。しかしそう言いながら、まさによくわかっていないのだ。

353 文〔命題〕についてその検証の可能性と検証の仕方をたずねることは、「それをどう考えてるのか?」という質問の特殊な形にすぎない。それに答えれば、文〔命題〕の文法に寄与することになる。

354 文法において判断規準と徴候のあいだで揺らぎがあると、そもそも徴候しかないかのように思えてしまう。たとえば私たちは、「経験によれば、『気圧計が下がると、雨が降る』が、また、これも経験によれば、『ある湿気や寒さを感じたり、これこれの空模様になると、雨が降る』」と言う。その議論のときに指摘されるのが、「感覚の印象に私たちはだまされかねない」という点である。だがそのとき考慮されていない点がある。「感覚の印象によって、まさに雨が降ると思わされる」という事実は、定義にもとづいているのだ。

355 問題は、「感覚の印象が私たちをだますことがある」ということではなく、「私たちが感覚印象の言語を理解する」ということなのだ。（そしてその言語は、ほかのどの言語もおなじだが、合意にもとづいている）

356 私たちは、「雨が降っているか、降っていないか、だ。——どうやってそれを知ったか、どうやってその情報が届いたのか、は別の問題なんだ」と言いがちである。では、こういう質問をしてみよう。「どういうことを私は、『雨が降るという情報』と呼んでいるのか？（あるいは私は、その情報から情報だけをえたのだろうか？）。そしてなにがその『情報』に、なにかの情報であるという特徴をあたえているのか？　私たちは表現形式にあざむかれてはいないだろうか？　『私の目が私に、そこに椅子があるという情報をもたらしてくれる』などはまさに、私たちをあざむくメタファーではないだろうか？」

357　「犬はもしかしたら自分にむかってしゃべるのかもしれない」と私たちは言わない。それは、犬の心をとてもよく知っているからだろうか？　さて、「生物のふるまいを見れば、その心が見える」と言えるかもしれない。——しかし私は自分について、「私は私にむかってしゃべっている。なぜなら、こんなふうにふるまっているから」と言うだろうか？——自分のふるまいを観察したうえで、そう言うのではない。それが意味をもつのは、私がそういうふうにふるまっているからにすぎない。——とすれば、それが意味をもつのは、私がそういうふうに思っているからではないのではないか？

358　ところで文に意味をあたえるのは、私たちが思うということではないか？（もちろんこれには、「単語を無意味に並べたものを思うことができない」も含まれている）。そして、思うということは心の領域に属するものである。しかし、私的なものでもあるのだ！　それは手でつかむことのできないものであり、それに匹敵するのは意識だけだ。

　この見解をおかしいと思えるだろうか！　これは、いわば、私たちの言語の夢なのだ。

359　機械は考えることができるのだろうか？――痛みを感じることができるのだろうか？――さて、人間のからだはそのような機械であると言うべきか？　そのような機械であることに、もっとも近づいてはいるが。

360　しかし機械はやっぱり考えることができない。――これは経験命題なのか？　ちがう。「考える」が使われるのは、人間と、それから、人間に似ているものだけである。だから人形にも、それからたぶん霊にも使われる。「考える」という単語を道具だとみなすのだ！

361　椅子は自分で……と考える。

どこで？　椅子のどこかの部分で？　それとも椅子の外の、まわりの空気のなかで？　それともどこかある場所などではないところで？　ところで、この椅子が心のなかでひとりでしゃべっているのと、となりにある別の椅子が心のなかでひとりでしゃべっているのとには、どんなちがいがあるのだろう？――しかし人間の場合はどうだろう？　人間はどこで自分にむかってしゃべるのか？　この質問が無意味に思えるのは、どうしてなのか？　まさにその人が自分にむかってしゃべっているということ以外に場所の規定が必要ないのは、どうしてなのか？　それとは逆に、「椅子が自分とおしゃべりするのは、どこで？」という質問は、答えをほしがっているように思えるのだが。――その理由は、「その場合、椅子は人間とどのように似ているはずなのか」を、私たちが知りたいからである。椅子の頭は、たとえば背もたれの上端にあるのかどうか、など。

　人間が心のなかで自分自身にむかって「なにが起きているのか」としゃべるときは、どんな具合なのだろう？——私はそれをどのように説明すべきなのか？　そうだな、それは君が誰かに、「自分にむかってしゃべる」という表現の意味を教えるときにするようにしかできないね。たしかに私たちは子どものとき、それがどういうことなのか、習うんだ。——ただし、「教えてくれる人が『なにが起きているのか』言ってくれる」なんて、誰も言わないだろう。

362 むしろ私たちには、先生がこのケースでは生徒にその意味を——直接に言うということはせずに——教えているかのように思える。しかし、生徒のほうも最終的には、その意味を指さしてちゃんと自分に説明できるようになるようだ。そしてこの点において私たちは錯覚しているのである。

363 「なにかを想像すれば、やっぱりなにかが起きているんだ！」。そう、なにかが起きている。——じゃ、なんのために私は騒ぐのか？　たぶん、起きたことを伝えるためだ。——でもどのようにしてそのことは伝えられるのか？　「なにかが伝えられる」と、いつ言うのか？——伝えるという言語ゲームとは、なにか？
「誰かになにかを伝えることができるということを、君はあまりにも当然だと思っている」と私は言いたい。つまり私たちは、しゃべったり、会話したりすることによって伝達することにすっかり慣れてしまっているので、その結果、伝達のポイントは、他人が私の言葉の意味を——心的なものを

――把握して、いわば精神で受容することである、かのように思っているわけだ。しかしそのときその他人がそれによってなにかをはじめたとしても、それは言語の直接的な目的の一部ではない。

「伝達のおかげで、彼は、私が痛みを感じていることを知る。伝達によって、精神的な現象が生じる。ほかのことはすべて、伝達にとっては末梢的なことだ」と私たちは言いたがる。「知る」というこの奇妙な現象がどういうものなのか――については時間をかけて考えることになるだろう。心的プロセスはまったく奇妙なものである。（それは、こんなふうに言うようなものだからだ。「時計は時間を告げてくれる。時間とはなにか、にはまだ決着がついていない。そしてなんのために時間を読みとるのか――は、ここで考える問題ではない」）

364　誰かが暗算をしている。その答えをその人は、たとえば橋を架けるときや機械を作るときに使うのだ。――「その答えの数字、その人がちゃんと計算して出したものじゃないんです。いわば夢見心地で、その人の懐に転がりこんできたものですよね」と、君は言うつもりだろうか？　いやその答えは、頭のなかで計算されたにちがいないし、実際に計算されたのだ。というのもその人は、自分が計算したことを知っているし、どのように計算したかも知っている。正しい答えも、計算することなしでは説明できないだろう。――しかし、私がつぎのように言うとしたら、どうだろう？　「その人は、『計算したんだ』という気がしている。それになぜ、正しい答えは説明されることができるべきなのか？　その人が言葉や記号なしで**計算**できたということは、理解できなくはないよね？」――想像のなかで計算することのほうが、紙で計算することより、ある意味では非現実的なのだろうか？　暗算だって実際の――計算なのだ。――暗算は筆算に似ているのだろうか？――似ていると言うべきかどうか、私にはわからない。黒い線が何本か書かれている白い紙は、人間のからだに似ているのだろうか？

365　［ゲーテの戯曲『ゲッツ』で］アーデルハイトと司教は、実際にチェスをしているのでしょうか？――もちろん。ふたりはたんにチェスをしているふりをしているのではない。――演出によっては、ふりをしているだけの可能性もあるが。――しかし、その芝居のチェスの対局には、たとえば、はじまりがありませんよね！――いや、あるよ。はじまりがなかったら、チェスの対局じゃなくなってしまうだろう。――

366　暗算のほうが筆算より非現実的なのだろうか？――もしかしたら私たちには、そんなふうに言う傾向があるかもしれない。しかし、「紙やインクなどは、私たちのセンスデータから論理的に構成されたものにすぎない」と思うことによって、逆の見解をもつ可能性もある。

「私は……というかけ算を暗算でやった」――このような発言を私は信じないのだろうか？――しかし本当にそれはかけ算だったのか？　それは、たんなる「ひとつの」かけ算ではなく、――頭のなかでやった――このかけ算だったのである。私が道に迷うのは、この点においてだ。というのも、いま私は、「それは、筆算のかけ算に対応する精神的プロセスだった」と言うつもりだからである。そういうふうに言えば、「精神のなかのこのプロセスは、紙のうえでのこのプロセスに対応している」

と言うことに意味があることとなるだろう。そうすると、記号を想像することによって記号そのものが描かれるような、写像法を問題にすることに意味があることとなるだろう。

367 想像のイメージとは、誰かが自分の想像を描くときに、描かれるイメージのことだ。

368 誰かに、ある部屋を説明してみせる。その説明がわかったしるしに、その説明にそって印象派ふうの絵を描いてもらう。――すると、私の説明ではグリーンと呼んだ椅子がダークレッドで描かれ、私が「イエロー」と言ったものが、ブルーで描かれる。――それが、その誰かがこの部屋からえた印象なのだ。そこで私はこう言う。「まさにそうだ。そう見えるよね」

369 「誰かが暗算をするとき、――なにが起きているのか――それはどういうことなのか？」と質問したくなる。――個別のケースなら、こんな答えになるだろう。「まず17と18を足してから、39を引く……」。だがそれでは、私たちの質問に答えたことにならない。暗算をするとはどういうことかは、そのようなやり方では説明されない。

370 「想像とはなにか？」とか、「なにかを想像するとき、なにが起きているのか？」とか、と質問する必要はない。質問する必要があるのは、「想像」という単語がどんなふうに使われているかだ。しかしそれは、私が言葉だけを問題にするつもりだということではない。私の質問で「想像」という単語が話題になっているかぎり、想像の本質についての質問でも、それは話題になっているからである。私が言っているのは、つぎのようなことにすぎない。この質問は、——想像する人にとっても、それ以外の人にとっても——指さすことによって説明できないし、また、なんらかのプロセスを記述することによっても説明できないのだ。単語の説明を最初の質問も求めているけれど、その質問は私たちにまちがった種類の答えを期待させてしまうのである。

371 本質は文法のなかにはっきり語られている。

372 つぎのことを考えてみてほしい。「言語において、自然な必然性に相関しているものは、ただひとつ、恣意的なルールだけだ。それだけが、私たちが自然な必然性を抽出して文にできる唯一のものである」

373 なにかあるものがどういう種類のモノ（対象）であるのか。それを決めるのは文法である。（文法としての神学）

374 ここに大きな困難がある。ことがらを、なにかあることができないかのようには描写できないのだ。私が記述を抽出するようなモノ（対象）はあるのだが、そのモノ（対象）を誰かにしめすポジションに私がいない、かのようには描写できないのだ。——私が提案できる最上のことは、そのイメージを使うという誘惑に負けることだろう。そしてそれからそのイメージの使い方がどのように見えるのかを調べることだろう。

375　小さな声で自分ひとりで読むことを、どうやって誰かに教えるか？　その人がそれができるようになったなら、どうやってそれが私たちにわかるのか？　自分に期待されていることを自分がやっていることを、その人はどのようにしてわかるのか？

376　私が心のなかで自分にＡＢＣと言ってみせるとき、ほかの人がだまって自分にＡＢＣと言ってみせるのとおなじことを、私がしていると判断される規準は、なんだろうか？　私の喉頭とその人の喉頭におなじことが起きていることが、発見されるかもしれない。（私たちふたりがおなじことを考えたり、おなじことを願ったりする場合も、同様である）。しかし私たちが、「だまって自分にこれこれを言ってみせる」という言葉の使い方を学んだのは、喉頭や脳のプロセスを指しめされることによってなのか？　ａの音についての私の想像と彼の想像とには、異なった生理的プロセスが対応していることも考えられるのではないだろうか？　問題は、「想像と想像を私たちはどのようにして比較するのか？」ということだ。

377　論理学者なら、「おなじはおなじだ」と考えるかもしれない。――おなじであることに納得するのは、心理学の問題である。（高さは高さだ。――高さを見ることもあれば、高さを聞くこともある

というのは、心理学にふさわしい）
ふたつの想像がおなじであると判断する規準は、なにか？――ある想像が赤いと判断する規準は、なにか？ ほかの人が想像している場合、私にとってその規準は、その人が言って、することである。私が想像している場合、私にとってその規準は、なにもない。そして「赤い」にあてはまることは、「おなじ」にもあてはまる。

378 「ぼくは、自分のふたつの想像がおなじだと判断する前に、そのふたつがおなじだと認識する必要がある」。そしてそう認識した場合、それでは、「おなじ」という単語が私の認識を描いているということを、私はどのように知るのだろうか？ それはつぎのような場合しかない。私がこの認識を別の仕方で表現して、ほかの人から私が、ここでは「おなじ」という単語がぴったりですね、と教えてもらえる場合だけだ。
というのも私に、ある単語を使う資格が必要なら、それは、ほかの人にとっても必要な資格にちがいないからだ。

379 私はまずそれをこれとして認識する。それからこれがどう呼ばれているか、思い出す。――よく考えてみてほしい。どんなケースに胸を張ってそう言えるのか？

380 これが赤いということを、私はどのように認識するのか？――「ぼくなら、それがこれだということを確認してから、これが赤いと呼ばれていることを知るわけだな」。これって？——なに?! この質問にはどのような答えが意味をもつのだろうか？

（君の操縦はあいかわらず、心のなかで指さして説明することにもとづいている）

見られたものから単語への移行が私的なものであるなら、その移行にたいして私はルールを適用することができないだろう。その場合、実際、ルールは宙に浮いたままだろう。ルールの適用をコントロールする制度が欠けているからだ。

381 この色が赤(Rot)だということを、私はどのように認識するのだろうか？——こんなふうに答えられるかもしれない。「私、ドイツ語を習ったもので」

382 私がこの言葉にもとづいてこの想像をすることを、私はどのようにして正当化できるのだろうか？

誰かが青色の想像を私にしめして、「青色の想像ってこれですよ」と言ってくれたのだろうか？

「この想像」という言葉はなにを意味しているのだろう？ どのようにして私たちは、想像を指ししめすのか？ どのようにして私たちは、おなじ想像を2回、指ししめすのか？

383 私たちが分析しているのは現象（たとえば思考）ではなく、概念（たとえば思考の概念）である。つまり、単語の使い方である。だから、私たちがやっていることが唯名論であるかのように思われることがある。だが唯名論者はミスを犯している。すべての単語を名前だと解釈しているのだ。だから、単語の使い方を実際に記述するのではなく、いわばそういう記述を紙のうえで指示しているにすぎないのである。

384 「痛み」という概念を君は言語とともに学んだのだ。

385 手で書いたり、口で言ったりしないで、頭のなかで暗算することを習うことは可能かどうか、考えてみてほしい。――「暗算することを習う」ということは、暗算できるようになる、ということだろう。すると問題は、暗算ができるということの規準はどういうものだろうか、ということだけになる。――ところで、ある部族は暗算だけを知っていて、ほかの計算方法を知らない、という場合もあるのではないだろうか？ とすると、「それはどんなふうに見えるんだろう？」と疑問をもつはずだ。――つまり、それを特殊なケースとして想像するにちがいないだろう。そうなると、そこでも私たちが「暗算」という概念を使おうとするのかどうか、ということが問題になってくるだろう。――「暗算」という概念がそのような状況では使い途をなくしてしまったのではないか、と疑わしくなってくるだろう。なぜなら、その部族で見られる現象が、別のパラダイム（範例）に傾いているからだ。

386 「しかしなぜ君は自分がそんなに信じられないのかな？ 『計算する』ってどういうことか、ふだんならわかってるわけだよね。だから、『想像のなかで計算した』と君が言うのなら、まさにその通りなんだろう。もしも計算しなかったのなら、そうは言わないだろうからね。同様に、『想像のなかで赤いものが見える』と君が言うのなら、まさにそれは赤であるんだろう。『赤い』とはどういうことか、君はいつもわかってるわけだから。――それだけじゃない。かならずしも君は、ほかの人との一致をあてにしているわけじゃない。『ほかの誰も見なかったことを、ぼくは見たんだよ』と、しばしば報告してくれるからね」。――いや、私だって自分を信じている。――なんのためらいもなく私は、「頭のなかで計算したんだ」とか、「この色を想像したんだ」とか言うからだ。この場合むずかしいのは、私が実際に赤いものを想像したのかどうか、私が疑っていることではない。そうではなく、私たちが、どんな色を想像したのか、じつに簡単にしめしたり記述できたりするものだから、想像を現実に写像することにむずかしさを感じない、ということがむずかしい問題なのだ。想像と写像とは、見まちがえるほど似てはいないだろうか？――しかし私は、人物をスケッチによってじつに簡単に見わけることもできるのだが。――しかし私は、「この色をちゃんと想像したら、その想像は、どんなふうに見えるの？」とか、「その想像は、どういうものなの？」と質問できるのだろうか？　私はこのことを学ぶことができるのか？

（私は、その質問にたいする証言を受けいれるわけにはいかない。証言ではないからだ。それは、自分が言いたいことを言っているにすぎない）

387　想像がもっている深いアスペクトは、するりと逃げてしまいやすい。

388　「ここには紫色のものは見あたらないけど、絵の具箱を見せてもらえれば、紫色がどれか言うことができるよ」。もしも……なら、それを言うことができる、ということはどのようにしてわかるのか？　つまり、もしも見せてもらえれば、それを見わけることができる、ということはどのようにしてわかるのか？

　色が実際にどんなふうに見えるか、ということを私は私の想像からどのようにわかるのだろうか？　なにかができるだろう、ということを私はどのようにしてわかるのだろうか？　つまり、私の現在の状態が、それをすることができる状態である、ということを私はどのようにしてわかるのだろうか？

389　「想像は、どんなイメージよりも想像するモノ（対象）に似ていなくてはならない。というのも、描くはずのモノにどんなに似たイメージをつくったとしても、そのイメージは、別のモノのイメージである可能性が残っているからだ。しかし想像はもともと、それがそのモノの想像であって、別のモノの想像ではない、ということだ」。とするなら、想像というものを、スーパー=ポートレートとみなせるようにまでなるかもしれない。

390　石に意識があることを想像できるだろうか？　もしも想像できるなら、――そんな想像なんて私たちには興味がない、ということを証明しているだけではないだろうか？

391

もしかしたらこんなことが想像できるかもしれない（といっても、簡単なことではないが）。つまり、道で出会うどの人も、ものすごい痛みをかかえているのだが、痛みをうまく隠している、と。ここで重要なのは、うまく隠していることを私が想像しているにちがいないという点だ。つまり軽々しく私が、「あ、あの人の心は痛みをかかえてる。けれどそのことはあの人のからだとどんな関係があるんだろう！」とか、「そのことは結局、からだにはあらわされてないぞ！」などと言わないという点である。——そしてもしも私がそのことを想像するなら——私はなにをしているのだろう？　私は自分になにを言っているのだろう？　道で出会う人たちをどんなふうに見ているのだろう？　たとえばひとりの人をじっと見て、「そんなにひどい痛みをかかえているのに、笑うなんて、むずかしいにちがいない」などなどのことを想像をしているのだ。いわば私は役を演じているのである。ほかの人が痛みをかかえているかのように、ふるまっているのである。私がそのようにふるまっている場合、私は……と想像している、と言われたりするわけである。

392

「『彼は痛みをかかえてる』とぼくが想像するとき、実際は、……ということがぼくのなかで起きているにすぎない」。それを聞いて、別の人がこう言う。「ぼくはさ、そのことを想像することもできるんじゃないかな。……を考えることなしに」（「ぼくは話すことなしに、考えることができるんじゃないかな」）。そんなふうに言っても、なんにもならない。その分析は、自然科学と文法とのあいだで揺れて、どっちつかずなのだ。

393 「笑っているけれど、実際は痛みをかかえてる。そういう人を想像するとき、ぼくが想像するのは、痛いときの様子じゃない。ぼくが見てるのは、まさにその逆の様子なんだからね。とするとぼくが想像しているのは、何なのだろう？」――それは、もう言ったことだ。それについて私はかならずしも、「この私が痛みを感じている」と想像するわけではない。――「しかし、じゃ、それを想像するってことは、どんなふうに起きているわけ？」――「『彼は痛みをかかえている』ということを私は想像することができる」とか、「……ということを私は想像する」とか、「……と想像してみて！」という言葉は、どこで、（哲学以外の）どういう場所で、使われるのだろう？

たとえば、芝居をする役者に、こんなふうに言う。「ここはさ、この役、痛みがあるんだけど、それを隠してるわけ。だから、それを想像してもらわなくちゃね」――私たちはそう言うのだが、役者にはなんの指示もあたえない。本当はどんなふうにするべきか、教えられない。だからさっきの分析は役に立たない。――というわけで私たちとしては、そういう状況を想像している役者を見守るのである。

394 どのような状況で、私たちはこんな質問をするのだろうか。「それを想像したとき、本当はどういうことが君のなかで起きていたわけ？」――そして、どんな答えを私たちは期待しているのだろうか？

395 クリアでないことがある。つまり、「想像できること」が私たちの探究でどんな役割をはたしているのか。いいかえれば、「想像できること」が文の意味をどの程度まで確実にしているのか、がクリアでないのだ。

396　文でなにかを想像することは、文にしたがってスケッチするのと同様に、文の理解にとって重要ではない。

397　この場合、「想像できること」のかわりに、なんらかの描写方法で「描写できること」と言うこともできる。もちろん、そのような描写からほかの使い方への道が確実になることもあるだろう。その一方、なにかのイメージがしきりに頭に浮かぶのだが、なんの役にも立たないこともあるだろう。

398　「でもね、ぼくがなにかを想像したり、またはモノを見ていると仮定するとしても、やっぱりぼくは、隣人のもってないものをもっているわけだ」――君の言うことはわかる。まわりを見まわして、「やっぱりぼくだけが**コレ**をもってる」と言うわけだ。――なんのためにそう言うのかな？　そんなことを言っても、なんの役にも立たないのに。――たしかに、「ここでは、『見る』について――したがって『もっている』について――、主体について、つまり私というものについて、は問題になっていない」とも言えるのではないか。ことによると私はつぎのように質問できるのではないか。「ぼくだけがもってる」と君が言っているもののことだけど――それを君はどういう意味でもっているわけ？　所有してるわけ？　君はそれを見てさえいないじゃないか。それについて「誰ももってないんだ」と言う必要はないのかな？「他人がなにかをもっている」ということを君が論理的に排除するなら、「ぼくがそれをもっている」と言うことにも意味がなくなるのは、明らかだ。

しかし、君が問題にしているものとは、なんなのか？「君の言っていることを私は心ではわかっている」と私は言った。だがその意味はこういうことだった。つまり、このモノ(対象)を把握し、見るとはどういうことなのか、いわば視線とジェスチャーでこのモノ(対象)を描くとはどういうことなのか、私にはわかっているということだったのだ。このケースではどんなやり方で自分の前やまわりをどんなふうに見るのか——などなどが、わかっているということだったのだ。こんなふうに言うことができるのではないか。つまり(君がたとえば部屋にすわっているとき)、君は「視覚上の部屋」を問題にしているわけだ。所有者のないものが、この「視覚上の部屋」なのである。そのなかを歩きまわることも、それを見つめることも、それを指さすこともできないわけだから、私はそれを所有することもできない。それは、ほかの誰のものにもならないわけだから、私のものでもない。私がすわっている物質の部屋を表現するのとおなじような表現をそれについて使いたいと思うかぎり、それは私のものではない。物質の部屋を記述するには、所有者について記述する必要はないし、所有者がいなくったってかまわない。しかし視覚上の部屋は、所有者をもつことができない。「視覚上の部屋は内にも外にも主人がいないのだから」——と言えるかもしれない。

風景画を想像してもらいたい。想像上の風景である。そこには1軒の家があり——誰かが、「どなたのお宅ですか」とたずねるとしよう。——ところでそれにたいする返事は、こんなものかもしれない。「軒先のベンチに腰をおろしている農夫の家なんですよ」。だがその農夫は、その家のなかに、たとえば足を踏みいれることができない。

399 「視覚上の部屋をもっている人は、その部屋と本質がおなじであるにちがいない」と言えるかもしれない。だがその人はその部屋にはいないし、その部屋には外部がない。

400 いわば「視覚上の部屋」を発見したように見える人が——発見していたのは、新しい話し方だった。新しい比喩だった。新しい感覚だった、とも言えるかもしれない。

401 君は思っている。新しくとらえることは、新しいモノ（対象）を見ることだ、と。自分のやった文法上の運動は、自分の観察している、いわば疑似物理現象だ、と。（たとえば、「センスデータは宇宙の構成材料なのか？」という問いを考えてもらいたい）

しかし、「『文法上の』運動をやった」という私の表現には、反論の余地がある。なんといっても君は、新しいとらえ方を見つけたのだ。あたかも新しい描き方を発明したかのようなのだ。あるいはまた、新しい韻律とか、新しい歌い方とかを。——

402 「ぼくは『いまこれこれを想像している』と言うけれど、『を想像している』という言葉はほかの人のための記号にすぎない。想像した世界は、想像内容を記述すれば、すっぽりそのなかに描かれてるからね」。——君は、「を想像している」を「さあ、注目して」のようなものだと思っている。「本当なら別の仕方で表現するべきだ」と言いたいのだ。たとえば、手で合図してから、想像内容を記述するだけでいい、といった具合に。——この場合のように、通常の言語（は、自分の責任をはたしているだけなのだが）の表現に納得していないとき、私たちの頭のなかにはひとつのイメージが居座っていて、通常の表現方法の表現と争っているのだ。その一方、私たちとしては、「私たちの表現方法では、事実はあるがままには記述されない」と言いたくなっている。（たとえば）「彼は痛みをかかえている」という文は、その人がかかえているのは痛みじゃない、とは別の意味でまちがっているかもしれないかのように。また、文が必要にせまられて正しいことを主張しているとしても、表現形式のせいでまちがったことを言っているかのように。

というのも、そんなふうに見えるのが、観念論者と独我論者と実在論者との論争なのだから。一方の人たちは、なにかの主張を攻撃するかのように、通常の表現形式を攻撃するのだが、他方の人たちは、理性ある人間なら誰もが認める事実を確認するかのように、その表現形式を弁護するのだ。

403 かりに私が「痛み」という単語を、それまで私が「私の痛み」と呼んでいたもの、および、ほかの人たちが「L・W〔ルートヴィヒ・ヴィトゲンシュタイン〕の痛み」と呼んでいたものにだけ限定するとしよう。しかし、「痛み」という単語が欠けていることをなんらかの方法で埋め合わせるような表記法が用意されているなら、ほかの人たちに不都合なことは起きないだろう。そういう表記法があれば、ほかの人たちも気の毒にと思われたり、医者に治療されたりとかするからだ。「しかしさ、ほかの人たちも、まったく君とおなじようなことをかかえてるわけだ」と言ったとしても、もちろんその表現方法にたいする異論にはならないだろう。

ところでこういう新しい表現方法から得るものはあるのだろうか。なにもない。しかし独我論者だって、自分の意見を主張するとき、実益なんかほしがらないではないか。

404　「私が『私は痛みをもっている』と言うとき、私は、痛みをもっている人を名指ししているわけではない。ある意味では私は、誰が痛みをもっているのか、まったくわからないのだから」。この発言を正しいとすることはできる。というのも、なによりもまず私は「これこれの人が痛みをもっている」と言ったのではなく、「私は痛みをもっている」と言ったのだからである。つまり、その発言によって私は人を名指したわけではないのだ。痛みで私がうめくことによって、人を名指すわけではないのと同様に。とはいえ、ほかの人は、誰が痛みをもっているのか、うめきから察するのだが。
「誰が痛みをもっているのか、がわかる」とは、どういうことだろう？　たとえばそれは、この部屋でどの人が痛みをもっているか、がわかることである。つまり、そこにすわっている人とか、その隅に立っている人とか、背の高いブロンドの髪の人、などなどだ。――私はここでなにが言いたいのか？　その人だという「同一性」を判断する規準はじつにさまざまなのである。

では、どの規準によって、私は「『私は』痛みをもっている」と言うことになっているのか？　そんな規準なんかないのだ。

405　「でも君はいずれにしても、『私は痛い』と言うとき、ほかの人たちの注意を特定の人にむけようとしてるわけだ」。——と言われるなら、私としてはこう答えるだろう。「いや、ほかの人たちの注意を私にむけようとしているだけだ」——

406 「でも君は、『私は……をもっている』と言うことによって、君とほかの人たちとを区別するつもりなんじゃないか」。——そういうことは、あらゆる場合に言えるのだろうか？　私がうめいているだけの場合にも？　それから私が、私とほかの人たちとを「区別するつもり」の場合にも？——それによって私は、L・Wという人とN・Nという人とを区別するつもりなのだろうか？

407 「痛みをもっている人がいる——それが誰なのか、わからないけど」と誰かがうめいている。——それを聞いて私たちが、うめいている人を助けようと駆けつける。このようなことを想像できるかもしれない。

408 「君が痛みをもっているのか、ほかの人が痛みをもっているのか。君には疑う余地なんかないだろ！」——「痛みをもっているのが私なのか、ほかの人なのか。私にはわからない」という文は、論理積であるかもしれない。その構成要素のひとつは、「痛みをもっているのが私なのかどうか、私にはわからない」だろうが——この文には意味がない。

409 何人かが輪になって立っている。私もその一員だ。そのうちの誰かが、あるときはこの人、あるときはその人が、感電マシンの電極につながれるのだが、私たちにはそれが見えない。私はほかの人たちの顔を観察して、いま感電しているのが誰なのか知ろうとする。——あるとき私が言う。「感電してるのが誰か、わかったぞ。感電してるのは私自身なんだから」。その意味で私はつぎのようにも言うことができるかもしれない。「わかったぞ。誰が電気ショックをうけてるか。私自身がうけてるんだから」。これはちょっと不思議な表現の仕方かもしれない。——しかしこの場合、ほかの人たちが感電しているときに、私も電気ショックを感じることができると仮定すれば、「わかったぞ、誰が……なのか」はじつに不適切な表現の仕方となる。その表現の仕方はこのゲームにはふさわしくない。

410 「私」は人の名前ではないし、「ここ」は、場所の名前ではないし、「これ」も名前ではない。だがそれらは名前と関係している。名前はそれらのおかげで説明される。それらの単語を使わないというのが物理学の特徴である、ということも事実である。

411 考えてみてほしい。つぎの質問がどんなふうに使われるのか？　どんなふうに答えられるのか？

（1）「これらの本は私の本？」

（2）「この足は私の足？」

（3）「このからだは私のからだ？」

（4）「この感覚は私の感覚？」

これらのどの質問にも実際的な（非哲学的な）用法がある。

質問(2)について。私の足が感覚をなくしているか麻痺しているケースを、考えてみてほしい。ある種の状況ではこの質問は、私が問題の足に痛みを感じるかどうか、を確認することによって答えられるかもしれない。

質問(3)について。ここでは鏡に映った姿を指さすことができるだろう。からだに触れて、この質問をすることができるのは、どんな状況なのだろうか？　別の状況では、この質問は、「私のからだ、こんなふうに見えるの？」とおなじ意味になる。

質問(4)について。この感覚とはどの感覚なのか？　つまり、ここではどのように指示代名詞が使われているのか？　この指示代名詞は、質問(1)の指示代名詞とはちがっているはずだ。ここでまた混乱が生じている。自分の注意をむければ、感覚を指さすことができるなどと勘違いしているのだから。

412　意識と脳プロセスとの溝には橋を架けることができないと感じられている。日常生活を観察しているときには、そういうふうには感じられないのはどうしてだろう？　両者は種類がちがうのだと考えると、軽いめまいに襲われる。——論理の手品をするときに感じる軽いめまいだ。(集合論の定理を考えるときにも、似たようなめまいに襲われることがある)。さて、私たちの場合、こういう感じになるのはどんなときだろう？　たとえば私が、私の注意をなんらかのやり方で私の意識にむけて、それに驚きながら、「**これ**は脳プロセスによって起きているのだ！」と言うときである。——いわば自分の頭をかかえながら。——しかし、「私の注意を私の意識にむける」とはどういうことなのだろう？　そんなことがあるなんて、じつに奇妙な話だ！「私の注意を私の意識にむける」と私が言ったこと（そんな言い方は日常生活ではしないものだ）は、見るという行為だった。私は目の前を凝視していた――が、なにかの点とか、モノ（対象）を凝視したわけではない。私の目はぽっかり開いたままで、まゆを寄せていたわけでもない。（なにかに興味をもつと、たいてい私は目を細め、まゆを寄せるのだが）。見るという行為に先立って、そういう関心があったわけではない。私の視線は「うつろ」だった。あるいは、空の明るさにうっとりとして、その光を飲みこんでいる人の視線に似ていた。

さて、よく考えてもらいたい。私がパラドクスだと言った文（「**これ**は脳プロセスによって起きているのだ！」）には、どこにもパラドクスがなかったのだ。「私の見ている明るさの効果は、脳の特定部位の興奮によって生みだされる」ことを証明するための実験の途中に、問題の文を言うこともできただろう。――だが私がその文を口にした環境は、その文が、日常的で非逆説的な意味をもつような環境ではなかった。私の注意も、その実験にふさわしいものではなかった。（もしもそうだったなら、私の視線は「集中して」おり、「うつろ」ではなかっただろう）

413　これは内省のケースである。ウィリアム・ジェームズの内省と似ていなくはない。「『自己』は主として『頭のなかの特異な運動、または頭と喉のあいだの特異な運動』からなりたっている」という見解を、ジェームズは内省をとおしてうち出した。しかしジェームズが内省と呼んでいるものは、「自己」という単語（これが「人格」とか、「人間」とか、「彼自身」とか、「私自身」とかの意味であるかぎりでだが）が指示していることではないし、そういうものを分析したものでもない。それは、

「自己」という単語を自分で言って、その意味を分析しようとしている哲学者が、注意している状態なのだ。（そのことからたくさんのことを学ぶことができるかもしれないけれど）

414 君は、自分が生地を織っているにちがいない、と思っている。糸がないにしても——織り機の前にすわって、織っている動作をしているのだから。

415 私たちがここで提供しているものは、じつは人間の自然誌についてのコメントなのだ。とはいえ風変わりな貢献をしているわけではなく、誰もが疑ったことのないことを確認しているのである。ただ、それが気づかれなかったのは、いつも目の前にあるからにすぎない。

416 「みんな（目が不自由だったり、耳が不自由だったりしても）、口をそろえて、『見てる』とか、『聞いてる』とか、『感じてる』とか言うよね。そう言うことによって、『意識があるんだ』ってことを証明してるわけだ」。——しかし、不思議だ！　「意識があるんだ」と私が言うとき、いったい誰に伝えているのだろうか？　自分にそう言うことの目的はなんだろうか？　ほかの人は私をどんなふうに理解するのだろうか？——「見てる」とか、「聞いてる」とか、「意識があるよ」とかの文には、実際、それぞれの用法がある。医者にたいしてなら、「あっ、こちらの耳、聞こえるようになりました」と言うし、気絶していると思われている場合、「意識、戻りました」と言う、などなど。

417　とすると私は自分を観察して、「見てる」とか「意識がある」ということに気づくのだろうか？　しかし、いったいなんのために観察などということを問題にするのか！　どうして、「自分に意識があるということに、私は気づく」と言ってしまわないのか？——しかしこの場合、なんのために「私は気づく」と言うのか。——なぜ、「私には意識がある」と言わないのか？——しかし、「私は気づく」と言うことは、ここでは、「私は自分の意識に注意している」ということを伝えていないだろうか？——普通、そういうケースはないけれども。——しかしそういうことを伝えているとすると、「……ということに私は気づく」という文の意味は、「私には意識がある」ではなく、「私が注意しているのは、これこれのことだ」なのである。

しかし「意識、戻りました」と私に言わせるのは、なんらかの経験ではないだろうか？——それは、どんな経験？　どんな状況でそう言うのだろうか？

418　「私には意識がある」というのは、経験上の事実だろうか？——

しかし人間については「意識がある」と言い、木や石については「意識がない」と言うのではないか？——でないとしたら、どんなことになるだろう？——もしも人間みんなに意識がないと仮定したら？——そんなことはない。普通は「意識」をそんな意味では使わない。だが、たとえば私に、意識がないと仮定したら？——いま現実にもっている意識がないと仮定したら？

419　どんな状況で私は、「種族は族長をもっている」と言うのだろうか？　族長は意識をもっているにちがいない。意識をもっていない族長などありえない！

420　こんなことを想像できないだろうか。私のまわりの人間たちがロボットで、行動の仕方はこれまでと変化がないとしても、意識をもっていない、と。——たったひとり部屋のなかで——そういう想像にふけっていると、私には、その人間たちが(トランス状態にあるような)硬直した視線をしたまま仕事をしているのが見える。——こんなことを考えるのは、ちょっと不気味かもしれない。さて、こんどは、たとえば路上の、普通の往来でおなじことを想像してみよう。たとえば、「そこの子どもたちはロボットにすぎない。生きてるみたいだけど、みんなオートマチックなんだ」と思ってみよう。この言葉は君にたいして、まるでなにも言っていないことになるだろう。でなければ、不気味な感覚のようなものをもたらすだろう。

　生きている人間をロボットとみなすことは、なにかの図形を、境界例または別の図形のヴァリエーションとみなすことに似ている。たとえば窓枠の十字を鉤十字とみなすようなものだ。

421　ひとつの報告でからだの状態と意識の状態をごったまぜにすると、パラドクスのように思える。たとえば、「彼はたいへん苦しんでいて、のたうち回っている」。これはごく普通の報告だ。なぜこれがパラドクスに思えるのか。「この文では、手でつかまえられるものと手でつかまえられないものをあつかってますね」と指摘しようとするからだ。——しかし君は、私が「この3本の支柱が建物に強度をあたえている」と言うとき、パラドクスを感じるだろうか？　3と強度を手でつかむことはできる？——文を道具とみなし、文の意味を道具の用途とみなすのだ。

422　人間には魂があると私が信じるとき、私はなにを信じているのだろう？　この物質には2つの炭素原子環が含まれていると私が信じるとき、私はなにを信じているのだろう？　このふたつのケースでは、画像が前面にあるが、意味は遠くの背景にある。つまり画像がどんなふうに使われているか、簡単には見渡せない。

423　たしかに、君のなかではそれらすべてのことが起きている。——ところで私には、私たちが使っている表現だけを理解させてほしい。——画像がここにある。これが特別なケースで妥当することに私は反論しない。——ただ私には、この画像がどんなふうに使われるのか、理解させてほしい。

424　画像がここにある。その画像の正しさに私は反論しない。だが、その画像はなににに使われるのか？　盲目であることを画像で考えてみてほしい。それは、盲目の人の、心または頭のなかが暗闇であるという画像なのだが。

425　つまり私たちは無数のケースで、なにかの画像を見つけようと努力し、その画像が見つかると、その使い方もいわばひとりでに定まってくるのだが、その一方では、すでになにかの画像があって、それがひっきりなしに押し寄せてくるので、——私たちとしては、いつもはじまったばかりの困難から逃げることができないのだ。

私が、たとえばこう質問する。「このメカニズムがこの容器におさまる、ってことをどんなふうに想像したものかな？」——その答えには、たとえば縮小図が使われるかもしれない。そして、こんなふうに言われるだろう。「ほらね、こんな具合ですよ」。あるいはまた、「どうして驚いてるんです？いいですか、ここに書いてあるように、実際できるんですよ」。——2番目の発言は、明らかになにも説明していない。私が、私にあたえられた画像を使うように要求されているだけなのだ。

426 あるひとつの画像が呼びだされる。一義的に意味を定めているように思える画像だ。だが、その画像の実際の使い方は、その画像が描いてみせてくれる使い方と比較してみると、純粋でないように思える。ここで、集合論のときのようなことになっている。つまり、表現方法が神に合わせてつくられているらしい。神は私たちの知ることのできないことを知っている。無限数列の全体を見ており、人間の意識のなかをのぞきこんでいる。もちろん私たちにとってその表現形式は、いわば聖職者のガウンのようなものだ。身につけていても、ありがたい効力を発揮することができない。そのガウンに意味と目的をあたえるようなリアルな力が欠けているからだ。

表現を実際に使う場合、私たちは、いわば回り道をしたり、脇道を歩いたりしている。目の前には、まっすぐ伸びた大通りが見えているのに、永久に封鎖されているため、もちろん使うことができないのだ。

427 「彼に話しかけているあいだ、私は、彼のひたいの後ろでなにが起きているのか知らない」。こう言うとき私たちは、脳プロセスではなく、思考プロセスのことを考えている。その画像を真剣に受けとめるべきである。私たちは実際、そのひたいの後ろをのぞきたいのだ。とはいえその意味は、ふだん、「彼がなにを考えているのか、知りたい」と言葉で言うときに意味しているものにすぎない。こう言っておこう。私たちは生き生きした画像をもっている。——そしてその画像を使っているのだが、その使い方は、その画像と矛盾しているように見え、心的なものが表現されている。

428 「思考、この奇妙なもの」——とはいえ、私たちが考えているとき、思考は、奇妙なものとは思えない。考えているあいだは、不思議なものとは思えない。ただ、いわば回顧して、「どんなふうにして考えることができたのかな?」と言うときにだけ、不思議なものに思えるのだ。どんなふうにして思考は、その対象そのものをあつかうことができたのだろう? 思考によって実在をつかまえたかのように私たちには思われるのである。

429 思考と現実の、一致またはハーモニーは、どんな場合にあるのか。まず、私がまちがって「なにかが赤い」と言ったけれど、どう転んでもそれが赤くない場合。それから、私が誰かに、「それは赤くない」という文のなかで「赤」という単語を説明しようとして、赤いものを指さす場合。

430 「物差しをこれにあててごらん。でもね、物差しはこれの長さを言わないよ。むしろ物差しって

——言ってよければ——死んでるんだ。思考がやるようなことは、なにひとつやれないのさ」。——これは、「生きた人間の本質は外形だ」と思いこんで、私たちが木のブロックでその形をつくりあげ、生きている人間とは似ても似つかぬ木偶《でく》を恥ずかしそうにながめるようなものだ。

431 「命令と実行のあいだには溝がある。その溝は、理解することによって埋められなければならない」

「理解することによってはじめて、私たちは**それ**をしなくてはならない、という意味だとわかる。命令——それは、音声や、インクの線にすぎないのだから——」

432 どんな記号もそれだけでは死んでいる。なにが記号に命をあたえるのか？——使われることによって記号が生きる。そのとき記号は自力で呼吸するのだろうか？——それとも使われることによって呼吸するようになるのだろうか？

433 なにかの命令をするとき、命令が望む最後のことは表現されないままであるかのように思えることがある。あいかわらず命令と服従のあいだに溝が残っているからだ。たとえば私が誰かに、ある動作——たとえば腕をあげること——をしてもらいたいと思う。それをはっきり伝えるために、私はその動作をしてみせる。そのイメージは二義的でないように思えるが、そうは思えなくなる場合がある。「どうやってその人は『その動作をしてもらいたい』とわかるの？」と質問されたときだ。——どんな記号であれ、あたえられた記号をどうやって使うべきか、いったいその人はどうやってわかるのだろうか？——そこで私は、ほかの記号を使うことによって命令を完全なものにしようとする。たとえば、私のほうからほかの人を指さしたり、はげましのジェスチャーをしたりするわけだ。そうなると、命令がどもりはじめたかのように思えてくる。

あたかも記号が不確実な手段で、私たちの心のなかに理解を呼び出そうとしているかのようだ。——しかし、私たちがそれを理解したとすると、どんな記号において理解しているのだろうか？

434 ジェスチャーはお手本をしめそうとしている——と私たちは言いたいのかもしれない——が、そんなことはできないのだ。

435 「文は、表現するということを、どんなふうにやってるの？」と質問されたなら、——こんな答えになるかもしれない。「わからないのかい？ 自分が文を使ってるときなら、それが見えるだろ」。たしかになにも隠されていないのだから。

どんなふうに文は表現するということをやっているのだろうか？——わからないのかい？ たしかになにも隠されていないのだから。

しかし、「文が表現するということをどんなふうにやっているのか、わかってるだろ。たしかになにも隠されていないのだから」と答えられたら、こんなふうに返したくなるかもしれない。「ああ、でもね、なにもかもあんまり速く流れ過ぎるものだから、スローモーションのように拡大して細かく見たいんだ」

436　こういう場合は、哲学するというあの袋小路に迷いこみやすい。迷いこんだら、私たちは、こう思ってしまう。課題が困難なのは、つかまえにくい現象や、するりと逃げてしまう現在の経験やらを記述するべきだからなのだ、と。哲学の袋小路では日常言語があまりにもがさつに見える。そして自分たちが問題にすべきなのは、日常において語られる現象ではなく、「消え去りやすい現象」であるかのように思えるのだ。その現象は、「現れては消えることによって、日常の現象を近似値として生みだしている」というわけである。

（アウグスティヌスがこう言っている。「それらはもっとも明白で、もっとも身近でありながら、他方では、あまりにも隠されているので、それらの発見が新しいものになるのだ」）

437　願いは、自分を満たしてくれるだろうものを、自分を満たしてくれるかもしれないものを、すでに知っているみたいだ。文や思考も、自分を正しいとしてくれるもの――たとえそんなものなどないとしても――を、すでに知っているみたいだ。まだ存在しないものをそんなふうに決めつけているのは、なぜ？　まだ存在しないものを専制君主のように要求するのは、なぜ？（「論理的強制の強固さ」）

438　「計画は、計画だから、満たされていない」（それは願いや、期待や、予想などに似ている）

つまりこういうことだ。期待が満たされていないのは、期待というのが、なにかを期待するということだからである。信じることや、思うことも、満たされていないことである。現実のものこそが、思うというプロセスの外側にあるものこそが、それらを実際に満たすものだと思われているからだ。

439　願いや、期待や、信じることなどを、どういう意味で「満たされていない」と言うことができるだろうか？　満たされていないことは、私たちの原イメージでは、どういうものなのか？　空洞だろうか？　空洞のようなものは、「満たされていない」と言われるのだろうか？　とするとそれもまたメタファーということにならないだろうか？——満たされていないことと呼ばれるものは、感覚ではないのか？——たとえば空腹と呼ばれるものは？

　ある表現システムにおいては、「満たされている」と「満たされていない」という単語を使うことによってモノ（対象）を記述することができる。たとえば、空洞のシリンダーを「満たされていない」シリンダーと呼ぶことにし、それを充塡するシリンダーを「空洞のシリンダーを満たすこと」と呼ぶことにして。

440　「リンゴが食べたい」と言うことは、「満たされていないという私の感覚は、リンゴによって静められると思う」という意味ではない。2番目の文は、願いをあらわしているのではなく、満たされていないことをあらわしている。

441　生まれつき、そして訓練や教育によって私たちは、場面により願いを口にする癖がついている。（そういう「場面」はもちろん願いではない）。私は、自分の願いが満たされる前に、自分がなにを願っているのか、わかっているのだろうか。このゲームではそんなことはまったく問題にならない。なにかのできごとによって私が願いを口にしなくなったからといって、そのできごとが私の願いを実現したわけではない。願いが満たされたとしても、私自身は満たされていないかもしれない。

他方、「願う」という単語は、こんなふうにも使われる。「自分がなにを願っているのか、私もわからないんです」。（「というのも願いは、願っていることがらを私たち自身から隠してしまうわけだから」）

「手にいれる前に、自分がなにをほしがっているのか、わかってるのかな？」と質問されたら、どうだろうか？　話すことができるようになっていれば、私には、わかっている。

442　誰かが銃をかまえているのを見て、私は、「バンと音が鳴るぞ」と言う。そして銃が撃たれた。——さて、君の期待どおりだった？　つまり、バンという銃声を期待してたわけ？　それとも君の期待は、別の点で銃声と一致したのだろうか？　銃声は期待されていたわけではなく、期待どおりになったときに、偶然つけ加わったのか？——いや、そうではない。銃声がしていなかったら、期待がはずれたことになっただろう。銃声が期待を満たしたのだ。銃声は付録ではなかった。私は最初の客を待っていたのだが、そこに別の客が来たわけではない。——期待されていなかったことは、偶然のできごと、運命の添え物だったのか？——では、なにが添え物でなかったのか？　銃撃にかんする一部をすでに私は期待していたのか？——ではなにが添え物だったのか？——私は銃撃にかんする全部を期待していたのではなかったのか？

「銃声は、思ったほど大きくはなかったよ」——「君が期待してたのはもっと大きな銃声だったわけ？」

443 「君が想像している赤は、目の前で見ている赤とはたしかにちがう(ものだ)よね。だったら、どうして『それが君の想像してたものだ』って言えるわけ？」——しかしこれは、「ここに赤い染みがある」と「ここには赤い染みはない」という文の場合に似ていないだろうか。ふたつの文には「赤い」という単語が登場するが、だからといって赤いものが目の前に存在していることを伝えているわけではない。

444 「彼が来るのを私は待っている」という文で、「彼が来る」という言葉は、「彼が来る」と断言した文とは別の意味で使われている、と感じられるかもしれない。だが、もしもそうだとしたら、私の期待が実現したということを、私はどのように言えるのだろうか？ もしも「彼が」という言葉と「来る」という言葉を、たとえば指さすことによって説明しようとするなら、ふたつの言葉の説明はおなじように両方の文にあてはまるだろう。

だが、「彼が来るときは、どんなふうに？」とたずねられるかもしれない。——「ドアが開き、誰かが入ってくる」などが答えだろう。——「彼が来るのを私が待っているときは、どんなふうに？」

――「部屋のなかをウロウロし、ときどき時計を見る」などが答えだろう。――前者と後者は似ても似つかぬプロセスだ。その両者を描写するのに、どうしておなじ言葉を使うことができるのだろうか？――そこで私としては、もしかしたらウロウロしながら、「彼がやって来るのを私は待っている」と言うかもしれない。――ここにはちょっと似たところがある。だがそれはどんな点で？

445 言葉では、「期待する」と「満たす」はよく似ている。

446 つぎのように言うのは変かもしれない。「プロセスは、それが起きたときと起きないときとでは、ちがって見える」。または、「赤い染みは、それがあるときとないときとでは、ちがって見える。――しかし言葉ではそのちがいは度外視される。赤い染みがあるかないかに関係なく、赤い染みについて語っているからだ」。

447 ある文［命題］を否定するためには、まずその文［命題］をある意味では承認せざるをえない［真とせざるをえない］かのような感覚が、否定文［否定命題］にはある。
（否定文［否定命題］が主張されるとき、否定された文［命題］を含んでいるけれど、その文［命題］の主張は含んでいない）

448 「ぼくが『きのうの晩、夢を見なかった』と言うとき、ぼくは、どこに夢を探し求めるべきか、わかっていなければならない。つまり、『ぼくは夢を見た』という文は、実際の状況にあてはめてみると、まちがっていてもいいけれど、ナンセンスであっちゃダメなんだ」。――ということは、つまり君は、いわば夢の手がかりのようなものを感じたわけ？　夢が生まれたかもしれない場所を気づかせてくれるような、なにかを？

　それとも、私が「腕にはなんの痛みもない」と言うとき、私は、痛みの感覚の影をもっているわけだろうか？　痛みが生じたかもしれない場所を、いわば暗示してくれるような影を？

痛みのない現在の状態には、どういう意味で痛みの可能性が含まれているのだろうか？

　誰かがこう言ったとしよう。「『痛み』という言葉が意味をもつためには、痛みが生じたとき、それを痛みだとわかることが必要だ」。――それにはこう答えることができる。「それより必要なのは、痛みのないことがわかることだ」

449「でもね、痛みがあるときは、それがどんなものなのか、知ってなきゃならないんじゃない？」――こういう発言は、文を使うとき、「それぞれの単語でなにかを想像しているのだ」という考えから脱却できていない証拠だ。

　単語で計算し、操作し、単語をしだいになんらかの画像に移すという考えを、私たちは疑おうとはしない。――ちょうどそれは、誰かが私に雌牛を引き渡すことになったとき、雌牛の取扱説明書が無意味にならないために、その取扱説明書にはいつも雌牛のイメージを添えておかなければならない、と思っているようなものだ。

450 誰かがどんなふうに見えるかがわかっている。それを想像することができる。——それだけでなく、その真似をすることができる。その真似をするためには、それを想像する必要があるのだろうか？　その真似をすることは、それを想像することとおなじくらい大変なことではないだろうか？

451 こういう場合はどうだろうか？　私が誰かに「ここに赤い円を想像してみて」と命令する。——そしてこう言うのだ。「命令を理解するということは、命令が実行されたら、どんなふうになるのか知っている——いや、それどころか、どんなふうになるのか想像できることだ……」

452 私はこう言いたい。「期待は心的プロセスだが、それを見ることができれば、なにが期待されているのか、見えるにちがいない」。——しかし、つぎのようにも言える。期待の表現を見れば、なにが期待されているのか、見える。ではどのようにして、それを別のやり方で、別の意味で見ることができるのだろうか？

453 私が期待していることを誰かが知覚するなら、なにが期待されているのか、直接に知覚されるにちがいないだろう。つまり、知覚されたプロセスから推論するな、ということだ。——しかし、「誰かが期待を知覚する」と言うのはナンセンスだ。もっとも、「誰かが期待の表現を知覚する」という意味なら、わかるが。期待している人について、「その人は期待している」と言うかわりに、「その人は期待を知覚している」と言うのは、表現を馬鹿ばかしくねじ曲げたものである。

454 「すべてはもう……のなかにある」。どのようにして矢印 ↓ は、なにかを指している、ということになるのか？　矢印は自分の外側になにかをもっているようには見えないだろうか？——「いや、矢印は死んだ線じゃない。意味という心的なものだけが、指すことができるんだよ」。——こういう意見は、正しくもあり、まちがってもいる。矢印がなにかを指すのは、生き物によって使われるときだけだ。

それは、魂にしかできないチチンプイプイではない。

455 私たちはこう言おう。「私たちがなにかを意味するとき、そこにあるのは（どんな種類であれ）死んだイメージではない。なにかを意味するとは、誰かにむかって歩いていくようなものだ」。意味されたものにむかって私たちは歩いていく。

456 「なにかを意味するとき、自分でなにかを意味している」。というわけで、自分で自分を動かしている。自分で突進しているわけだから、その突進を観察することもできない。もちろん、できない。

457 そうだ。なにかを意味するということは、誰かにむかって歩いていくようなものだ。

458 「命令は、自分が遵守されることを命令する」。とすると命令は、遵守される前に、自分が遵守されることを知っているのだろうか？——だがこれは文法の文だった。つまり、命令が「これこれのことをしろ！」という内容なら、「これこれのことをする」ことが命令の遵守ということになる。

459 「命令はこう命令している——」と言って、そうする。しかしまた、「命令はこう命令している。ぼくは……しなくちゃ」とも言う。私たちは命令を、あるときは文章にし、あるときはデモンストレーションでやってみせ、またあるときは実行する。

460 ある行動が命令を正しく実行したものだと証明することは、つぎのように言うことだろうか？「『黄色の花をもってきてくれ』って言ったよね。で、この花がぼくを満足させてくれたので、こうしてもってきたんだ」。それにたいして、こう返す必要はないだろうか？「私の言葉にもとづいて君を満足させるような花をもってきて、って言った覚えはないぞ」

461 どのような意味で命令は実行を予見しているのだろうか？——後で実行されることを、いま命令することによって？——しかしそれは、「後で実行されることか、あるいは後で実行されないこと」にちがいないだろう。とすると、なにも言ってないことになる。

「しかし私の願いが、どういう現実になるかを確定していないにしても、いわばその現実のテーマのほうは確定しているわけだ。その現実が願いにそったものか、そっていないか、は確定しているわけだ」。誰かが未来を知っていることに、私たちは——いわば——驚いたりはしないけれども、誰かが未来を(正しく、またはまちがって)予言できるということには、驚いてしまう。

なにしろ、正しいかどうかは別として、たんなる予言が未来の影を先取りしているかのようなのだから。実際は、未来についてなにも知らないし、なにひとつ知ることもできないのに。

462 彼がここにいないとき、私は彼を探すことができる。しかし彼がここにいないとき、私は彼の首をつるすことができない。

こんなふうに言おうとするかもしれない。「彼はどこかにいるにちがいない。私が彼を探すときには」。——だとすると、私が彼を見つけられないときにも、彼はどこかにいるにちがいない。彼がまったく存在してないときにも。

463 「あいつを探してたの？ ここにいるなんてことも知らなかったくせに！」——しかしこういう問題は、実際に数学で探すときに生じる。たとえば、「角の三等分の仕方を探すなんてことが、どうしてできたの？」と、質問をすることができるのだ。

464 私が教えようとしているのは、明白でないナンセンスから明白なナンセンスに移ること。

465 「期待というのは、なにが起きようと、それが期待と一致するかしないかのどちらかである、というふうになっている」

では、「だとすると、事実は期待がイエスかノーで確定するものなのか、そうでないのか？——つまり、どんな意味で期待は——どんなことが起きようと——できごとによって応えられるのかが、確定しているのだろうか？」と質問されたら、つぎのように答えるしかない。「そうだ。ただし、期待の表現が確定していない場合、たとえば、さまざまな可能性の選言が表現に含まれている場合は、別だけれど」

466 なんのために人間は考えるのか？ 考えることはなんの役に立つのか？——なんのために人間はボイラーの設計のときは計算をして、壁の強度を偶然にまかせないのか。計算をして設計されたボイラーがあんまり爆発しないのは、たんなる経験上の事実ではないか！ しかし、かつて火傷したことのある火に手をつっこむくらいなら、なんだってするだろう。同様に、ボイラーの設計で計算しないくらいなら、なんだってするだろう。——ところで私たちは原因には興味がないので——こう言うだろう。「人びとは実際に即して考える。ボイラーを作るときは、たとえばこんなふうにやるのである」。——ところで、そんなふうに作られたボイラーが爆発することはないのだろうか？ いや、ある。

467 とすると人間が考えるのは、考えることが有効だとわかったから？——考えたほうが有利だと考えるから？

（子どもを教育するのは、教育が有効だとわかったから？）

468 なぜ人間は考えるのかを、どのように探りだすべきだろうか？

469 しかしこういうふうに言うことができる。「考えることが有効だとわかった。現在では以前よりボイラーの爆発が少なくなっている。それは、たとえば、壁の強度を感覚で決めるのではなく、これこれのやり方で計算するようになってからのことだ。また、ひとりのエンジニアの計算を別のエンジニアがかならずチェックするようになってからのことだ」

470 というわけで、ときどき考えるのは、それが有効であるとわかったからだ。

471 「なぜ」という問いを抑えてはじめて、重要な事実に気づくことがしばしばある。そのおかげで、私たちの探究では答えに導かれることになる。

472 ものごとがおなじように起きるのではないか、と信じるのはどういうことなのか。それが一番はっきりするのは、私たちが予測することに恐怖を感じる場合かもしれない。私はどんなことがあっても、炎のなかに手をつっこもうとは思わない。——過去に火傷をしただけのことなのに。

473 火にさわると火傷するだろうと信じることは、火にさわると火傷するだろうという恐怖とおなじ種類のものだ。

474 火に手をつっこめば火傷するだろう。これは確実なことだ。

つまり、ここで私たちは「確実なこと」の意味がわかる。(「確実なこと」という言葉がなにを指しているかだけでなく、確実なこととはどういうことなのか、もわかる)

475 なにかの仮定について根拠をたずねられたら、その根拠についてよく考える。その場合、なにかのできごとについてなにが原因だったのだろうか、とじっくり考えるときとおなじことが起きているのだろうか?

476 恐怖の対象と恐怖の原因とは区別しなければならない。

だから、恐怖とか恍惚をいだかせる顔(恐怖とか恍惚の対象)は、恐怖とか恍惚の原因ではなく、——言ってよければ——恐怖とか恍惚のターゲットなのだ。

477 「熱いクッキングプレートに触れると火傷するだろう、ってどうして思うの?」——君は、そういうふうに思う根拠があるの?　根拠って必要なの?

478 指でテーブルをさわると抵抗を感じるだろう、と私が仮定するためには、どんな根拠があるのだろうか？ この鉛筆が私の手に刺さったら痛くないわけないだろう、と私が思うには、どんな根拠があるのだろうか？――こういう質問をすると、山のように根拠があげられ、おたがいに相手の発言を封じようとする。「いやあ、それは何度となく経験したことだからさ」とか、「似たようなこと、よく聞いてるからね」とか、「そうじゃないとしたら、……」などなど。

479 「どんな根拠でそう思うわけ？」という質問は、「どんな根拠からそれを導くわけ（それを導いたわけ）？」という意味かもしれない。しかしまた、「そう仮定するために、どんな根拠を後から並べてくれるわけ？」という意味かもしれない。

480 というわけで、ある意見の「根拠」とは実際、その意見をもつようになる前に自分に言って聞かせていたことでしかない、と理解されるかもしれない。たとえば、実際にやってみた計算。「しかしどのようにして以前の経験が、『後でこれこれのことが現実になるだろう』という仮定の根拠になることができるのだろうか？」と質問されたとしたら、――こういう答えになる。「そういう仮定の根拠について、どんな一般概念があるのだろうか？」。過去についてそんなふうに言うことこそ、「それが未来に起こるだろう」と仮定することの、まさに根拠なのだ。――私たちがこんなゲームをしていることに首をかしげる人がいるなら、私としては、過去の経験の効果（火傷をした子どもは火を怖がること）であると言っておこう。

481　「過去のことを言われたって、『そういうことが未来に起きるだろう』とは納得できないね」と言う人がかりにいるとしても、――私はその人の言うことを理解しないだろう。その人にはこうたずねることができるかもしれない。「じゃ、どういうことを言われれば、気がすむの？　どんなことを言えば、そう信じるための根拠になるわけ？　『納得する』って、どういうことなの？　どういうふうに納得させられたいわけ？」――過去のことが根拠にならないなら、なにが根拠になるのだろうか？――「『根拠にならない』と言うのなら、根拠がどういうものでなくちゃならないのか、ちゃんと言ってもらわなければ困るね。でないと私たちとしては、胸を張って『そう仮定する根拠がある』とは言えないから」

　しっかり覚えておいてもらいたい。こういう場合、根拠というのは、信じていることを論理的に導きだす文ではないのだ。

　とはいえ、「信じるためには、知るためより、少ないもので足りる」と言えるわけではない。――この場合のポイントは、論理的に推論することに近づくことではないのだから。

482

　私たちが勘違いするのは、こんなふうに言うからだ。「これはいい根拠だ。それが現実に起きるということを信じさせてくれるから」。そんなふうに言うと、根拠について、その根拠が正当な根拠であるとするような発言を追加したような気分になる。ところが、「この根拠はそれが現実に起きることを信じさせてくれる」という文は、なにも語っていないのだ。ただし、「この根拠は、よい根拠の基準には適合している」とは言っているけれど。――だが基準そのものに根拠はないのだ！

483 よい根拠というのは、よい根拠のように見える根拠のことだ。

484 こういうふうに言いたくなるかもしれない。「よい根拠がよい根拠であるのは、ただ、なにかが現実に起きることを実際に信じさせてくれるからだ」。できごとにたいする影響力を、いわば実際にもっているからだ。つまり、さながら経験できるような影響力をもっているからだ。

485 経験による正当化には終わりがある。終わりがなければ、正当化ではない。

486 そこに椅子があるということは、私の感じる感覚印象から出てくるのだろうか？——文はどのようにして感覚印象から出てくるのだろう？ 感覚印象を記述している文から出てくるのだろうか？ いや、ちがう。——しかし、そこに椅子があることを私が推論するのは、印象、つまり感覚与件からではないのか？——いや、私は推論なんかしない。——だが、ときどきすることもある。たとえば写真を見て、「ああ、そこに椅子があったはずだ」とか、「この感じでは、椅子がそこにあると思うね」とか。これは推論だが、論理的な推論ではない。推論するとは、主張するようになることだ。つまり、主張にふさわしい行動をとるようになることだ。「私が結論をひきだすのは、言葉においてだけではなく、行動においてもである」

こういう結論をひきだす資格が私にあったのだろうか？ この場合、資格とはどういうことなのだろう?——どんなふうに「資格」という言葉が使われているのか? いろんな言語ゲームを書きだしてみるといい! すると、資格(正当化)が重要だということがわかるだろう。

487 「私は部屋を出る。君が命令するから」

「私は部屋を出る。だが、君が命令するからではない」

2番目の文は、私の行動と「君の」命令との関連を記述しているのだろうか? それとも、私の行動と「君の」命令を関連させているのだろうか?

「それゆえにするのか、それとも、それゆえでないからするのか、君はどうやってわかるの?」と、たずねることができる。しかしその答えは、「そう感じるからだ」などというものでは?

488 それがそうだということを、私はどのように判断するのか? 状況証拠によって?

489 考えてほしい。どんな機会に、どんな目的で、私たちはそう言うのか。

言葉にはどんな行動がともなうのか。(挨拶するときを考えて!)。どんな場面で言葉が使われるのか? そして、なんのために?

490 こういうふうに考えることによって私がこういうふうに行動するようになったことを、私はどのように知るのだろうか?——そうだな、なにかあるイメージのせいだ。たとえば、研究で実験をしていて、計算により、さらに別の実験をするようになる。そんなふうに思える。——で、私としては、ひとつ例を記述することができるかもしれない。

491 「言葉がなかったら意思疎通ができないかもしれない」のではない。——たしかに、言葉がなかったらほかの人たちにこれこれの影響をあたえることができない。道路や機械をつくったりすることもできない。それだけではない。話し言葉や書き言葉がなかったら、人びとは意思の疎通ができないかもしれない。

492 なにかの言語を発明するということは、自然法則にもとづいて(または自然法則に合わせて)なんらかの目的のためになにかの装置をつくることかもしれない。それには別の意味もある。その意味は、なにかのゲームの発明を話題にするときの意味に似ている。

私はここで、「発明する」という単語の文法と結びつけることによって、「言葉」という単語の文法のことを言っているのだ。

493 「オンドリはニワトリを、コケコッコーと鳴くことによって呼び寄せる」と言われる。——けれどもそういうふうに言うこと自体、私たちの言語からの類推ではないだろうか？——もしも、「なにか物理的な作用によってコケコッコーがニワトリを動かす」と想像するなら、アスペクトががらりと変わるのではないだろうか？

しかし、もしもかりに、「こっちへおいで」という言葉が相手にどんなふうに作用するのかが明らかにされ、その結果、ある条件下では相手の足の筋肉が刺激されるということなどが明らかになったとすると、——「こっちへおいで」という文は、文の性格を失ってしまうのだろうか？

494 私はつぎのように言おう。私たちの日常言語、つまり単語からなる言語、の道具は、なによりもまず、私たちが「言葉」と呼んでいるものである。そしてつぎに、「言葉」とのアナロジーや比較可能性によるものである。

495 明らかに私の経験で確認できることだが、人間（または動物）はなにかある記号にたいして、私の望むように反応し、別の記号にたいしては反応しない。たとえば、ある人は記号「→」を見ると、右に歩いていき、記号「←」を見ると、左に歩いていくが、記号「○—┤」を見ても、記号「←」のときのような反応をしない。などだ。

たしかに私は具体例をでっちあげる必要などなく、実例を観察しさえすればいい。たとえば私は、ドイツ語しか習得していない人をドイツ語だけで操縦することができるのである。（ドイツ語を習得することは、なんらかの影響にたいしてメカニズムが反応するようにセットすることだ、と私は思っている。だから、相手がドイツ語を習得した人なのか、生まれつき習得している人なのかは、どちらでもいい。生まれつき習得している人なら、ドイツ語の文にたいして、ドイツ語を習得した普通の人とおなじ反応をするからだ）

496 言語がその目的をはたし、人間にこれこれの影響をあたえるためには、言語がどのようにつくられている必要があるか、ということについて文法は語らない。文法は、記号の使い方を記述しているだけで、説明はいっさいしない。

497 文法のルールは「恣意的である」と言ってもいいだろう。もしもそれが「文法の目的は言語の目的でしかない」という意味であるなら。

誰かが、「私たちの言語にこの文法がなかったなら、この事実を表現することができないかもしれない」と言うなら、——この場合、「できないかもしれない」がどういう意味なのか、考えてみることだ。

498 「砂糖もってきて！(Bring mir Zucker!)」や「ミルクもってきて！(Bring mir Milch!)」という命令には意味があるけれど、「砂糖みるくて(Milch mir Zucker)」という単語の組合せには意味がない。だからといって、「砂糖みるくて」と言うことになんの効果もない、ということにはならない。そう言われた相手が私をじっと見て、口をポカンとあけているとしよう。だからといって、その単語の組合せが、「私をじっと見て」などの命令だとは言えない。たとえ私が、まさにそういう効果をねらっていたとしても。

499 「その単語の組合せには意味がない」と言うことによって、その単語の組合せは言語の領域から排除され、そうすることによって言語の領域の境界が定められる。ところで境界線が引かれるときには、さまざまな根拠があるだろう。たとえば私が、ある場所の境界線を垣根とかラインとかで示したとしよう。その目的は、誰かを外に出さないとか、誰かを中に入れないとかかもしれない。あるいは境界線はゲームの一部であって、プレーヤーが境界線を飛び越すことになっているかもしれない。また境界線は、ある人の所有が終わり、別の人の所有がはじまっていることを示しているのかもしれない。などなどである。というわけだから、私が境界線を引いたとしても、なぜ私が境界線を引くのか、まだ語られてはいない。

500 「ある文が無意味だ」と言われたとしても、いわば、その文の意味が無意味だということではない。その単語の組合せが言語から排除され、流通からはずされるということなのだ。

501 「言語の目的は、思想を表現することである」。——とすると、どんな文の目的も、思想を表現することになるだろう。しかし、たとえば「雨が降っている」という文は、どんな思想を表現しているのだろうか？——

502 意味についての質問。つぎのふたつを比較してもらいたい。
「この文には意味がある」——「どんな意味が？」

「この単語の列は文だ」――「どんな文？」

503 誰かに命令するときは、その人に記号をあたえるだけで十分である。「これは言葉にすぎないので、ぜひとも言葉の背後まで迫らなきゃ」などと私は言わないだろう。同様に、私が誰かに質問したとしよう。答え（つまり記号）が返されたら、私は満足である。――それこそ私の期待していたことだったから。――だから、「そんなの答えにすぎないじゃないか」などと言い返したりしない。

504 しかし、「その人が言ってることを私はどうやって知ればいいの？　私にはその人の記号しか見えないのに」と言われたら、私はこう言う。「その人は、自分の言っていることを、どうやって知ってるわけ？　その人にも記号しかないのに」

505 命令にそって行動する前に、私は命令を理解する必要があるだろうか？――もちろん！　でないと、君はなにをするべきか、知ることができないだろう。――しかし「知ること」から「すること」へのあいだにも、やっぱり飛躍がある！――

506 ぼんやりした男がいる。「右むけ右」と命令されて、左にむいてから、頭をかかえ、「あっ、そうだ、――右むけ右だったな」と言って、右にむく。――この男の頭には、なにが浮かんだのか？　解釈？

507 「ぼくはさ、それを言うだけじゃなく、それでもってなにかを意味してもいるんだぜ」——さて、私たちが言葉で（言うだけではなく）意味するとき、どういうことが私たちのなかで起きているのか、よく考えてみると、なにかがその言葉とカップルになっているように思える。カップルになっていないと言葉は空回りするのだが。——なにかと言葉が、あたかも私たちのなかで嚙み合っているかのようなのだ。

508 「Das Wetter ist schön（天気がいい）」という文を言ってみる。だがこれらの単語は恣意的な記号である。——だからそのかわりに「a b c d」と置いてみる。だがこれを読んでも、はじめの意味を即座に結びつけることはできない。——言ってみれば、「das」のかわりに「a」、「Wetter」のかわりに「b」といった具合に言うことに慣れていないのだ。ただしそれは、「a」ですぐに「das」という単語を連想することに慣れていないということではなく、「a」を「das」のかわりに——つまり「das」の意味で——使うことに慣れてないのだ。（私はこの言語をマスターしていない）

（私は、気温を華氏ではかることに慣れていない。だから、華氏で気温を言われても、なにも「言われて」いないことになる）

509 誰かにこうたずねるとしよう。「どういう点でこの言葉は、君が見てるものを記述してることになるのかな？」——その人が（たとえば景色を見て）こう答えるとしよう。「ぼくは、この言葉でそれを意味してるんだよ」。さて、この「……それを意味してるんだよ」という答えが、ぜんぜん答えになってないのは、なぜ？

目の前に見ているものが、言葉によって意味されるのは、どのようにして？

こういう場合はどうだろう。私が「a b c d」と言い、それによって「天気がいい」を意味した。つまり、この記号を口にするとき私には、普通なら限られた人だけがもつような経験があった。来る日も来る日も「a」を「das」の意味で使い、「b」を「Wetter」の意味で使うといった具合の経験である。——この場合、「a b c d」は、「Das Wetter ist schön（天気がいい）」と言っているのだろうか？

「私にはこの経験があった」と判断する規準は、どんなものであるべきか？

510 「ここは寒い」と言って、「ここは暖かい」を意味する、ということをやってみて。できるかな？——ところで、君はそれを、どういうふうにやってる？　やり方は1種類だけ？

511 「ある発言に意味がない」ことを発見するとは、どういうことだろう？——「それによって私がなにかを意味しているなら、それには意味があるにちがいない」とは、どういうことだろう？——それによって私がなにかを意味する？——それによって私がなにを意味する？!——私たちはつぎのように言おうとする。意味のある文とは、言うことができるだけでなく、考えることもできる文のことだ。

512 「単語の言語では、単語をナンセンスに並べることは許容されるけれども、表象の言語では、ナンセンスな表象は許容されない」と、言うことができるかのように思える。——とすると、図面の言語でも、ナンセンスな図面は許容されないのだろうか？　物体の設計図があるとしよう。意味のある図面もあれば、意味のない図面もある。——では、私が単語をナンセンスに並べることを表象(想像)した場合は、どうだろう？

513 つぎの表現形式を考えてもらいたい。「私の本のページ数は、方程式 $x^3+2x-3=0$ の解とおなじだ」。あるいは、「私の友だちの数は n であり、$n^2+2n+2=0$ である」。こういう文には意味があるのだろうか？　すぐにはわからない。この例からわかるのは、なんの意味ももたないものが、どんなふうに理解可能な文のように見えるのか、ということだ。
(このことによって、「理解する」と「意味する」という概念に光があてられる)

514 哲学者が言う。「私は『私はここにいる』という文を理解し、その文でなにかを意味し、なにかを考える」——その文がどんなふうに、どういう機会に使われるのか、まったく考えていなくても、だ。とすると私が、「バラは闇のなかでも赤い」と言えば、君は闇のなかにちゃんとその赤いバラを見ているわけだ。

515 闇のなかのバラを描いた絵が2枚。1枚はまっ黒だ。バラが見えないのだから。もう1枚の絵では、バラがあらゆる細部まで描かれ、まわりは黒でかこまれている。2枚のうち1枚が正しくて、もう1枚がまちがっているのだろうか？　闇のなかの白いバラや、闇のなかの赤いバラについては、どうだろうか？　やっぱり私たちは、「白いバラも赤いバラも闇のなかでは区別がつかない」と言うのではないか？

516　「πの展開で7777という数の列はあらわれるか？」という質問がなにを意味しているか。それを私たちが理解していることは明らかなようだ。ドイツ語の文だし、「415がπの展開であらわれる」などがどういうことなのか、明らかにすることもできる。ところで、そういう説明が通用するかぎりにおいて、その質問は理解されているのだと言える。

517　こんな疑問が浮かんでくる。質問を理解していると私たちが勘違いしていることはないのだろうか？

　というのも数学の証明のなかには、想像できると思っていたものが、想像できないと明らかにするような証明があるのだ。（たとえば、正七角形の作図）。そういう証明によって私たちは、想像可能だと思われていた領域を見直すよう、迫られることになる。

518　ソクラテスがテアイテトスに言う。「あらわすのなら、なにかを思い描くべきではないか？」——テアイテトス「そうでなくてはなりません」。——ソクラテス「では、なにかを思い描くなら、現実のものを思い描くべきではないか？」――テアイテトス「そう思います」

　では、描くのなら、なにかを描くべきではないか？――そして、なにかを描くのなら、現実のものを描くべきではないか？――そうなのだ。では、描かれる対象はなにか？（たとえば）人物像？　それとも、その絵が描写している人間？

519　私たちはこういうふうに言おうとする。「命令とは、それに従って実行される行為の画像である」。あるいは、また「命令とは、それに従って実行されるべき行為の画像である」。

520　「文も、可能な事態の画像だと考えてだよ、『文によって事態の可能性があらわされる』と言うなら、文にできることはせいぜいのところ、絵や立体像や映画などであらわされるものにすぎない。だとするとさ、事実ではないことは、どう転んでも文では提示できない。とすると、なにが（論理的に）可能だと思われ、可能だと思われないのか――つまり、なにが文法によって許容されるのか――は、完全にぼくたちの文法に依存しているわけだ」――しかしそれは恣意的だな！――恣意的だろうか？――文みたいなのをつくっても、かならずしもそれでなにかができるわけじゃない。どんなテクニックでも私たちの生活で使えるわけじゃない。哲学ではしばしば、まるで役に立たないものまで文だと考えたがるけれども、それは私たちが、それを使うことをじっくり考えなかったからだ。

521　「論理的に可能」と「化学的に可能」とを比較してみよう。化学的に可能というのは、たとえば、正しい原子価をもった構造式（たとえばH–O–O–O–H）が存在する結合のようなものである。もちろんそういう結合が存在する必要はない。しかしHO_2という化学式に対応する結合は、現実にはありえない。

522 文を絵（画像）にたとえる場合、（歴史物の）肖像画なのか風俗画なのか、よく考える必要がある。どちらにたとえても意味はあるわけだが。

風俗画をじっと見ているとき、その絵は私になにかを「語って」いる。私の見ているのが本物の人間であるとか、こういう状況で実際に人間がいたのだとかなんて、私は一瞬たりとも信じていない（勘違いしていない）にもかかわらず。では私が、「この絵は私に、なにを語ってるんだろう」と質問したとすれば、どうだろう？

523 「絵は自分のことを私に語っている」——と私は言いたいのだが。つまり絵が私になにかを語っているのは、絵がもっている構造においてなのであり、絵の形や色においてなのである。（もしも「音楽の主題が自分のことを語っている」と誰かが言ったとしたら、それはどういう意味なのだろうか？）

524 絵やフィクションの物語は私たちを楽しませてくれ、私たちの心を虜にする。このことを当然だと思わず、不思議な事実だと思ってほしい。

（「このことを当然だと思わないでほしい」――つまり、君を動揺させるほかのことと同様に、このことに驚いてほしい、ということだ。すると、こちらの事実がもうひとつの事実とおなじように受けいれられることによって、問題が消えるだろう）

（明白なナンセンスから明白でないナンセンスに移ること）

525 「そう言ってから、彼は、前日とおなじように彼女のもとを去った」。――私はこの文を理解するだろうか？　報告のなかでこの文を聞くときに私が理解するように、理解するだろうか？　この文にコンテキストがない場合、「この文、どんな状況のことを言ってるのか、わからないね」と私は言うだろう。とはいえ、この文の使い方はわかっているので、自分でそれなりのコンテキストをつくることができるだろう。

（この文から、よく知られた小道が何本もあらゆる方向に通じている）

526 絵や図を理解するとは、どういうことだろう。この場合にも理解と無理解がある。そしてこの場合の理解と無理解という表現にも、さまざまな意味がある。絵が静物画だとしよう。その一部が私には理解できない。そこに物体を見ることができず、カンバス上の色染みにしか見えないのだ。――あるいはすべてが物体に見えるのだが、私の知らないモノたちである。（器具のように見えるけれども、私はそれらがなにに使われるのかわからない）。――もしかしたら私はモノであることは知っているかもしれないが、別の意味で――それらがどう配置されているのか理解していない。

527　文章を理解することと、音楽のテーマを理解することとは、実際に思われている以上に深い親戚関係にある。つまりこういうことだ。文章を理解することは、音楽のテーマを理解すると日常的に言われていることとは、実際に考えられている以上に近いところにある。なぜ強さとテンポがまさにこ、のラインで動くことになっているのか？　この質問にたいしては、「それがどういうことなのか、私にはわかってるから」と言われるかもしれない。しかし、それはどういうことなのか？　私には言うことができないかもしれない。「説明」のためにそれを、おなじリズム（つまり、おなじライン）をもった他のものにたとえることができるかもしれない。（「ほらね、結論が導きだされたみたいなものだよ」とか、「いわば挿入句みたいなものだな」などと言うわけだ。そういうたとえにはどんな根拠がもちだされるのだろうか？——それにはさまざまな種類の根拠がある）

528　言語とは似ても似つかぬ、というわけではないものの持ち主がいる、と想像することができるかもしれない。身ぶりならぬ、音声ぶりのことだ。ボキャブラリーや文法はないけれど。（「舌でしゃべる」）

529　「ところでその場合、音声の意味とはなんだろうか？」——音楽の場合、音声の意味とはなにか？　私としては、この音声ぶり言語を音楽と比較する必要があるなどとは、ぜんぜん思ってないのだが。

530 またこんな言語もあるかもしれない。その言語を使うとき、言葉の「魂」はなんの役もはたさない。たとえば、ある単語を任意の新造語に置き換えても、なんの問題も生じない言語である。

531 文の理解ということを、私たちはどういう意味で問題にしているのか。まず、ある文は、おなじことを言っている別の文に置き換えることができるという意味においてである。だが別の意味では、その文は別の文に置き換えることができない。（音楽のテーマが別のテーマに置き換えられないのと同様だ）

ある場合、文の思想は、いろんな文と共通するものである。別の場合、文の思想は、その文の言葉だけが、その位置において表現するものである。（詩の理解）

532 とするとここでは、「理解する」には、ふたつのちがう意味があるわけ？——いや、むしろこう言っておこう。そういう「理解する」の使い方たちによって、「理解する」の意味がつくられ、「理解する」にかんする私の概念がつくられるのだ、と。

なにしろ私は、「理解する」をこれらすべてにたいして使うつもりなのだから。

533 ところで2番目のケースでは、どのように表現は説明され、理解が伝えられるのだろうか？ こう考えてみたらどうだろう。どんなふうにして君は誰かに詩を理解させたり、音楽のテーマを理解させたりするのだろうか？　するとその答えが教えてくれる。意味というものがここではどんなふうにして説明されるのか、を。

534　ある単語をこの意味で聞く。そういうことがあるとは、なんと奇妙なことだろう！こういうフレーズで、こういうイントネーションで、こういうふうに聞かれて、この文は、これらの文、イメージ、行為への移行のはじまりである。
（この文から、よく知られた小道が何本もあらゆる方向に通じている）

535　教会旋法の終止を終止だと感じるように習っているとき、どういうことが起きているのだろうか？

536　「この顔（には臆病な印象があるけれど）、私には、勇敢な顔だとも考えられるね」と私が言う。それを聞いても私たちは、「私が、そういう顔をした人は他人《ひと》の命を救うことができる（ということはもちろんどんな顔についても想像できることだが）と想像している」とは思わない。むしろ私が問題にしているのは、顔そのもののアスペクトのことなのだ。私は、「『この人、自分の顔を（普通の意味で）変えて、勇敢な顔にすることができる』と私が想像できる」と言っているのではない。そうではなくて、「『顔が特定の方法でそういう顔に変わることがある』と私が想像できる」と言っているのだ。顔の表情を解釈しなおすことは、音楽で和音を解釈しなおすことにたとえることができる。ある和音をあるときはこの調への移行として、またあるときはあの調への移行として感じるように。

537 「私はこの顔に臆病さを読みとる」と言うことができるけれども、いずれにしても私には、たんにこの顔から臆病さが連想されたり、この顔に臆病さが外からくっつけられたりしているようには思えない。恐怖が顔の表情のなかに住みついているのだ。表情がちょっと変化すると、それにともなって恐怖が変化したと言うことができる。もしも、「この顔、勇敢さをあらわしてるとも思える？」とたずねられたとしても、――いわば、どうやって勇敢さをこの表情に収納したものか、わからないだろう。私としては、「この顔が勇敢な顔であるなら、それがどういうことなのか、私にはわからない」などと言う。こういう質問にたいする解答はどんなものなのだろうか？　たとえば私たちは、「ああ、わかったぞ。顔が外界にたいして、いわば動じることがない」と言う。つまり勇敢さを読みこんだわけだ。こんどは勇敢さが、いわば、ぴったり顔にはまっているのである。しかしこの場合、なにがなににはまっているのだろうか？

538 これと似ているケースがある。（もしかしたらそうは思えないかもしれないが）。フランス語では述語形容詞の性は主語の性に一致させるのだが、ドイツ語ではそういうことをしないので私たちが不思議に思い、フランス語では「der Mensch ist *ein guter*」［ドイツ語では「der Mensch ist *gut*（人間は善である）」が普通］と言っているわけだな、と説明して納得するようなケースである。

539　微笑んでいる顔を描いた絵がある。その微笑をあるときは友好的な微笑だと思い、あるときは悪意のある微笑だと思うとき、私はなにをしているのだろうか？　そういう想像をしばしば私がするのは、友好的な空間的・時間的コンテキストにおいてか、悪意のある空間的・時間的コンテキストにおいてかではないだろうか。というわけで私はこの絵で、男が微笑みながら見おろしているのは、遊んでいる子どもか、あるいは敵の苦悩だと想像するかもしれない。

私の想像は、なにも変更されない。はじめて見たとき好ましかった状況を、もっと大きなコンテキストで別なふうに解釈することがあるとしても。——私の解釈をひっくり返すような特別の事情がないなら、私はその微笑を友好的なものと思い、「友好的な微笑」と呼び、それにふさわしい反応をするだろう。

（〈ありそうなこと・確率、ひんぱんに起こること・頻度〉）

540　「『まもなく雨が降りやむだろう』とぼくが——言語の制度や言語の環境などなしに——考えられるはずはないなんて、奇妙じゃないか？」——つまり君は、そういう環境なしに、「まもなく雨が降りやむだろう」と言えるはずはないし、それを意味することができるはずはないなんて、不思議だと言いたいのかい？

つぎのようなケースを考えてみてほしい。誰かが空を指さしながら、理解できない一連の言葉を叫んでいる。「なにを言ってるの？」と私たちがたずねると、その人は、「『ありがたい。まもなく雨が降りやむだろう』と言ってるのさ」と答える。それだけではなく、個々の単語の意味の説明までしてくれる。——そこで私はこんな想定をする。その人が、いわば突然われに返り、「あの文章はまったくナンセンスだったけれど、あれを言っていたときは、自分には馴染みの言語の文章だと（それどころか、よく引用される有名な文章だとすら）思えたんだよ」と言っているのだ、と。——さて私は、どう言うべきだろうか？　その文章を言っているとき、その人はその文章を理解していなかったのだろうか？　その文章の意味のはらみ方が、十分ではなかったのか？

541　しかし、その理解と意味はどこにあったのだろう？　まだ雨は降っていたが、もう空が明るくなってきているときに、その人は空を指さしながら、なぜかうれしそうに一連の音声を発してから、後で、自分の言葉をドイツ語の言葉に結びつけたのだ。

542　「しかしその言葉は本人にとっては、まさに、自分のよく知っている言語の言葉のように感じられたわけだよね」。——そうだ。そう判断した規準は、後でそう言ったということだ。だからどうか言わないでもらいたい。「私たちに馴染みの言語の単語は、まさに特別なものに感じられる」などと。（その感じはどう表現されるのだろうか？）

543　「叫びや笑いには意味がいっぱい詰まっている」と、私は言えないだろうか？
つまり、「それらから多くのことを読みとることができる」といったような意味なのだが。

544　「ああ、彼が来てくれたらなあ」と私があこがれの気持ちで言うとき、その発言に感情が「意味」をあたえてくれる。ところで感情は個々の言葉にも意味をあたえるのだろうか。

ところでここでは、「感情は言葉に真実をあたえる」とも言えるかもしれない。このことから、ここではいろんな概念が入り乱れていることがわかる。（すると、「数学の文の意味とはなにか？」という問いが思い出される）

545　しかし「彼が来ることを私は希望する」と言うとき、——感情は「希望する」という言葉に意味をあたえないのだろうか？（では「彼が来ることを私はもう希望しない」という文の場合はどうだろうか？）。感情は「希望する」という言葉にもしかしたら特別の響きをあたえるのかもしれない。つまり感情は響きにおいて表現されるのだ。——感情が言葉にその意味をあたえるなら、「意味」というのはここでは、重要なポイントのことである。しかしなぜ感情が重要なポイントになるのだろうか？

希望とは感情だろうか？（目印）

546　というわけで、「ああ、彼が来てくれるといいのだが」という言葉には私の願いが積まれている、と私は言いたい。言葉は——叫び声のように——しぼり出されることがある。言葉を発することがむずかしいことがある。たとえばなにかを断念するときとか、弱みを認めるときだ。（言葉は行為でもある）

547　否定することは、「精神の活動」である。なにかを否定して、自分がどんなことをしているのか観察してみてほしい。——心のなかで首をふったりしている？　もしもそうなら、——そのプロセスのほうが、否定の記号を文に書きつけるより興味深いのではないだろうか？　さて、否定の本質がわかったかな？

548　なにかが起きることを願う。——なにかが起きないことを願う。このふたつのプロセスのあいだの差はなんだろう？

否定（後者）を絵で描こうとすると、そのなにかの絵にいろんな工夫をするだろう。絵に線を引いて消す、絵を線でかこむ、などだ。しかしそれは私たちには、どうも、雑な表現方法だと思われる。言葉の言語では、もちろん「nicht（でない）」という否定詞（記号）を使っている。これも不器用な間に合わせのようなものだ。思考においてはきっと別なことが起きていると、私たちは思っている。

549　「『nicht』という否定詞はどのようにして否定できるの?!」——「『nicht』という記号がほのめかしてるんだよ。後につづくものをネガティブにとらえるように、と」。私たちはつぎのように言いたい。否定の記号は、なにかを——ことによるととても複雑なことを——するように指示しているのだ。まるで否定の記号が私たちになにかをさせるかのようだ。しかし、なんのために？　それについては語られない。まるで、ほのめかすだけで十分であるかのようだ。私たちにはちゃんとわかっているかのようだ。説明なんていらないかのようだ。いずれにしても私たちはちゃんと知っているのだから。

550 否定というのは、いわば、排除するジェスチャー、拒絶するジェスチャーである。だがそういうジェスチャーを、私たちはじつにさまざまなケースで使っているのだ！

551 「『鉄は摂氏１００度では溶けない』と『2かける2は5ではない』とは、おなじ否定なの？」。これは内観によって決めるべきなのだろうか？　つまり、私たちがふたつの文を聞いたときになにを考えているのか、見ようとすることによって？

552 私がこんな質問をするとしたら、どうだろう。「この棒は1メートルだ」という文と「ここに1人の兵隊がいる」という文を述べているあいだに、私たちが「1」でちがったことを考え、「1」がちがった意味をもっているのは明らかなのだろうか？――いや、まったく明らかではない。――たとえば、「1メートルごとに1人の兵隊がいる。だから2メートルごとに2人の兵隊がいる」というような文を言ってみてほしい。「1という数字でおなじことを考えてる？」と質問されたら、「もちろん、おなじことを考えてるよ。1をね！」などと答えるかもしれない。（指を1本立てたりして）

553 さて、「1」があるときは測定値をあらわし、あるときは人数をあらわしているなら、「1」にはちがった意味があるのだろうか？　そんなふうに質問されたら、そうだと答えるだろう。

554「もっとプリミティブな」論理をもった人たちがいることは、簡単に想像することができる。その人たちの論理では、私たちの否定に相当するものが考えられるのは、特定の文に限られる。たとえば、まだ否定を含んでいない文である。「彼は家に入る」という文なら否定できるけれど、否定文の否定はナンセンスになるか、否定のくり返しでしかないということになるだろう。私たちとは別の手段で否定が表現されるとしよう。たとえば文の音の高さを変えるのだ。その場合、2重否定はどんなふうになるのだろうか？

555 そういう人たちにとって否定は、私たちにとっての否定とおなじ意味をもつのだろうか？ この質問は、つぎの質問と似ているのではないか。数列が5で終わる人たちの場合、「5」という数字は、私たちの場合とおなじ意味をもつのだろうか？

556「X」と「Y」というふたつの否定詞がある言語を考えてみてほしい。「X」を重ねて使うと肯定になるが、「Y」を重ねて使うと否定の強調になる。それ以外の場合、「X」も「Y」もおなじ意味で使われる。――さて「X」と「Y」は、文のなかでくり返し登場しないとき、おなじ意味をもっているのだろうか。――これにはいろんな答えが可能だろう。

(a)「X」と「Y」というふたつの言葉にはちがった用法がある。だからちがった意味がある。けれどもふたつの文があって、「X」も「Y」もくり返して登場することがなく、「X」と「Y」以外の部分がおなじなら、ふたつの文はおなじ意味をもっている。

（b）「X」と「Y」というふたつの言葉は、言語ゲームでおなじ機能をもっている。重要でない慣習のちがいがひとつだけあるが。ふたつの言葉の使い方は、おなじ行動、ジェスチャー、イメージなど、おなじやり方で教えられる。そしてその使い方のちがいは副次的なものとして、言語の気まぐれのひとつとして、説明のさいにつけ加えられる。だから私たちとしては、「X」と「Y」にはおなじ意味があると言うつもりだ。

（c）「X」による否定と「Y」による否定で、私たちはちがった想像をする。「X」は意味をいわば180度ひっくり返す。そういうわけだから「X」によって2回否定されると、意味はもとの状態にもどる。「Y」は首をふるような否定である。最初に首をふったことは、もう一度首をふっても帳消しにならないように、最初に使った「Y」は、もう一度「Y」を使っても帳消しにならない。というわけで「X」を使った文と「Y」を使った文は、実際にはおなじことを言っているとしても、「X」と「Y」はちがった考えをあらわしているのだ。

（a）「3重否定が結局のところ1重否定になることは、私がいま使っているこの1重否定のなかにすでに含まれているにちがいない」（「意味する」という神話をつくりたい誘惑）

2重否定が肯定であることは、否定の本性から推論されるかのように見える。（この点にはいくらかの正しさがある。なんだって？　私たちの本性はこの両方に関係している）

（b）これらのルールが「nicht」という否定詞について正しいルールなのか、それとも別のルールが正しいルールなのか（つまり、これらのルールが「nicht」という否定詞の意味に即したものなのか）について、議論することはできない。というのもこの否定詞は、これらのルールなしでは意味をもたないからだ。そしてルールを変えると、別の意味をもつようになり（または意味をもたなくなり）、そうするとルールとまったく同様に否定詞も変えることになるからだ。

［この囲みは独英対訳版（第4版）では**549**の後ろに置かれています］

557 私が2重否定を口にしたとき、それは否定の強調であって、肯定のつもりではなかったのだ。どういうことから、そういうふうに決まったのか？ 「……から、そういうふうに決まった」というように答えることはできない。「この2重否定は強調のつもりだ」と言うかわりに、2重否定を場合によっては強調して発音することができる。「否定を重ねることは最初の否定を帳消しするつもりのものなんだ」と言うかわりに、たとえば、かっこを使うことができる。――「ああ、でもね、かっこそのものがいろんな役割をもってるわけだろ。かっこがかっこだと思われるべきだ、って誰が言ってくれるわけ？」。誰もそんなことは言ってくれない。とすると君は自分の考えをあらためて言葉で説明したわけだ。かっこがなにを意味するのかは、かっこの使い方のテクニックが決める。問題はつぎのようなことだ。「私は……のつもりだった」と言うことに意味があるのは、どういう状況においてなのか？ そして、「彼は……のつもりだった」と私に言う権利があるのは、どういう状況においてなのか？

558　「Die Rose ist rot（バラは赤である）」という文の「ist（である）」は、「zwei mal zwei ist vier（2かける2は4である）」という文の「ist（である）」とはちがう意味だ、ということはどういうことなのか？　もしも、「そのふたつの単語『ist（である）』には別々のルールが適用されてる、ってことだね」と誰かが答えるなら、「ここにはひとつの単語しかない」と言わなければならない。――もしも私が文法のルールだけを守るなら、その文法のルールのおかげで、まさに「ist（である）」という単語を両方の脈絡で使うことができる。――しかし、「『ist（である）』という単語がこれらの文で別々の意味をもつ」ことを示すルールは、2番目の文では「ist（である）」という単語を等号に置換することを許すルールだが、最初の文ではその置換を禁止するルールなのだ。

559　私たちは、この文における単語の機能といったことを問題にしたがる。あたかも文が、単語に特定の機能をもたせたメカニズムであるかのように。しかしそういう機能というのはどこにあるのだろうか？　そういう機能はどんなふうに姿をあらわすのだろうか？　隠されているものはなにひとつないし、私たちが見ているのは文のすべてなのだ！　機能は計算をやっている最中に見えるにちがいない。（（意味体））

560　「言葉の意味は、意味の説明によって説明される」。つまり君が「意味」という言葉の使い方を理解するつもりなら、「意味の説明」と呼ばれることを調べてみてほしい。

561 「『ist（である）』という単語は、ふたつの異なった意味で（繋辞として、そして等号として）使われている」と私は言い、「『ist（である）』という単語の意味はその使い方である。つまり繋辞および等号である」とは言いたくない。というようなことは、奇妙な話ではないだろうか？

　こう言いたがる人がいる。「そういうふうに2種類の使い方があるからといって、意味がひとつになるわけではない。おなじ単語が2種類の仕事をするのは、ささいな偶然である」

562 　しかし、なにが表記法の本質で、なにがささいな偶然なのか、私はどのようにして決めることができるのだろうか？　表記法の背後には、文法をつくっているリアリティーがあるのだろうか？

　似たようなケースをゲームで考えてみよう。チェッカーではキングの目印は、駒を2つ重ねることだ。この場合、2つの駒を重ねたらキングになることなんて、ゲームにとってはささいなことだ、とは言わないのではないだろうか？

563 　駒の意味はゲームでの役割である、と言おう。——どんなチェスの対局でも開始前に、どちらが白をとるのか、くじで決めることとしよう。そのために一方のプレーヤーがキングをどちらかの手に握りしめ、相手のプレーヤーが運を天にまかせてどちらかの手を選ぶ。キングがこういうくじ引きに使われることは、チェスというゲームでのキングの役割だと考えられるのだろうか？

564 というわけで私は、ゲームの場合でも、本質的なルールとささいなルールを区別しておきたい。ゲームには、言ってみれば、ルールだけではなく、なぜそういうルールが必要なのかという勘所もあるのだ。

565 なんのためにおなじ言葉を使うのか？　計算のときには、このような「おなじであること」が使われることはない！——目的はふたつなのに、なぜ、おなじ駒を使うのか？——ところでこの場合、「『おなじであること』を使う」とはどういうことなのか？　まさにおなじ言葉を使っているのなら、ひとつの使い方ではないのだろうか？

566 さてここでは、おなじ言葉やおなじ駒を使うことの目的がひとつであるかのように思える。——もしも「おなじであること」が偶然でもささいでもないならば。また、その目的は、駒を見分け、ゲームのやり方がわかることであるかのように思える。——問題は、物理的可能性なのだろうか？　それとも論理的可能性なのだろうか？　もしも論理的可能性ということなら、まさに駒が「おなじであること」は、ゲームに必要なことなのである。

567 ゲームはルールによって決められているべきだ！　だから、チェスの対局の前のくじ引きでキングが使われるべきだということが、ルールによって決まっているのなら、それは本質的にゲームの一部なのだ。それにたいしてどんな反論ができるだろうか？「その規定がどうして必要なのか、その勘所がわかりませんね」とでも言えるだろうか？ たとえば、どの駒でも動かす前には、3回ぐるっと回転させなければならないというルールがあるのだが、なぜそういうことをする必要があるのか、その勘所がわからない場合。そういうルールがボードゲームにあったりしたら、私たちは不思議に思い、そのルールの目的についてあれこれ推測することだろう。(「この規定があるのは、よく考えもせずに駒を動かすことを阻止するためだろうか？」)

568 そのゲームの性格をきちんと理解しているなら、——こう言えるかもしれない——その規定はゲームの本質ではない。

(意味は、顔つき)

569 言葉は道具である。言葉による概念も道具である。私たちは、「どんな概念を使っても、大きなちがいはないだろう」などと思う。結局、メートルとセンチでも、フィートとインチでも物理学はできるようなものだ。「ちがいがあるとすれば、便利さの差くらいだ」。だが、そうとも言えない。たとえば、ある測定システムで計算すると、私たちの能力以上の時間と努力が要求されてしまうことがある。

570 概念は私たちを探究に導く。概念は、私たちの関心をあらわしたものであり、私たちの関心を操縦する。

571 「心理学は心的領域のプロセスをあつかい、物理学は物的領域のプロセスをあつかう」というのは、誤解を招きやすいアナロジーだ。

見る、聞く、考える、感じる、欲するは心理学の対象であり、物体の運動、電気の現象などは物理学の対象だが、おなじ意味において対象なのではない。それはつぎのことからわかるはずだ。物理学者はそれらの現象を見たり、聞いたり、じっくり考えたり、私たちに伝えてくれたりするけれど、心理学者は主体の外的反応（行動）を観察しているだけである。

572 期待というのは、文法的には、「意見をもっている」、「なにかを望む」、「なにかを知っている」、「なにかができる」などの状態である。しかしこれらの状態の文法を理解するためには、質問しなければならないことがある。「誰かがこの状態にいると判断する規準はなに？」（硬さの状態、重さの状態、フィットの状態）

573 見解をもっているということは状態である。――なにの状態？　心の状態？　精神の状態？　ところで、なにについて「見解をもっている」と言っているのだろうか？　たとえば、N・Nさんについてだ。というのは適切な答えである。

この問いにたいする答えなんかに、なにかを解明してもらおうと期待してはならない。もっと突っこんだ質問は、「誰かがこれこれの意見であると判断される規準は、特別な場合では、なにであると考えられているのか？」、「『あのとき彼がこの意見をもつようになった』と私たちが言うのは、いつ？」、「『彼が意見を変えた』と私たちが言うのは、いつ？」などである。これらの質問にたいする答えから得られるイメージによって、なにがここでは文法的に状態としてあつかわれているのか、が明らかになる。

574 文は、したがって別の意味では思想は、信じること、望むこと、期待することを「あらわしたもの」であるだろう。しかし、信じることは考えることではない。（文法的なコメントである）。「信じる」、「期待する」、「望む」という概念は、「考える」という概念とちがって、おたがいに仲間である。

575 私がこの椅子にすわったとき、もちろん、私の体重に耐える椅子だろうと信じていた。壊れてしまうなんて、考えもしなかった。

しかし、「彼はあんなことをやったけれども、私は……と信じて疑わなかった」。ここでは考えがめぐらされ、ある種の態度がもしかしたら何度も確認されているのかもしれない。

576 私は、燃えている火縄を見ている。火がどんどん走って、爆薬に近づいていくのを、ものすごく緊張しながら目で追いかけている。そのとき私は、なにも考えていないかもしれないし、断片的にたくさんのことを考えているかもしれない。たしかにこれは「予期する」のケースだ。

577 私たちは彼が来ると信じているので、彼が来るかどうかでやきもきしていない。そういうとき私たちは、「彼が来るのを予期している」と言う。（この場合、「彼が来るのを予期している」は、「彼が来なかったら、私は驚くだろう」という意味だと考えてもらいたい。——これは心の状態の記述だとはみなされないだろう）。「彼が来るのを待ち焦がれている」という意味で、「彼が来るのを予期している」と言う場合もある。このようなケースに対応する、さまざまな動詞が首尾一貫して使われる言語を想像することができるかもしれない。そのような言語では、私たちが「信じる」、「望む」などと言うところで、複数の動詞があるだろう。私たちの言語よりそういう言語のほうが、心理の理解には適切な概念をそなえているかもしれない。

578 考えてみてほしい。ゴルトバッハの命題〔ゴールドバッハの予想〕を信じるとは、どういうことなのか？ どういうことからそれを信じるようになるのか。その命題を口に出して言うか、聞くか、考えるかしたときに、確かだと感じるから？（その答えはおもしろくない）。それに、確かだと感じる目印とは、どういうものなんだろう？ さらに私には、どの程度まで感情が命題そのものによって呼びおこされているものなのか、ということもわからない。

信じることは思想の色調である、と私は言うべきなのだろうか？ どこからそう考えるようになるのだろう？ ところで、疑うことにイントネーションがあるように、信じることにもイントネーションがある。

私は質問したい。信じることがこのゴルトバッハの命題にどのように干渉しているのか？信じることによってどんな帰結がもたらされるのか、どこへ私たちは連れていかれるのか、調べてみようではないか。「ぼくは、このゴルトバッハの命題の証明を探すようになる」。——と言うのなら、こんどは、君が証明を探すというのはどういうことなのか、調べてみようではないか。そうすると、ゴルトバッハの命題を信じるとはどういうことなのか、わかるだろう。

579 確かだと感じること。それは行動にどうあらわれるのだろうか？

580 「（心のなかの）内的なプロセス」には外部の規準が必要だ。

581 予期は状況のなかに埋めこまれていて、そこから出てくる。たとえば爆発するだろうと予期することは、爆発が予期できる状況から出てくる。

582 「いつ爆発するかわからないぞ」と言うかわりに、「さあ、はじまるぞ」と言ったなら、その言葉は感情を記述してはいない。その言葉もその言葉の調子も感情をあらわすものであるにもかかわらず。

583 「でもきみの口ぶりは、まるでさ、ぼくが本当はいまは予期していない、望んでいないかのようじゃないか。——いまぼくは望んでると思ってるのに。まるでさ、いま起きてることなんか、深い意味がないかのような口ぶりじゃないか」。――「いま起きていることには意味がある」とか、「には深い意味がある」とは、どういうことなのか？　深く感じるとは、どういうことなのか？　1秒のあいだ切実な愛とか希望を感じることはできるのだろうか？――その1秒の前後になにが起きたとしても、なにが起きるとしても。――いま起きていることに意味があるのは、――この環境においてである。環境がそれを重要なものにする。そして「望む」という言葉は人間生活での現象に関係するのだ。（ほほえむ口がほほえむのは、人間の顔においてだけである）

584　私が自分の部屋にすわって、「N・Nさんがやってきて、お金をくれる」ことを望んでいるとしよう。その状態の1分間を孤立させて、そのコンテキストから切り離すことができるとすると、その1分間に起きていることは、望むことではなくなるのではないか？――たとえば、その1分間に君が口にする言葉のことを考えてみよう。その言葉はもう元の言語のものではない。お金の制度も別の環境では存在しない。

　戴冠式は華麗で荘厳なイメージだ。戴冠式が行われているプロセスで、その環境から1分間を切り取ってみよう。即位のマントに包まれた王様の頭に王冠をのせている場面だ。――しかし環境が変わると、黄金は一番いやしい金属であり、その輝きは下品なものと思われている。マントの織物もその環境では安く生産される。王冠は、上品な帽子のパロディである。などなど。

585　「彼が来ることを望んでいる」と誰かが言うとしよう。――それはその誰かの心の状態を報告したものだろうか？　それともその誰かの希望をあらわしたものだろうか？――私はそれを、たとえば私自身にむかって言うことができる。だからといって自分に報告しているわけではない。それはため息かもしれないが、ため息である必要はない。「きょうは仕事に集中できなかった。彼が来ることをずっと考えてるので」と私が言うとするなら、――それは、私の心の状態を記述したものだと言われるだろう。

586　「彼が来るって聞いてた。きょうは朝からずっと待ってるんだ」。これは、私がその日をどんなふうにすごしたか、についての報告である。――そして話をしているうちに私は、あるできごとが期待できるはずだ、という結論に達し、それをこういう言葉でまとめる。「やって来るのを、だから待ってなきゃ」。これは、期待することの最初の考え、最初の行為（第1幕）と呼ぶことができる。――「待ち焦がれてるんだよ」と叫ぶことは、期待の行為と呼ぶことができる。しかし私はまさにその言葉を自己観察の結果として発言することができる。するとその言葉は、「だから、これまでの経過にもかかわらず、待ち焦がれてるわけさ」という意味になるだろう。つまり、どうしてそんな発言をするようになったのか、がポイントになる。

587　「自分がそう信じてるって、どうやって君にわかるわけ？」という質問に意味があるのだろうか？――そして、その答えは、「自分の心のなかを内省することによって」だろうか？

場合によってはそんなふうに言えることもあるだろう。だが、たいていの場合は言えない。

「ぼく、彼女のことを本当に愛してるのかな？　そんなふうに思いこんでるだけじゃないか？」という自問には意味がある。内省のプロセスは、記憶を呼びさますことだ。ありうるかもしれない状況を想像してみたり、もしも……なら、こう感じるだろう、と想像してみたりするのである。

588　「あした出発するつもりだったけど、やめようかな」（これは、気持ちの状態を記述したものと言える）。――「君の言う理由は納得できない。あいかわらずおれは、あした出発するつもりだ」。この場合、意図を感情と呼びたくなってしまう。感情とは、ある種のかたくなさの感じ、変更不可能な感じのことである。（けれどもこの場合、いろんな特徴をもった感情や態度がたくさんある）。――「ここには、いつまでいるの？」とたずねられて私は、「あした出発します。休暇が終わるので」と答える。――だがそれとは逆に、言い争った後で、「いいよ、じゃ、あした出発するから」と言えば、私は決心しているのだ。

589　「私の心は決まっている」。そう言いながら、胸を指さすことがよくある。その言い方は、心理的には真剣に受けとめられるべきである。しかしなぜ、「信仰は魂の状態である」という発言のほうが、もっと真剣に受けとめられるべきだとされるのか？（「信仰は左の乳首の奥にある」とルターが言っている）

590　「人の言うことを本気で考える」という表現の意味は、心臓を指さすことによって理解できるようになる、という場合があるかもしれない。しかしそうすると、「できるようになったということは、どんなふうに示されるのか？」と質問する必要がある。

591　なにかの意図がある人は、なにかの傾向がある、と私は言うべきだろうか？　一定の傾向をしめすことがある、と？――こんなケースを思い出してほしい。議論をしていてどうしても口をはさみたくなったときは、口を開けて、息を吸って、そのまま息を止めている、ということがよくある。口出しをやめようと決めたら、息を吐きだす。このプロセスを経験するのは、しゃべろうとするときに経験することだろう。私を観察している人には、私がなにかを言おうとして、思いとどまったことが、わかるだろう。もちろん、その状況においての話である。――別の状況でなら、私の行動はそんなふうには解釈されないだろう。いまのこの状況で、しゃべろうとする意図がどんなに明らかであったとしても。「これとおなじ行動は、――ある傾向とは無関係の――別の状況ではあらわれない」と想定するような理由があるのだろうか？

592　「でもさ、『出発するつもりなんだ』って言うのなら、そう思ってるわけだよね、君は。まさにここでも、心でそう思っているから、文が生きたものになる。誰かの言い方をからかうために、真似をして文を言うだけなら、心でそうは思ってないわけだ」。――哲学をしていると、ときどきこういう光景に出くわすことがある。しかし、実際にさまざまな状況や会話を考えてみようではないか。その場面でこの文がどんなふうに言われるのか、考えてみようではないか！――「ぼくにはさ、いつも言外の心の響きが聞こえるんだ。かならずしもおなじ響きじゃないかもしれないが」。——君が誰かの真似をして文を言ったとき、言外の響きはなかったんじゃないかな？　それからね、どうやって「言外の響き」を、しゃべるときのほかの要素から切り離すわけ？

593　哲学病の主な原因——偏食。思考がたった1種類の例で養われている。

594　「でもね言葉が、ちゃんと意味をもって発言された場合には、表面だけじゃなく、深さの次元もそなわってるわけだよね！」。ちゃんと意味をこめて発言されたときには、たんに発言されただけのときとはまさに別のことが起きるのだ。——それをどんなふうに表現するかは問題にならない。「最初の場合、深みがある」と言っても、「発言したとき、私のなかで、私の心のなかで、なにかが起きている」と言っても、「雰囲気がある」と言っても——いつも、おなじことだ。
「じゃ、ぼくらが全員この点で一致するなら、それは正しいことにならないだろうか」

（私は、ほかの人の証言を受けいれるわけにはいかない。証言ではないからだ。それは私に、その人が言いたがっていることを言っているにすぎない）

595　これこれのコンテキストで文を言うことは自然だが、その文をコンテキストから切り離して言うことは不自然である。「ある文を言うことが自然に思えるとき、その文を言うときには、かならずなにかしらの感じが付随している」と言うべきだろうか？

596 「よく知っている」や「自然だ」という感じ。もっと簡単に見つけることができるのは、「よく知らない」や「不自然だ」という感じ。そういう感じは、ひとつではなく、複数ある。というのも、よく知らないものがすべて、よく知らないという印象をあたえるわけではないからだ。ここで、どういうものが「よく知らない」と言われるものなのか、考える必要がある。野原の石を道ばたで見つけると、野原の石だとわかるけれど、いつもそこにあった石であるとまでは識別されないかもしれない。人間は人間だと識別されるけれども、知り合いであるとまでは識別されない。なじみの感じというものがある。それは、ときどき視線や言葉であらわされる。「あ、昔の部屋だ」(ずっと前に私が住んでたけれど、以前のままだと思う)。同様に、知らないという感じもある。私ははっと立ちどまり、モノや人を探るように、あるいは疑わしそうに見てから、「ああ、みんな知らないな」と言う。——しかし、知らないという感じがあるわけだから、「よく知っているので、知らないとは思えないモノなら、どんなものでもなじみの感じをあたえてくれる」とは言えない。——私たちは、いわば、つぎのように考えている。知らないという感じに支配されたことのある場所は、やっぱりなんらかのやり方で占拠されているにちがいない。こういう雰囲気のために存在しているのがこの場所なのだ。この場所が、ある雰囲気に支配されていなければ、別の雰囲気に支配されているのだ、と。

597 達者に英語をしゃべるドイツ人は、最初にドイツ語で表現を考えてから、それを英語に翻訳するわけでもないのに、ドイツ語風の表現をしてしまう。つまり、ドイツ語を「無意識に」翻訳しているかのように、英語をしゃべる。というわけで私たちはしばしば、こう考えることになる。私たちの思考の土台には思考図式があるかのようであり、私たちはプリミティブな思考様式を私たちの思考様式に翻訳しているみたいだ、と。

598　哲学するとき、感覚・感情が存在しないところで、感覚・感情を実体化したがる。感覚・感情は、私たちの思想を説明するのに役立つ。

「ここでは、思考の説明には感覚・感情が要求されているわけだ！」。それはまるで、その要求にもとづいて思考が説明された後に、私たちが納得するかのようである。

599　哲学では結論が引き出されることはない。「やっぱりこうにちがいない」というのは、哲学の文章ではない。哲学は、誰もが認めることを確認するだけである。

600　私たちの目を引かないものはすべて、目立たないという印象をあたえるのだろうか？　日常的なものはいつも日常的だという印象をあたえるのだろうか？

601　私がこのテーブルについてしゃべるとき、――私は、これが「テーブル」と呼ばれていることを思い出しているのだろうか？

602「今朝ね、自分の部屋に入ったとき、デスクを見て、自分のデスクだとあらためて認識した？」と聞かれたなら、——たぶん私は、「もちろんだよ」と言うだろう。けれども、「あらためて認識したよ」と言えば、誤解を招きかねないだろう。デスクのことはもちろん知らないわけではなく、それを見ても驚きはしなかった。部屋に入ったら、誰かがいたり、見知らぬモノがあったりしたら、驚いただろうけれど。

603 慣れ親しんだ環境である自分の部屋に私が入るたびに、いま見ていると同時に、これまで何百回と見てきたものがすべて、あらためて認識されるわけだが、そんなことは誰も言わないだろう。

604「あらためて認識する」と言われるプロセスは、まちがったイメージをもたれやすい。まるで「あらためて認識する」ことが、2つの認識を比較することであるかのように思われるからだ。つまり、まず私があるモノ（対象）の絵をもっており、その絵を手がかりにして、あるモノ（対象）をその絵が描いているモノ（対象）だと確認するようなものなのである。私たちの記憶が、そういう比較を私たちにさせてくれているように思える。以前に見たもののイメージを保管することによって。または、私たちに（望遠鏡をのぞくみたいに）過去をのぞかせてくれることによって。

605 つまり、モノ（対象）をその横にある絵と比較しているというよりは、モノ（対象）が絵と重なっているといった感じなのだ。だから私が見ているのはひとつだけであって、ふたつではない。

606「彼の声の表情は本物だった」と言う。本物でなかったなら、私たちは、いわば表情の背後にもうひとつの表情があると想像する。――外向きにはその顔をしているが、心のなかではもうひとつの顔をしている、というわけだ。――だからといって、彼の表情が本物であるとき、おなじ顔がふたつあるわけではない。

（（「きわめて特定の表情」））

607「いま何時？」をどうやって判断するのだろうか？　といっても私は、太陽の位置、部屋の明るさなどなどの、外的な手がかりのことを言っているのではない。――たとえば私は、「いま何時だろう？」と思って、ちょっと動くのをやめ、時計の針なんかを想像してから、何時だと言う。――または、いろんな可能性を考えて、ある時間を言ってから、別の時間を言い、ようやく、最初に言った時間にする。こんな感じではないだろうか。――しかし、そういうふうに君が思ったのは、なにか納得したっていう感じがあったからじゃない？　つまりさ、心のなかの時計と一致したからってことじゃないのかな？――いや、どんな時計も見ないで、その時間を言ったんだ。だが納得して、という感じはあったよ。疑いは感じず、落ち着いて、自信をもって時間を言うという意味では。――でもその時間を言ったのは、なにかピンときたからじゃないの？――いや、そんなことはないさ。考えが落ち着くとか、ある数に落ち着くってことが、ピンとくるというのなら、話は別だがね。ここでも私は、「納得した感じ」などと言わず、「ちょっと考えてから、5時15分だと思うことにした」と言えばよかったのかもしれない。——しかしなにをよりどころにして私はそう思ったのか？　「ただそう感じたから」と私は答えたかもしれない。つまり、思いつくのにまかせたという意味でしかないのだが。——でも君は時間を言うために、すくなくともなんらかの状態に身を置く必要があったわけだ。そして、想像した時間がすべて正しい時間だとは思わなかったはずだ！——さっきも言ったけど、私は「いま何時だろう？」と自問したわけだ。つまりさ、その質問を、たとえば物語で読んだわけじゃないし、誰かが言ったこととして引用したわけでもないし、単語の発音練習として言ったわけでもない。ああいう状況でなければ、そういうふうには言わなかった。——じゃ、それはどんな状況だったわけ？——私はね、朝食のことを考えたんだ。きょうは遅れるのかな、とか。まあ、そんな状況だった。——だったら君は、漠然とにせよ、時間を言う必要があったわけだ。いわば時間を言うべき雰囲気だった、ということに本当に気づいてないわけ？——いや、私が「いま何時だろう？」と思ったことこそ、その場の特徴だったのだ。——「いま何時だろう？」という文に雰囲気というものがあるのなら、——どうやって私はその雰囲気をこの文から切り離すことができるのだろう？　この文にそんなオーラがあるなんて、まるで気づきもしなかっただろうね。もしもこの文が、ちがったふうに——引用とか、冗談とか、しゃべり方の練習などとして——声に出されることがあるなんて思わなかったら、だが。で、そこで私としては、突然そう思えたものだから、突然こう言いたくなったわけだ。つまり、「私はこの言葉になんらかのやり方で特別の意味をもたせたにちがいない。さっき並べたケースとは別の意味をね」。特別の雰囲気をもったイメージが頭に浮かんできたんだ。目の前にはちゃんとその雰囲気が見えているんだよ。——私の記憶によると実際にあったものに目をむけなければ、の話だけど。

そして、確信ということにかんしてなら、私はときどき自分にむかって「たしかにいま……時だ」と言うわけだ。しかも、程度の差はあれ、確信した口調などで。その確信の根拠をたずねられても、私には根拠がないのだが。

「私はそれを心の時計で読みとる」と言うなら、――それは比喩なのだ。この比喩には、「私はその時間を言った」が対応しているにすぎない。この比喩の目的は、このケースを別のケースに順応させることだ。ふたつを別々のケースだと認めることに、私は抵抗する。

608 「いま何時だ」と判断するときの心の状態は、とらえることができない。そう考えることは、きわめて重要である。なぜその状態はとらえることができないのか？　それは、私たちの状態でとらえることのできるものを、私たちの仮定している特別な状態に算入させることが、私たちによって拒まれているからではないか？

609 雰囲気を記述することは、特殊な目的のために、特殊に言語を使うことである。

（〈「理解する」を雰囲気として、心の行為として解釈する。すると、どんなことにでも雰囲気を構成要素のひとつとして追加することができてしまう。「記述できない特性」〉）

610 コーヒーの香りを記述しなさい！――どうして記述できないのだろう？　言葉がないから？　欠

けているのは、なにを記述する言葉？——こういうことが記述できるにちがいない、と考えたのはどうして？　こういうことは以前から記述できなかったのでは？　香りを記述しようとしたことはあるけれど、うまくいかなかったのでは？

（「これらの音はすばらしいことを言っているけれど、私にはそれがなになのかわからない」と、私は言いたい。これらの音は強いジェスチャーだけれど、私はそれを説明することができない。真剣に深くうなずくだけ。ジェームズいわく。「私たちには言葉が欠けている」。だったらどうして言葉を導入しないのか？　導入を可能にするためには、どういう場合でなければならないのだろう？）

611　「欲することも経験にすぎない」と私たちは言いたがる。（「意思〔意志〕」もまた「想像〔表象〕」にすぎない）。意思は来るときに来る。私は意思を連れてくることができない。

連れてくることができない？——たとえばなにのように？　なになら私は連れてくることができるのか？　こう言うとき、欲することを私はなににたとえているのだろうか？

612　たとえば、自分の腕の運動について、「運動は来るときに来る」などとは言わないだろう。つまりここの領域でなら、私たちが「なにかがたんに起きるのではなく、私たちがそのなにかをする」と言っても、無意味にならない。「自分の腕があがるまで待っている必要はない。——あげることができるのだから」。ここでは自分の腕の運動を、たとえば「自分の心臓の激しい動悸がしずまるだろう」ということに対置しているわけだ。

613 私はなにかを引き起こすことができる（たとえば胃の痛みを過食によって）という意味で、私は意思することも引き起こすことができる。その意味でなら、私は水に飛びこむことによって、「泳ぐことを意思すること」を引き起こすことができる。つまり私はこう言いたかったのだ。「意思することを意思すること」など、できない。「意思することを意思すること」について語るのは無意味なのだ。「意思すること」は行為の名前ではない。だから、意思による行為の名前でもない。私が表現をまちがえたのは、「意思すること」を、因果関係なしにストレートに引き起こすことだと考えようとしたからだ。なぜ、そんなふうに考えるのか。誤解を招きやすいアナロジーが根底にあるからだ。因果関係をもった結合は、機械の2つの部分を結びつけるメカニズムがつくりだしたように思われる。メカニズムに障害が発生すると、その結合が消えるかもしれない。（私たちは、メカニズムが日常的にさらされている障害のことしか考えない。歯車が突然、やわらかくなるとか、相手の歯車に突き刺さるとか、などの事態は考えないのだ）

614 私は自分の腕を「意思によって」動かすとき、運動を引き起こすような手段を使うわけではない。私が動かそうと願うこともそういう手段ではない。

615 「意思することが願うことの一種でないとするなら、意思することは行動することにちがいない。意思することは、行動することの前に立ち止まってはならない」。意思することが行動することなら、それは言葉の日常的な意味においてである。つまり、話すこと、書くこと、歩くこと、なにかを持ち上げること、なにかを想像すること。しかしまた、話すこと、書くこと、歩くこと、なにかを持ち上げること、なにかを想像すること——をしようとすること、試みること、努力することでもある。

616　私は自分の腕を持ち上げるとき、腕が勝手に持ち上がってほしいとは願わない。意思による行為はそういう願いを排除している。しかし、「ちゃんと円が描けたら、いいな」と言うことがある。そう言うことで、「手がうまく動いてほしい」という願いがあらわされている。

617　自分の指と指を変な具合にからませているとき、そのうち1本の指を動かせと命令されても、動かせないことがある。たんに「その指だ」と——目配せだけで——指示された場合だ。その指に触れてもらえるなら、その指を動かすことができる。私たちはこの経験をこんなふうに描写したくなる。「その指を動かそうと思うことができない」。このケースは、誰かにつかまれている指を動かすことができないケースとはまるでちがう。そこで、はじめのケースをこんなふうに描写したくなる。「指が触れられるまで、意思には手がかりが見つけられない。指が触れられてはじめて、意思は、どこを手がかりにしたらいいのかわかる」。——だがそういう言い方は誤解を招きやすい。こう言いたくなるからだ。「感覚が場所をしめしてくれないなら、意思でもってどこをつかめばいいのか、私はどうやったら教えてもらえるのだろうか？」。しかし、感覚があるとき、私たちはどこにむかって意思を操縦すべきなのか、どのようにしてわかるのだろうか？

指はこのケースでは、私たちが指が触れられたと感じるまでは、いわば麻痺しているのだ。そのことを教えてくれるのが経験なのである。ア・プリオリには見抜けなかったことである。

618 ここでは、意思をもった主体は質量のないもの（慣性のないもの）として想像されている。克服すべき慣性抵抗を自分のなかにもっていないエンジンとして想像されている。つまり、駆動するだけで、駆動されることのないエンジンなのだ。いいかえれば、「私は欲する。だが私のからだが私の言うことを聞かない」とは言えるけれど、——「私の意思が私の言うことを聞かない」（アウグスティヌス）とは言えないのである。

しかし、欲しそこなうことはありえないという意味において、私は、欲しようと試みることもできない。

619 それからこうも言えるかもしれない。「欲しようと試みることができないときにかぎり、私は、いつでも欲することができる」

620 するということはそれ自体、経験のボリュームをもっていないように思える。大きさのない点、針の先のようだ。この先こそが本当のエージェントらしい。現象のなかで起きることは、この、するということの結果にすぎない。「私がする」には、どんな経験からも引き離された特定の意味があるようだ。

621 しかし忘れてはならないことがひとつある。「私が自分の腕を持ち上げる」とき、私の腕が持ち上がる。そこで問題が出てくる。「私が自分の腕を持ち上げる」という事実から、「私の腕が持ち上がる」という事実を引いたら、そこに残るのはなにか？

（(では運動感覚が私の意思なのだろうか？)）

622 自分の腕を持ち上げるとき、たいてい私は、腕を持ち上げようと試みたりはしない。

623 「どんなことをしてもその家に行くつもりだ」。しかしそこになんの困難もない場合、——私は、どんなことをしてもその家に行こうと努力することができるのだろうか？

624 実験室で、電流の影響などがあるところで、誰かが目を閉じたまま言う。「ぼく、腕を上下させてるんだ」。——しかし腕は動いていない。「じゃ、そういう運動にたいして特別の感覚があるわけなんだ」と私たちが言う。——目を閉じたまま腕を上下に動かしてみよう。そして、腕を上下させながら、自分に言い聞かせてみてほしい。「この腕はじっとしてるぞ。ただ筋肉と関節になにか奇妙な感覚があるだけなんだ」と。

625 「自分の腕を持ち上げたこと、どうやってわかるの？」——「そう感じるんだよ」。では、君があらためて気づいたのは、感覚なの？　あらためてちゃんと気づいたのだと確信してるわけ？――君は、自分の腕を持ち上げたと確信しているわけだが、その確信こそ、あらためて気づいたと判断する規準じゃないのかな？　尺度じゃないのかな？

626　「ステッキでこれにさわると、さわっている感触を私はステッキの先に感じる。ステッキをもってる手じゃなくて」。誰かが「この手じゃなくて、手首に痛みを感じる」と言えば、その結果、医者は手首を診ることになる。さて私が、「これが硬いのをステッキの先で感じる」と言うのと、「これが硬いのを手で感じる」と言うのとでは、どうちがうのだろうか？　私の言っていることは、「まるで神経の末端がステッキの先にあるみたい」ということなのだろうか？　どういう意味でそうなのだろうか？――さて、いずれにしても私は、「私が硬さなどを感じるのはステッキの先だ」と言いたくなる。これと連動していることがある。さわって調べるとき、私が見ているのは手でなくステッキの先だ。そして、自分の感じを述べるときには、「そこに硬くて、丸いものを感じる」と言い、――「親指、中指、人差し指の指先が押されている感じで……」とは言わない。「探知棒をもっている指には、なにを感じてる？」とたずねられたら、「わかんないな――そこに感じるのは硬くてゴツゴツしてるものだが」と答えるのではないだろうか。

627　意図的な行為がつぎのように述べられているのを観察してみよう。「5時には鐘をつこうと決心したんだ。だからね、5時になると、ぼくの腕がこんなふうに動くわけ」。――以上の記述が正しいのだろうか？「……だからね、5時になると、ぼくは腕を持ち上げるわけ」という記述が正しいのではなく？――はじめの記述にはこんなふうに補足したくなる。「ほら、見て。5時になったから、ぼくの腕が持ち上がってるだろ」。そしてまさにこの「ほら、見て」こそ、ここで脱落しているものなのだ。私は、自分の腕を持ち上げるとき、「見て。ぼくの腕が持ち上がってる」とは言わない。

628 とすると、「意図的な運動の特徴は、驚きの不在ということだ」と言えるかもしれない。しかし私としては、「しかしどうしてここで驚かないの？」とたずねてもらいたくない。

629 未来を予言する可能性について語られるとき、いつも、意図的な運動を予言するという事実が忘れられている。

630 ふたつの言語ゲームを観察してもらいたい。

（a）誰かが相手に、こんなふうに腕を動かすようにとか、こんな姿勢をとるようにと命令する。（体操の先生と生徒）。この言語ゲームのヴァリエーションとしては、生徒が自分に命令して、それを自分でやる。

（b）誰かが規則的なプロセス――たとえば、酸にたいするいろんな金属の反応――を観察していて、それから、特定のケースに起きるだろう反応を予測する。

これらふたつの言語ゲームは明らかに親戚の関係だが、根本的なちがいもある。両方とも、語られた言葉は「予言」と言えるだろう。しかし1番目のテクニックを習得させるトレーニングと、2番目のテクニックのためのトレーニングとを比較してみてほしい。

631 「これから2種類の粉薬を飲みます。半時間後に私は吐くでしょう」。――これについて私が、「1番目のケースでは私はエージェントで、2番目のケースでは観察者だ」と言っても、なんの説明にもならない。また私が、「1番目のケースでは因果関係を内側から見ているけれども、2番目のケースでは外側から見ている」と言っても、なんの説明にもならない。似たような発言は山のようにある。

「1番目の種類の予言は、2番目の種類の予言とおなじく確実ではない」と言っても、要領をえない。

「これから2種類の粉薬を飲みます」と言ったのは、私の行動の観察にもとづいていたわけではない。この文の先行与件は別のものだった。つまり私は、この発言に導いた考えや行為などのことを言っているのだ。しかし、「その発言の唯一の本質的な前提は、まさに君がそう決心したことだ」と言うことも、誤解を招くだけのことである。

632 私はつぎのように言うつもりはない。「『2種類の粉薬を飲みます』という意思表明のケースでは、予言が原因であり――予言の実現が結果である」。(それは生理学的研究によって決定されるかもしれない)。だがこれだけは正しい。私たちはしばしば決意表明から人間の行為を予言することができるのだ。これは重要な言語ゲームである。

633 「以前、話をさえぎられたよね。なにを言おうとしてたのか、まだ覚えてる?」――私がそれを覚えていて、それを言うとしよう。――それは私が以前に考えたことで、言っていなかっただけなのだろうか? いや、ちがう。ただし、私が中断された文を確実に先まで言うことができるということを、君が、私の考えはあのときすでに固まっていたと判断する規準だとしてくれるなら、また別だが。――しかし当然すでに、状況や私の考えのなかには、その文を先まで言わせてくれるような可能性がすべてあったはずだ。

634 中断された文をつづけて、「こんなふうにあのときはつづけるつもりだったんだよ」と私が言うとしよう。それは、短いメモにそって考えをすすめることに似ている。

とすると私は、そのメモを解釈しているのではないだろうか? あのときの状況ではたったひとつのつづけ方だけが可能だったのか? もちろんそんなことはない。私はいろんな解釈から選択をしたのではない。そう言おうとしたことを思い出したのだ。

635 「私は……と言おうとした」。――君はいろんなディテールを覚えている。しかしそれらのディテールを集めても、言おうとしたことはわからない。あたかも、あるシーンを写真で撮ったかのようだが、その写真では、ばらばらのディテールがいくつか見えるだけなのだ。ここに手が、そこに顔の一部が、または帽子が、といった具合で、――あとはぼんやりしている。しかし私には、写真が全体としてどういうものを写しているのか、はっきりわかっているかのようなのだ。まるで、ぼんやりした部分が読めるかのように。

636 それらのディテールは無関係ではない。といってもそれは、「ほかの状況を私はおなじように思い出すことはできるけれど、そういう状況は無関係である」という意味においてだが。しかし、「私は一瞬……と言おうとした」と私が伝えようとした相手は、そう言われることによってそれらのディテールを知ることはないし、また推測する必要もない。たとえば、私が話そうとして口をあけていたなどということなどを、知っている必要はない。けれどもそのプロセスをそのように「心に描く」ことはできるのだ。（そしてその能力は、私の伝達を理解するために必要である）

637 「自分が言おうとしたことは、ちゃんとわかってるよ！」。だが私はそう言わなかった。――けれども私はそれを、あのとき起こって私の記憶に残っている別のプロセスから、読みとっているわけではない。

しかも、あのときの状況やそれ以前のできごとを解釈しているわけでもない。私はそれらを考慮も判断もしていないのだから。

638 にもかかわらずどうして私は、「一瞬のあいだ、あいつを欺こうと思った」と言うことを解釈だと思いたがるのだろうか？

「一瞬のあいだ自分が彼を欺こうと思ったと、どうやって君は確信できるわけ？　君の行為も、考えも、あまりにも未熟じゃないか？」

証拠が乏しすぎないだろうか？　実際、証拠を追いかけてみると、異常に乏しいようだ。しかしそれは、証拠の歴史というものを無視しているからではないのか？　私が一瞬のあいだ気分がすぐれないふりをしようと思ったときには、それ以前の歴史が必要だった。

「一瞬のあいだ……」と言う人は、本当に瞬間的なプロセスだけを述べているのだろうか？

だがすべての歴史があったとしても、それは、私が「一瞬のあいだ……」と言ったことの土台になる証拠ではなかった。

639　意見というものは自分で展開していくものだ、と私たちは言いたがる。けれどもここにもまちがいがある。

640　「この考えは、私が以前いだいた考えと結びついている」。――どうやって結びついているのだろうか？　結びついていると感じることによって？　しかし感じることは、考えと考えを実際どうやって結びつけることができるのだろうか？――「感じること」という言葉はここでは誤解されやすい。しかしときには自信をもって、「この考えは以前のあの考えと関係がある」と言えることもある。とはいえ、その関係を明らかにすることはできないのだが。それを明らかにすることができるのは、もしかしたら後になってからかもしれない。

641 「『さあ、あいつを欺いてやる』と言ったとしても、それ以上確実に私がその意図をもっていたわけではないかもしれない」。——けれども君がそう言ったとしたら、本気でそう思っていたはずではないか？（というわけで、どんなに明確に意図を表明したとしても、それだけでは意図を証明する十分な証拠とはならない）

642 「あの瞬間、あいつを憎んだよ」。——なにが起きたのだろうか？　それは、考えと感情と行為において起きたのでは？　さて私があの瞬間を思い描くとすれば、ある表情をし、なんらかのできごとのことを思い、ある種の呼吸をし、なんらかの感情をもつことになるだろう。誰かと会話していることを考え、あの憎しみがめらめら燃えあがるシーンを思い浮かべるだろう。そして実際に起きた事件のときの感情に近い感情をもって、そのシーンを演じることができるかもしれない。その場合、似たようなことを実際に体験したことが、もちろん役に立つだろう。

643 さてその事件を恥じるなら、私は、自分が口にした言葉、とげとげしい口調などなど、そのすべてを恥じる。

644 「ぼくが恥ずかしいと思うのは、あのときやったことではなく、あのときいだいた意図なんだ」。

——しかし意図もまた、やったことではないのか？　なにが、恥ずかしい気持ちをもっともだと思わせるのか？　事件にまつわるすべての歴史だ。

645　「一瞬のあいだ私は……しようと思った」。つまりこれは、私がある感情をいだき、心のなかで経験をし、そのことをいま思い出しているということだ。——じゃ、ちゃんと精確に思い出してみて。すると「……しようと思う」を「心のなかで経験する」ことが消えるようだ。そのかわりに思い出すのが、考えと感情と動きであり、以前の状況とのつながりである。

それはまるで顕微鏡の焦点距離を変えたかのようである。いま焦点にあるものが、以前は見えていなかったのだ。

646　「ところでそれは、顕微鏡の焦点距離の調節をまちがえた、ってことにすぎないわけさ。ある層の標本を見るよう言われてたのに、別の層を見てるんじゃないの？」

たしかにそうだとも言える。けれども、私が（ある焦点距離にレンズを調節して）あるひとつの感覚を思い出した、と仮定してもらいたい。どのようにしたら私は「その感覚こそ、私が『意図』と呼ぶものなのだ」と言ってもいいのだろうか？　私の意図にはかならず（たとえば）ある種のムズムズ感が付随しているかもしれないのだが。

647　意図の自然な表現とは、なにか？——小鳥に忍び寄るネコを見てほしい。または、逃げようとする動物を見てほしい。
（「感覚にかんする文との結びつき」）

648 「自分がなにを言ったか、もう覚えてない。けれどどんなつもりで言ったのかは、ちゃんと覚えてる。言葉をかけて、あいつを落ち着かせようと思ったんだよ」。私の記憶はなにを教えてくれるのだろうか？ なにを思い浮かばせてくれるのだろうか？ ところでそれが、私の言った言葉を思い出させてくれるだけだとしたら！ もしかしたらほかにも、状況をもっと精確に描く言葉を思い出させてくれるだけだとしたら。――（「自分の言った言葉はもう覚えていない。覚えているのはその言葉の精神だけだ」）

649 「じゃ、言語を身につけてない者は、ある種の記憶をもつことができないわけ？」。もちろんさ。――言葉による記憶、言葉による願い、言葉による危惧などをもつことができない。言語での記憶などは、本来の体験がすり切れて表現されたものにすぎないわけではない。では、言語的なものは体験ではないのだろうか？

650 私たちは、「犬が飼い主にぶたれるんじゃないかと怖がってる」と言う。けれども、「犬が飼い主に明日ぶたれるんじゃないかと怖がってる」とは言わない。なぜ言わないのか？

651「覚えてるんだよ。ぼく、あのとき、もっと長くいたかったんだ」――この願いはどんなイメージとして私の心に浮かぶのだろうか？ イメージなんかない。記憶のなかで私が見ているものは、私にその気持ちを推測させてはくれない。それなのに私は、そういう気持ちだったことをはっきり覚えているのだ。

652「彼は敵意のある目つきで男をじろじろ見てから、言った……」。物語の読者にはこれが理解できる。なんの疑いもいだかない。そこで君が言う。「いいだろう。読者は意味を補ってるのさ。意味を推測してるわけだ」。――一般的には、そうではない。一般的には読者はなにも補ってはいないし、推測もしていない。――けれども、敵意のある目つきや言葉が後になってから見せかけだったとわかることもある。あるいは、読者としても見せかけかどうか疑わしいままなので、実際になんらかの解釈をすることもある。――しかしその場合、読者はなによりもまずコンテキストを推測するのである。たとえば、「このふたり、敵意むき出しにしてるけど、実際は友だちなんだな」などなど、と思うわけだ。

（（「文を理解しようと思うなら、そこに心理的な意味を、心の状態を想像しなければならない」））

653 こういうケースを想像してほしい。私が誰かに言う。「ちょっと道を歩いたんだ。前もって用意しておいた地図にしたがって」。そう言ってから地図を見せる。紙に何本も線を引いたものだ。けれども私は、どういう意味でそれらの線が私の歩いた道の地図になっているのか、説明することができない。どのように地図を解読するべきか、そのルールを言うことができない。しかしながら私はこの図面を、地図を読むときに見られる特徴ある仕方で追いかけたのだ。こういう図面のことを「私的な」地図と呼べるかもしれない。あるいは、これまで述べてきた現象を、「私的な地図にしたがう」と呼べるかもしれない。（しかしこの表現は当然、きわめて誤解されやすい）

さて、つぎのように言うことができないだろうか？「あのときそういうふうに行動するつもりだったこと」を、私は地図がないにもかかわらず、いわば地図から読みとっているようなものだ、と。しかしそれは、私がつぎのように言いたくなっているということにほかならない。つまり、「私が覚えているあの心の状態のなかに、私は、そんなふうに行動しようという意図を読んでいるのだ」。

654 私たちのミスは、事実を「原現象」と見るべき場所で、説明を求めていることだ。つまりそこでは、「この言語ゲームをやってるんだ」と言うべきなのである。

655 言語ゲームを私たちの体験によって説明することではなく、言語ゲームであると確認することが大切なのだ。

656 なんのために私は誰かに、「以前はこれこれのことを願っていた」と言うのだろうか？――最初にあったものとしての言語ゲームに注目してほしい！ そして言語ゲームの見方、解釈に注目するつもりで、感情などに注目してほしい！

こんな質問をされるかもしれない。どうして人間は、「過去の願いを報告する」とか「過去の意図を報告する」と呼ばれている言語表明をするようになったのか？

657 そういう表明はいつも「『ああ、もっと長くいることができれば！』と私は思った」という形になる、と想像してみよう。そういう報告の目的は、ほかの人に私の反応を知らせることであるかもしれない。（「ドイツ語の meinen（思う・言う・意味する）」と「フランス語の vouloir dire（言いたい・意味する）」の文法を比較してほしい）

658 ある人の意図はいつも、「彼はいわば自分にむかって『……するつもりだ』と言った」と言うことによって表現される、と考えてみてほしい。――これは比喩である。だから私としては、「なにかを、いわば、自分にむかって言う」という表現がどのように使われるのか、知りたい。その表現は、「なにかを自分にむかって言う」を意味していないのだから。

659 なぜ私は彼に、私がやったことだけでなく、意図まで伝えようとするのか？――それは、意図がそのとき起きていたことであったからではない。私にかんして、そのとき起きたこと以外のことを伝えようと思うからだ。

なにをしようと思ったのかを私が言えば、私は彼に心を打ち明けていることになる。――しかしそれは、自己観察にもとづいたものではなく、反応（直観と呼んでもいいかもしれない）を通してである。

660 「あのとき……と言うつもりだった」という表現の文法は、「あのとき先をつづけることもできたんだが」という表現の文法と親戚である。

ひとつは、意図を覚えているケースであり、もうひとつは、理解したことを覚えているケースである。

661 私は彼のことを言ったのを覚えている。私が覚えているのはプロセスなのか？ それとも状態なのだろうか？——それはいつはじまったのか？ それはどうなったのか？ などなど。

662 ほんのちょっとだけ状況がちがっていたら、彼は黙って指で合図するかわりに、「すぐ来るよう、Nに言って」と言っていたかもしれない。とすると、「Nにすぐ来てもらいたいのだが」という言葉は当時の私の心の状態を述べている、と言うことができるが、逆にまた、そう言えない可能性もある。

663 「彼のことを言ったんだ」と私が言う場合、たとえば私が彼を見たときなどのイメージが、私の心に浮かんでいるだろう。けれどもそのイメージは、話のイラストのようなものにすぎない。イメージからだけでは、たいていなにひとつ推測できない。話を知っていてはじめて、イメージがどういうつもりのものであるのか、わかるのだ。

664　単語を使うとき、「表層文法」と「深層文法」を区別することができるかもしれない。単語が使われたときストレートに浮き彫りになるものは、文の構造での使われ方であり、耳でつかまえることのできる――と言えると思うが――その単語の使い方の一部である。――そこで、たとえば「meinen（思う・言う・意味する）」のような単語を考えてみる。この単語の深層文法を、この言葉の表層文法が推測させてくれるようなものと比較してみるのだ。なかなか勝手がわからなくても、不思議ではない。

665　誰かが痛いという表情をして、ほっぺたを指さし「アブラカダブラ」と言っている、と考えてみてほしい。――私たちが「なに言ってるの？」とたずねると、「歯が痛いと言ったんだよ」という言葉が返ってくる。――そこで君はすぐにこう思う。どうやってそんな言葉で「歯が痛い」を意味することができるのか？　痛みを言葉で意味するって、どういうことだったの？　しかし君も別のコンテキストだったら、「これこれのことを意味する精神活動こそ、言葉が使われるときに一番重要なことだ」と主張しただろう。

しかし、どうして――私は、「『アブラカダブラ』は『歯が痛い』っていう意味なんだよ」と言えないのか？　もちろん言える。けれどもそれは定義にすぎない。「アブラカダブラ」と言ったとき私の心のなかで起きていることを記述したものではないのだ。

666　君が痛みをもっている、と思ってほしい。同時に君には、すぐそばでピアノを調律しているのが聞こえている。そこで君が、「まもなく止むだろう」と言う。けれども君の発言が、痛みを意味しているのか、ピアノの調律を意味しているのか、にはちがいがあるだろう！——もちろんそうだ。だがそのちがいはどこにあるのか？　私としてはつぎの点を認めよう。多くの場合、意味することには、注意の方向が対応しているだろう。また同様に、しばしば視線とか、ジェスチャーとか、目を閉じることも、注意の方向に対応している。目を閉じることは「内面を見ること」だと言えるかもしれない。

667　誰かが痛いふりをしていて、「まもなく治まるだろう」と言うとしよう。それを聞いて私たちは、「痛みのことを言ってるんだな」と言えないだろうか？　それなのにその人はまったく痛みに無頓着である。——そこで、ついに私が、「もう痛み、治まったんだね」と言ったら、どうだろう？

668　しかし、つぎのようにしてもウソをつくことができるのでは？　「まもなく止むだろう」と言ったとき、痛みのことを言っているのだが、——「なんのこと言ってるんだい？」とたずねられて、「となりの部屋がうるさくてね」と答える。このような場合、私たちは、「……と答えるつもりだったけど、よく考えてみて、……と答えたんだ」と言っているわけである。

669　話をしているとき、なにかあるモノを指さすことによって、それに言及することができる。指さすことは、ここでは言語ゲームの一部である。そこで私たちには、話をしているとき感覚に注意をむけることによって、感覚について語っているように思える。しかしどこにアナロジーがあるのだろうか？　おそらく、見るとか耳を澄ますことによって、なにかを指さすことができるという点にあるのだろう。

けれども、自分が語っているモノ（対象）を指さすことも、言語ゲームにとっては、思想にとっては、まったくどうでもいい場合もあるのだ。

670　誰かに電話で「このテーブル、高すぎるんだよ、高さが」と言って、テーブルを指さすとしよう。この場合、指さすことにはどんな役割があるのだろうか？　私はテーブルを指さしながら、「つまり問題のテーブルのことを言ってるんです」と言えるだろうか？　そうやって指さすのは、なんのため？　そう言うのは、なんのため？　指さしたり言ったりすることには、ほかにどんなことが付随するのだろう？

671　耳を澄ますという内的な活動によって、私はなにを指しているのだろうか？　私の耳に入ってくる音を？　それから、なにも聞こえないときには静寂を？
　耳を澄ますことによって、いわば聴覚印象が探される。だから、耳を澄ますことで、聴覚印象を指すことはできない。聴覚印象が探されている場所を、指すことができるだけだ。

672　受容の姿勢が、なにかを「指し示すこと」と呼ばれるなら、――指し示されるものは、私たちが受容の姿勢によって手に入れる感覚、ではない。

673 言葉には精神の姿勢が「お供している」けれども、それは、言葉にジェスチャーがお供しているという意味ではない。（それは、ひとり旅ができる人に、「よい旅を！」という私の願いがお供している場合に似ている。また、部屋は空っぽであるらしいのに、光が射しこんでいる場合に似ている）

674 私たちはたとえば、つぎのように言うだろうか？「じつはいま私の痛みのことを言ったんじゃないんだ。痛みにはちゃんと注意してなかったからね」。私はつぎのように自問したりするだろうか？「いまこの言葉でなにを言ったんだろう？ 私の注意は痛みと騒音とに分けられていた――」

675 「教えてよ。……と言ったとき、君の心のなかでは、なにが起きてたの？」――その答えは、「……ということを考えてたんだよ」ではない。

676 「この言葉でこれを意味したんだが」。これは報告である。しかしこの報告は、好意をもっていることの報告とは別の使われ方をする。

677 その一方で、「さっき悪態ついてたけど、本気だったの？」は、たとえば、「ほんとに怒ってたの？」とおなじである。――そしてその答えは内省にもとづいてあたえることができ、しばしば、「そんなに本気じゃなかったんだ」とか、「冗談半分で言ったんだよ」などのようなものになる。ここには程度の差がある。

しかしつぎのように言うこともある。「そう言ったとき、ぼんやりと彼のことを考えてたんだよ」

678 そのことを（痛みのことを、またはピアノの調律のことを）思うというのは、どういうことなのか？　その答えはない。――なにしろ、すぐに見つかるような答えなんて、役に立たないからだ。――「でもぼくはあのとき、そのことを思ってたのであって、あのことを思ってたんじゃないよ」。ああそうだね、――ただ君は、誰も反論しなかった文を、強調してくり返しただけじゃないか。

679 「でも君は自分でそう思ってた、ってことを疑うことができるの？」――できないね。けれど私には、そう思ったという自信はないし、それを知ることもできない。

680 「悪態ついたんだよ。Nのことで」と君が言うとき、私には、君がNの姿を見ていたのかどうか、Nのことを想像していたのかどうか、Nの名前を口にしたのかどうか、などはどうでもいいことだろう。事実からの帰結は私の興味をそそるけれど、それらのこととは無関係なのだ。だが一方では、こんな説明をする人がいるかもしれない。「悪態が有効になるのは、当の人物をはっきりと想像したり、その名前を大声で呼んだりするときだけだ」と。しかし「問題は、悪態をつく人が相手のことをどう思っているかなのだ」と言う人はいないだろう。

681
もちろんこんな質問をする人もいない。「彼に悪態をついた、って自信あるの？　悪態が彼に結びつけられてた、って自信あるの？」
とすると彼との結びつきはそんなに簡単にできるのだろうか?!　結びつきに自信をもてるほどに?!　結びつきがダメにならないとわかるほどに。――では、私がある人に手紙を書こうと思って、実際は別の人に書いてしまうことはないのだろうか？　あるとすれば、どうやって起こるのだろうか？

682
「君は『まもなく止むだろう』って言ったよね。――それは騒音のことだったの？　それとも痛みのこと？」。彼が「ピアノの調律のことだったんだ」――と答えるなら、彼は「その結びつきが存在していた」ことを確認しているのだろうか？　それともそう言うことによって、その結びつきをつくっているのだろうか？――私にはその両方は言えないだろうか？　彼の言ったことが正しかったなら、あの結びつきは存在していなかったのではないか。――しかしそれにもかかわらず彼は、存在していなかった結びつきをつくっているのではないか？

683
私は似顔絵を描いている。君がたずねる。「誰のつもりなんだい？」――私は答える。「Nだよ」――君が言う。「Nには似てないね。むしろMに似てる」――私が「Nだよ」と言ったとき、――ひとつの関連がつくられたのだろうか？　あるいは、ひとつの関連について報告されたのだろうか？いったいどんな関連が存在していたのか？

684 存在していた関連を私の言葉が述べていることにたいして、どんなことが言えるだろうか？　そう、私の言葉はさまざまなことと関係している。それらは、最初から私の言葉とともに姿をあらわしたわけではなかった。たとえば、もしも私があのとき質問されたなら、そういうふうに答えていただろう、とかである。たとえそれが条件文にすぎないとしても、それでも過去についてはなにかを語っているわけだ。

685 「Aを探せ」は、「Bを探せ」ではない。だが私は両方の命令に従うことによって、まったくおなじことをするかもしれない。

「それにもかかわらずなにか違いがあるにちがいない」と言うことは、「『きょうは私の誕生日だ』という文と、『4月26日は私の誕生日だ』という文は、意味合いがおなじでないわけだから、別々の日のことを指しているにちがいない」と言うのに似ている。

686 「もちろんBのことを言ったんだよ。Aのことなんか考えもしなかった」

「……のために、Bにはぼくのところに来てもらいたいと思った」。——これらの文では、もっと大きなコンテキストが暗示されている。

687 「彼のことを言ったんだ」のかわりに、もちろん「彼のことを考えてたんだ」と言うこともできる。また、「うん、彼のこと話してたんだ」と言うこともできる。では、「彼のことを話す」というのは、どういうことなのか、考えてみてほしい。

688 場合によっては、こう言うことがある。「しゃべってたとき、君に話してるような気がしたんだ」。しかし、いずれにしても君としゃべっていたときなら、そんなふうには言わないだろう。

689 「Nのことを考える」。「Nのことを話す」

どのようにして私は彼のことを話すのか？　たとえば、「きょうNを訪ねなきゃ」と言うのである。——しかしそれだけでは十分ではない。「N」と言うだけなら、おなじ名前をもったいろんな人のことも指しているかもしれない。——「だったら、私の話にはNとは別の結びつきも存在してなきゃならない。でないとやっぱり**彼のこと**だとはわからないだろうからね」

もちろんそういう結びつきは存在している。ただしそれは、君が想像しているような、精神的メカニズムによるものではない。

（「彼のことを意味する」が「彼に心をむける」と比較される）

690 あるときは罪のなさそうなコメントをしながら、こっそり横目で誰かを見るとしよう。またあるときは伏し目で、はっきり名指しでその場にいる人のことを語るとしよう。——私がその人の名前を口にするとき、本当に、もっぱらその人のことを考えているのだろうか？

691 私がNの顔を記憶にしたがってスケッチしているとき、「スケッチしながらNのことを考えてるんだね」と言われるだろう。けれども、スケッチしているあいだに(あるいはその前後に)起きている、どのプロセスについて私は、「それが、『のことを考えている』ことだ」と言えるのだろうか？ というのも、もちろんつぎのように言いたがる人がいるからである。「彼がそいつのことを考えているとき、そいつに心をむけていたんだ」。しかし、そいつの顔を自分の記憶のなかへ呼び出すとき、彼はどのようにするのだろうか？

つまり、どのようにして彼は自分の記憶のなかへ**そいつを**呼び出すのだろうか？

彼はそいつをどのようにして呼び出すのだろうか？

692 「ぼくが君にこのルールをあたえたとき、このケースでは……してもらう、ということを意味してたんだよ」と言うことは、正しいだろうか？ ルールをあたえるときに、このケースのことはまるで考えてなかったとしても、正しいのだろうか？ もちろん正しい。「そのことを意味する」ということは、「そのことを考える」ことではないのだ。だから問題は、そういうことを意味したかどうかを、どのように判断しなければならないか、だ。――たとえば算数と代数のテクニックをマスターして、数列の展開を普通に教えることができたという場合が、そう判断する規準である。

693 「ぼくが数列……の構成を教えるとき、私は、１００番目の項では……と書くんだよ、ということも意味しているつもりである」。――まったくその通り。かならずしも１００番目の項の場合を考えていなくても、明らかにそう言っているのだ。ここで、動詞「…のことを意味する」の文法が、動詞「…のことを考える」の文法とどんなにちがうのか、がわかる。「…のことを意味する」というのが精神の活動だなどと思うことほど、おかしなことはない。混乱をひきおこしたいと思う場合は別だが。（バターが値上がりしたとき、それをバターの活動だと言うことができるかもしれない。もしもそれで問題が生じなければ、害はないのだが）

［第2部］

［この［第2部］は、以前は『哲学探究』の「第2部」とされていたものです。しかし、ヴィトゲンシュタイン遺稿管理人たちの決定により、『哲学探究』とは別の草稿として扱われることになりました。

本書（岩波版『哲学探究』）の底本であるBibliothek Suhrkamp版（2003）には収録されていません。しかしこの［第2部］は、独英対訳版『哲学探究』第4版にあたるWiley-Blackwell版（2009）には、「哲学探究」ではなく、「心理学の哲学――フラグメント」として収録されています。

岩波版『哲学探究』では、この［第2部］を、独英対訳版『哲学探究』第2版（3刷）であるBasil Blackwell版（1967）を底本にして、付録として訳出することにしました］

i

動物が怒っている、怖がっている、悲しんでいる、喜んでいる、驚いているというのは想像できる。だが、希望をもっているのは？　どうして想像できないのだろうか。

犬は、飼い主がドアのところにいると思う。けれども、飼い主があさって帰ってくるだろうと思うことはできる？——犬はなにができないのか？——私は犬のできないことをどのようにしてやっているのだろう？——これに私はなんと答えればいいのだろう？

希望することができるのは、話せる者だけ？　言語を使いこなせる者だけ？　つまり希望するという現象は、この複雑な生活形式が部分的に変更されたものである。（ある概念が筆跡の特徴を意識したものなら、その概念は、ものを書かない存在にたいしては使われない）【＊1】［Wiley-Blackwell版(2009)では、ヴィトゲンシュタインの各コメントの冒頭に、通し番号がつけられています。本書では、読者の便宜を考えて、その番号もふくめ、Wiley-Blackwell版(2009)との異同を、【　】で指示することにします。ちなみに【＊1】は、「Wiley-Blackwell版(2009)では、コメント冒頭の〈動物が……〉からここまでが、通し番号1のついている部分である」という意味です］

「悩み」が描きだすのは、生の絨毯でいろんなヴァリエーションをともなってくり返される模様である。もしもひとりの人間において悲嘆の身体表現と喜びの身体表現が、たとえば時計のチクタクとともに交代するなら、そこには悲嘆の模様に特有の経過も、喜びの模様に特有の経過も見ることはできないだろう。【＊2】

「彼は1秒のあいだ激しい痛みを感じた」。――ところで、「彼は1秒のあいだ深い悩みを感じた」は、なぜ奇妙に思えるのだろうか？　そんなことはめったにないから？【＊3】

しかし君は、いまは悩みを感じてないの？（「しかし君は、いまはチェスをやってないの？」）。答えは肯定である可能性がある。しかしだからといって悩みという概念が感覚の概念にもっと似るわけではない。――【長いダーシ】実際その質問は、時間的・個人的な質問であって、私たちの聞きたかった論理的な質問ではなかったのだから。【＊4】

「ぼくが怖がってるって、君にはわかってもらわなくちゃ」

「ぼくがそれを恐れてるって、君にはわかってもらわなくちゃ」――

こういうセリフは微笑みながら言うこともできる。

すると君としては、微笑みながら言った人は恐怖を感じてない、と言いたいわけ?!　感じているなら、どのようにしてその人にはそれがわかるの？――しかし、たとえそれが報告であるとしても、その人がそれを知るのは自分の感覚からではない。【＊5】

というのも、感覚が恐れの身ぶりによって呼び起こされることを想像してもらえばいい。「ぼくがそれを恐れてる」という言葉もそういう身ぶりだからだ。そして私がそう言うときに、それを聞いてそう感じるなら、それはそれ以外の感覚の一部だからだ。言葉によらない身ぶりがなぜ、言葉による身ぶりの土台にならなければいけないのか？【＊6】

ii

「その単語を聞いたとき、私にはそれが……という意味だった」と言うことによって、彼は、ある時点とある単語の使い方に言及している。（私たちが把握していないのは、もちろんこういう組合せなのだ）

そして「あのとき……と言いたかったんだ」という表現によって、ある時点とある行為が言及されているのである。

発言にとって本質的な言及（・関連）を話題にすることによって、私は、私たちの表現にまつわりついている他の特徴を本質的な言及（・関連）から分離しているのだ。発言にとって本質的な言及（・関連）のおかげで、私たちは、ほかのケースでは親しみのない表現を日常的な形式に翻訳することになるのである。【＊7】

もしもかりに、「『sondern』という単語は、動詞（「隔離する」）でも接続詞（「…ではなくて」）でもある」と言えない人なら、あるいは、「sondern」をあるときは動詞として、またあるときは接続詞として使った文がつくれない人なら、簡単な学校の練習問題をこなせないかもしれない。しかし学校の生徒には、この単語をコンテキストなしでこれこれの意味で理解するようにとか、この単語をどのよう

に理解したかを報告するようにとかは要求されない。【＊8】

「Die Rose ist rot（バラは赤である）」という文は、「ist（である）」という単語が「と等しい」の意味なら、ナンセンスだ。――もしも、君がその文をしゃべりながら、「ist（である）」を等号だと思っているなら、君にとって意味は壊れている？

【ここの行アキなし】

ひとつの文を例にして、ある人にその文の単語ひとつひとつについて説明する。するとその人は、それらの単語が使えるようになり、その文も使えるようになる。かりにその文のかわりに、意味のない単語列を選んでいたら、その人は、その単語列を使えるようにはならないだろう。そして「ist（である）」という単語が等号とおなじだと説明されても、「Die Rose ist rot（バラは赤である）」という文を使えるようにはならない。

それにもかかわらず、「意味が壊れている」ということもそれなりに正しい。たとえば、「『おや、おや！』と表情たっぷりに叫ぼうと思うのなら、叫びながら親のことを思ってはいけない」と言うことができるという意味で、正しいのだ。【＊9】

意味を体験することと想像イメージを体験すること。「どちらの場合でも体験はするのだけれど、ちがったことを体験しているのだ」と、言いたくなる。「別の内容が意識の前にあらわれているのだ――立っているのだ」。――どういうものが想像体験の内容なのか？　その答えは、イメージである。

あるいは記述である。では、なにが意味体験の内容なのか？　どう答えたらいいのか、私にはわからない。――さっきの発言になにか意味があるとすれば、それは、「ふたつの概念は『赤』と『青』の概念のように似ている」という意味だが、それはまちがっている。【＊10】

意味の理解を想像イメージのように固定しておけるだろうか？　つまり、ある言葉の意味が突然ひらめいたとき、――その意味は、私の心の前で立ちどまることができるのだろうか？【＊11】

「計画の全体像がいっきょに頭に浮かび、それが5分間じっと立ちどまっていた」。なぜこれが奇妙に聞こえるのだろうか？　ひらめいたものと立ちどまっているものがおなじであるわけはない、と思いたいからである。【＊12】

「わかったぞ！」と私は大声で叫んだ。――突然ひらめいたのだ。私は計画を細部にわたって説明することができた。そのとき立ちどまっていたのは、なに？　イメージかもしれない。しかし、「わかったぞ」は、「そのイメージをもっている」という意味ではなかった。【＊13】

ある単語の意味に思い当たって、それを忘れなかったなら、その単語をその意味で使うことができる。

意味に思い当たったなら、その意味がわかっていることになる。思い当たることは、わかることの

始まりだった。では、思い当たることは想像体験とどう似ているのか？【＊14】

「シュヴァイツァー（Schweizer）さんはスイス人（Schweizer）じゃない」と言うとき、私は最初の「シュヴァイツァー」を固有名詞と考え、2番目の「シュヴァイツァー」を普通名詞と考えていた。とすると、最初の「シュヴァイツァー」を言ったときには、2番目の「シュヴァイツァー」のときとは別のことが頭に浮かんでいるにちがいない？（「オウムのように真似して」言った場合はちがうけれど。――【長いダーシ】では、最初の「シュヴァイツァー」を普通名詞であると考え、2番目の「シュヴァイツァー」を固有名詞であると考えてみてほしい。――【長いダーシ】しかし、どうやってやるのか？それをやろうとすると、私は緊張で目をぱちぱちさせてしまう。それぞれの言葉で言われたように意味を思い浮かべようとするわけだから。――しかし、単語を普通に使う場合にもそれぞれの意味を思い浮かべているのだろうか？【＊15】

そういうふうに意味が交換された文を私がしゃべるとき、文の意味は壊れている。――ところで壊れているのは私にとってであって、おしゃべりの相手にとってではない。とすると、なにが具合が悪くなっているのか？――「でもさ、文を普通にしゃべるときには、なにか別のことが起きてるわけだよね」。――そのとき起きていることは、あの「意味を思い浮かべる」ことではない。【＊16】

iii

　私がいだいている彼のイメージは、なにによって彼のイメージとなるのか？
姿が似ていることによってではない。

「いま目の前に彼が生きいきと見える」という発言については、彼のイメージについてとおなじことが当てはまる。つまり、その発言は、なにによって彼にかんする発言となるのか？――その発言のなかにあるものではない。また、その発言と同時にある（「その発言の背後にある」）ものでもない。彼が誰のことを言っているのか知りたければ、彼に聞けばいい。

（誰かの顔が思い浮かぶだけでなく、それをスケッチすることだってできるのだが、私には、それが誰の顔なのかわからないし、どこで見たのかもわからない。そういうこともあるわけだ）【＊17】

　ところで、想像しながらスケッチをしているとしよう。あるいは想像するかわりにスケッチしているとしよう。指で空中に描くようなスケッチでもかまわない。（それを「運動による想像」と呼べるかもしれない）。そのときこう質問できるだろう。「誰を描いてるの？」。それにたいする答えによって、誰が描かれているのかが決まる。――まるでそれは、言葉で描いたかのようである。そしてその言葉による描写が想像のかわりにもなるわけだ。【＊18】

iv

「彼が苦しんでる、と私は思う」。――彼はロボットじゃない、とも私は思っている？

抵抗を感じることなしに私は、このふたつのコンテキストで「思う（glauben）」という単語を使えないかもしれない。

（あるいはこういうこと？　つまり私は、彼が苦しんでると思うのだが、彼がロボットでないと確信している？　ナンセンス！）【＊19】

私が友だちのことを、「ロボットじゃないよ」と言うとしよう。――【長いダーシ】ここではなにが伝えられているのか？　これは誰のための情報なのか？　日常的な場面でその友だちに会う人のため？　なにが情報として伝えられるのだろうか？（せいぜい伝えることができるのは、「そいつはいつも人間のようにふるまっている。ときどきマシンみたいになることもない」と言うことくらいだ）【＊20】
「彼はロボットじゃない、と私は思っている」には、だからそのままでは、まったく意味がないのだ。【＊21】

彼にたいする私の姿勢は、魂にたいする姿勢である。彼には魂がある、という意見を私はもっていない。【＊22】

宗教の教えによれば、肉体が滅んでも、魂は生きていることができる。私はこの宗教の教えを理解しているのだろうか？——もちろん理解している。——その教えからあれこれ想像もできる。それにかんして何枚もの絵も描かれてきた。しかしなぜそういう絵は、言葉で語られた思想の不完全な再現にすぎないのだろうか？　なぜそういう絵は、語られた教えとおなじ仕事をしてはならないのだろうか？　そう、仕事が問題なのである。【＊23】

頭のなかで思想の絵が私たちに迫ってくることがあるのなら、どうして魂のなかで思想の絵がもっと迫ってこないのだろうか？【＊24】

人間のからだは、人間の魂の最上の絵姿である。【＊25】

「君がそう言ったとき、私はそれを胸で理解した」というような表現はどうだろう？　そう言いながら、私たちは胸を指さしている。もしかしたらそのジェスチャーのことを言っているのではないか?!　もちろんそうだ。あるいは私たちは、イメージしか使っていないことに、気がついているのだろうか？　もちろん気づいていない。——それは私たちの選んだイメージではないし、比喩でもない。

しかしイメージによる表現なのだ。【＊26】

V

点の運動（たとえばスクリーン上の光の点）を観察しているとしよう。その点のふるまいからさまざまな種類の重要な結論をひきだすことができる。しかしまあなんと多くのことがこの点で観察できるのだろう！——この点の軌道とその軌道の測定量（たとえば振幅や波長）とか、速度とその速度が変化する法則とか、速度が突発的に変化する場所の数あるいは位置とか、それらの場所での軌道の曲率とか、数えきれないほど多くのことが観察できる。——このふるまいに見られるこれらの特性のうちどれを選んでも、それひとつだけで、私たちが興味をもつ唯一の特性になるかもしれないほどだ。たとえば、ある時間において点が描いたループの数に興味をもつと、この点の運動にかんする他のあらゆることはどうでもよくなってしまうだろう。——【長いダーシ】そして私たちがそのひとつの特性だけでなく、それ以外のいくつかの特性にも興味をもつようになったとすると、どの特性もそれぞれ、他の特性とはちがう特別のことを解明してくれるだろう。これとおなじことが人間のふるまいについて言える。私たちが観察しているふるまいの、さまざまな特徴についても言えるのだ。【＊27】

そうすると心理学はふるまいをあつかうのであって、心をあつかうのではない？

心理学者はなにを報告しているのだろうか？——なにを観察しているのだろうか？　人びとのふる

まいではないのか？　とくに言葉による表明ではないのか？　しかしそれらの表明はふるまいをあつかっていない。【＊28】

「私は彼が不機嫌だったことに気づいた」。これはふるまいについての報告だろうか？　それとも心の状態についての報告だろうか？（「空はいまにも降りだしそうだ」。これは現在のことなのか？　それとも未来のことなのか？）。両方である。ただし並列されてではなく、もう一方をとおして一方をあつかっているのだ。【＊29】

医者がたずねる。「彼の気分どう？」。ナースが答える。「うめいてます」。ふるまいについての報告だ。ところでふたりにとって、そのうめきが実際に本物なのかどうか、実際になにかの表現なのかどうか、と質問することは必要なのだろうか？　たとえば——推論の中間項を省略しないで——「うめいてるんだったら、鎮静剤をもっと出さなくちゃ」という結論を出せないのだろうか？　ふるまいの描写にふたりがあたえている役割こそが重要なのではないのだろうか？【＊30】

「しかしそれなら、このふたりにはまさに暗黙の前提があるのだ」。とすると言語ゲームのプロセスは、いつも暗黙の前提にもとづいていることになる。【＊31】

私が心理学の実験を描写している。装置を、実験者の質問を、被験者の行動と回答を描写してから

――「これって、芝居のシーンなんだよね」と言う。――するとすべてがガラリと変わってしまう。つまり、つぎのように説明されるだろう。「もしも心理学の本でこの実験がおなじように描かれているなら、ふるまいの描写はまさに心的なものの表現だと理解されるだろう。だって、被験者はぼくらをからかってないし、回答を暗記してしまってるわけでもない、などなどのことが前提になってるからね」。――つまり私たちは前提をもっていることになる？

私たちは本当に、「もちろん、……ということを前提にしてるんだ」と言うのだろうか？――それとも言わないのだろうか？　ただ、相手が承知してるからという理由で。【＊32】

疑いが出てくる場所では、前提はなりたたないのでは？　疑いがまるでないこともある。疑いには終わりがある。【＊33】

これは、物理的モノ（対象）と感覚印象の関係に似ている。ここにあるのはふたつの言語ゲームであり、このふたつの関係は複雑だ。――【長いダーシ】その複雑な関係を単純なひとつの公式にしてしまおうとすると、道に迷うことになる。【＊34】

vi

誰かがこう言ったとしよう。「たとえば、ある本のなかで、ぼくらがよく知ってる単語はどれも、ぼくらの心のなかにすでに雰囲気をもっている。ぼんやり暗示された用法を『暈《かさ》』のようにしてもっている」。――【長いダーシ】まるでそれは、ある絵画に描かれた人物の誰もが、あたかも別次元で、霧のように描かれたやわらかい情景に囲まれているかのようなので、私たちはそれらの人物を別のコンテキストで見ているかのようなのだ。――【長いダーシ】この仮定と真剣につき合ってみよう！――すると明らかになることがある。この仮定では意図というものが説明できないのだ。

つまり、ある単語を話したり聞いたりするとき、その単語の用法のさまざまな可能性が、私たちの目にハーフトーンで浮かぶとしよう。――もしもそうであるなら、それはまさに私たちに当てはまる。しかし私たちがほかの人とコミュニケーションするとき、相手にもそういう体験があるのかどうか、わからない。【＊35】

ある人から「ぼくの場合、理解することは内的なプロセスなんです」と言われたら、さて、どう言い返したものだろう？――「ぼくの場合、チェスができることは内的なプロセスなんです」と言われたら、どう言い返したものだろう？――あなたのなかでなにが起きてるのか、には興味ないんですよ。私たちが知りたいのは、あなたがチェスができるかどうか、だけなんだから。——で、もしもその人が、私たちの関心事であるチェスの能力について答えたなら、——私たちとしてはその人に、その能力を証明してくれるような規準のことを気づかせる必要があるだろう。それだけではなく「心の状態」の規準のことも。

たとえその人が、なにか特定のことを感じているあいだだけ特定の能力をもっているとしても、「そう感じること」が「その能力をもっている」ということにはならないだろう。【＊36】

単語の意味は、単語を聞いたり言ったりするときの体験ではない。文の意味は、それらの体験の複合体ではない。——(「私はまだ彼に会ったことがない」という文の意味は、その文に含まれる個々の単語の意味から、どんなふうにして合成されるのだろうか?)。文は単語から合成されている。それで十分だ。【＊37】

どの単語も——と言いたくなるのだが——さまざまなコンテキストでさまざまな性格をもつわけだが、それにもかかわらずいつもひとつの性格をもっている。——ひとつの顔をもっている。その顔が私たちを見つめているのだ。——【長いダーシ】しかし絵に描かれた顔も私たちを見つめている。【＊38】

「もしも」の感覚はひとつだけだ、と君は確信している? いくつかあるのではなくて。その単語をじつにさまざまな種類のコンテキストで言おうとしたことがあるだろうか? たとえば、その単語

に文の第1アクセントがある場合とか、となりの単語に文の第1アクセントがある場合とか。【＊39】

自分の語感について話をしてくれる人がいたとしよう。「私には『もしも』と『しかし』の感覚はおなじなんですよね」。——その言葉を私たちは信じてはいけないのだろうか？ もしかしたら普通ではない感じがするかもしれない。「その人のやってるのは、ぼくらの言語ゲームじゃないね」と言いたくなる。「それは別のタイプのゲームだな」とも言いたくなる。

もしもその人が「もしも」と「しかし」という言葉を私たちとおなじように使っている場合、「その人は『もしも』と『しかし』という言葉を、私たちが理解しているように理解している」と私たちは思わないだろうか？【＊40】

「もしも」の感覚は、「もしも」の意味と明らかに対になっていると見なすなら、「もしも」の感覚についての心理学的興味は、まちがって評価されている。「もしも」の感覚は別のコンテキストでながめられる必要があるのだ。その感覚があらわれる特別の状況というコンテキストで。【＊41】

「もしも」という単語を言わない人には、「もしも」の感覚がないのだろうか？ しかし「もしも」という単語を言うことによってしか「もしも」という感覚が呼びおこされないなら、いずれにしても奇妙な話だ。そしてこのことは言葉の「雰囲気」についても当てはまる。——この単語にしかこの雰囲気がないということが、どうして当たり前だと見なされるのだろうか？【＊42】

「もしも」の感覚は、「もしも」という単語に付随している感覚ではない。【＊43】

「もしも」の感覚は、音楽のフレーズがあたえてくれる特別な「感覚」にたとえることができるにちがいないだろう。（そういう感覚を描写するために、こう言われることがある。「ここで結論が出されるかのようだ」とか、「『ということはつまり……』って言いたいな」とか、「ここではいつもジェスチャーをしたいんだよね――」。そう言って、実際にジェスチャーをするのである）【＊44】

しかし、「もしも」の感覚は音楽のフレーズから切り離せるのだろうか？　ところが「もしも」の感覚は音楽のフレーズそのものではない。音楽のフレーズは、「もしも」の感覚なしで聞くことができるのだから。【＊45】

その点において「もしも」の感覚は、音楽のフレーズが演奏されるときの「表情」に似ているのでは？【＊46】

ここのパッセージには特別の感覚があるね、と私たちは言う。そしてそのパッセージを歌ってみて、ちょっとからだを動かしてみたり、もしかしたら特別の感情をもったりする。しかし別のコンテキストになると、これらの付随現象――動きや感情――はまったく姿をあらわさない。まさにそのパッセ

ージを歌っているとき以外は、まったく空っぽなのだ。【＊47】

「私はこのパッセージを特別の表情で歌う」。その表情は、そのパッセージから切り離せるようななにかではない。別の概念なのである。（別の言語ゲーム）【＊48】

体験とは、そんなふうに演じられたパッセージのことである。（「そんなふうに」というのは、私がやってみせるように、としか言いようがない。説明するとしても、暗示することしかできないだろう）【＊49】

モノから切り離せない雰囲気、――つまりそれは雰囲気ではないのだ。

親密に結びついているもの、結びつけられたものは、おたがいにフィットしているらしい。しかしそれはどのようにして？　フィットしているらしいことは、どのようにしてあらわれているのか？　たとえばこうだ。私たちは、この名前、この顔、この筆跡をもった男が、これらの作品ではなく、まったく別の作品を（別の偉大な男の作品を）つくったのだとは想像できないのである。

本当にできないのか？　じゃ、やってみる？――【＊50】

つまりこんなことを想像してみるのだ。私は誰かが「第9交響曲を書いているベートーヴェン」の絵を描いていることを耳にする。そういう絵にはどんなものが描かれているのか、簡単に想像がつくだろう。しかし、ゲーテが第9交響曲を書いているときの様子を描こうとしている人がいるとしたら、どうだろう? 私としては当惑して苦笑してしまうようなことしか想像できないだろう。【*51】

目が覚めてからなんらかのできごと（どこそこに行ってたんです、など）を私たちに話す人たちがいる。そこでその人たちに、「私は夢を見た」という表現を話の前に置くことを教える。それからときどき、「きのう夢を見た？」と質問すると、その人たちは「見た」とか「見なかった」と返事し、ときどき夢の話をしてくれることもある。これは言語ゲームだ。（さて私が仮定していたのは、自分は夢を見ないということである。しかし私は、目に見えない現在を感じるということはないのだが、ほかの人たちはちがう。そこで私はその人たちに経験したことを質問することができる）

その人たちは自分の記憶に欺かれているのか、いないのか？　眠っているあいだに実際に夢のイメージを見たのか、それとも目が覚めてからそんなふうに思っているだけなのか？　こういうことについて私は、仮定をしておく必要はないのか？　こういう質問にどんな意味があるのだろうか？――どんな利益があるのだろう?!　誰かから見た夢の話を聞かされているときに、私たちはこういうことを問題にしたことがあったのだろうか？　なかったとしたら、――それは、「その人は自分の記憶に欺かれていないだろう」と私たちが確信しているからなのか？　（では、その人の記憶力がきわめて悪いと仮定してみよう。――）【＊52】

とすると、「『夢は眠っているあいだに実際に見たものなのか、それとも目覚めた人の記憶現象なのか』といった質問をすること自体、ナンセンスなのだ」ということになる？　それは、質問の使われ方によるだろう。【＊53】

「精神が言葉に意味をあたえることができるように見える」。――これは、私が「ベンゼンでは炭素原子が六角形の角のところにあるように見える」と言うようなものではないか？　しかしベンゼンの場合は、「ように見える」のではなく、図式である。【＊54】

高等動物の進化と人間の進化、そして、ある段階での意識の目覚め。このイメージはつぎのようなものだ。世界に浸透しているエーテルの振動にもかかわらず、世界は暗い。しかしある日、人間が見る目をひらくと、明るくなった。

私たちの言語はまず絵を描く。その絵でなにが起きなくてはならないか、その絵をどんなふうに使うべきかは、まだ闇につつまれている。しかし、自分たちの言っていることを理解しようと思えば、いま述べた問題を探究する必要があるのは明らかだ。ところが絵のほうは、私たちにその探究の仕事を免除しているらしい。すでに絵の使い方を指示しているのだ。そうやって私たちをからかっているのである。【＊55】

「私の運動感覚は私に私の手足の動きと位置を教えてくれる」

自分の人差し指を小さくかすかに揺らしてみる。ほとんど、あるいはまったく動きを感じない。もしかしたらちょっと指先にかすかな緊張を感じるかもしれない。（手首にはまったく感じない）。そしてその感覚が私にこの運動のことを教えてくれる？——なにしろ私はこの運動を精確に記述できるのだから。【＊56】

「君はその動きを感じてるにちがいない。でないとその指が動いてるのが（見もしないで）わからないだろう」。しかし、それが「わかる」ということは、それが記述できるということにすぎない。——私は音のやってくる方向を言うことができるだろうが、それはただ片方の耳がもう一方の耳より強く刺激されるからにすぎない。耳のなかで感じているわけではない。しかしそのおかげで、私は音がどの方向からやってきているのか「わかる」わけだから、たとえばその方向を見るのである。【＊57】

同様につぎのようにも考えられる。痛みの感覚の目印が、からだのどこが痛いのかを教えてくれる

にちがいない。記憶のイメージの目印が、どういう時の記憶なのかを教えてくれるにちがいない。【*58】

なにかの感覚が、手足の動きや位置を教えてくれることがある。（たとえば、自分の腕が伸びているかどうか、普通の人とちがってわからない人も、ひじに刺すような痛みがあれば、腕が伸びていると納得できるかもしれない）。——同様に痛みの性格が、けがした場所を教えてくれることがある。（また写真が黄色くなっていると、写真の年齢がわかることがある）【*59】

感覚印象によって形や色がわかると判断する規準は、なにか？【*60】

どの感覚印象によって？　そうだな、この感覚印象によって。私はそれを言葉とか画像で記述する。では、君の指がそのポーズをとっているとき、君はどんなことを感じてる？——「感じって、どんなふうに説明したらいいのかな？　感じって、説明できない特別なものだよ」。しかし言葉の使い方は教えることができるにちがいない！【*61】

いま私はその文法上の区別を探しているのだ。【*62】

いちど、運動の感じというものを度外視してみよう。——誰かになにかの感じを説明しようとして、

「こうやって。するとその感じになれるから」と言いながら、私は自分の腕か頭になんらかのポーズをとらせる。さてこれで、なにかの感じを説明したことになるのだろうか？　いつ私は、「私がどういう感じのことを言おうとしたのか、わかったね」と言うのだろうか？——それを聞いて相手はさらに、その感じを説明しなくてはならなくなるだろう。それはどんなものでなければならないか？【＊63】

「こうやって。そうすればできるようになるから」と私が言う。そのとき疑問はないのだろうか？　感覚のことを言っているのなら、きっと疑問があるのではないか？【＊64】

それはこんなふうに見える。それはこんな味がする。それはこんな感じだ。「それ」とか「こんな」については、さまざまな説明の仕方があるにちがいない。【＊65】

「感じ」は、私たちにとってきわめて特別の関心事だ。たとえば、「感じの程度」、感じの「所在地」、ひとつの感じが別の感じによって減殺されること、などである。（運動するとひどい痛みがあり、その痛みはその場所ではほかのかすかな感覚までをすべて減殺してしまう、としよう。そうすると君が運動を実際にやったかどうかは、確かではなくなるだろう？　その結果、君はそのことを目で見て納得することになるのでは？）【＊66】

ix

自分の悩みを観察している人は、どの感覚で観察しているのだろうか。特別な感覚で？ 悩みを感じる感覚で？ とすると、観察しているときには、別なふうに感じているわけだろうか？ では、どの感覚を観察しているのだろうか。自分が観察しているときにだけ存在しているような感覚を？

「観察すること」は、観察されたものを生みだすわけではない。（これは、概念による確認だ）

あるいは、私が「観察している」のは、観察することによってはじめて生じる「もの」ではない。観察の対象は別のものだ。【＊67】

きのうまで触れられると痛かったけれど、きょうはもう痛くない。

きょう私が痛みを感じるのは、痛みのことを考えたときだけだ。（つまり、なんらかの場合に）

私の悩みはもはやおなじ悩みではない。1年前には耐えられなかった思い出も、きょうはもう耐えられなくはない。

これが観察の結果である。【＊68】

「誰かが観察している」と私たちが言うのは、どんなとき？ だいたいこんなときだろうか。その誰かが、なんらかの印象をもつのに都合のいい位置にいて、（たとえば）その印象が教えてくれることを描写しているとき。【＊69】

赤いものが見えたらある音を出し、黄色いものが見えたら別の音を出し、ほかの色のものが見えたらほかの音を出すように訓練された人がいるとしよう。その人がそうしたからといって、色によって対象が記述されるわけではないだろう。もっとも、私たちが記述するときの助けになるにもかかわらず。記述というものは、（たとえば時間という）空間における配置を写像することなのだ。【＊70】

部屋のなかを見まわしていて、突然、けばけばしく赤いモノ（対象）に気づき、「赤だ」と言う。――そう言ったからといって、私はなんの記述もしていない。【＊71】

「怖いんだよ」と言うことは、心の状態を記述したものだろうか？【＊72】

私が言う。「怖いんだよ」。相手が質問する。「それって、どういうことだったの？　不安の叫び？　それとも、どんな気分なのか、ぼくに伝えようとしてるわけ？　それとも、君のいまの状態を観察したものなの？」――私は相手に、いつもはっきり答えることができるのだろうか？　なんにも答えられないのではないか？【＊73】

じつにさまざまなことが想像できる。たとえば、「いや、いや。怖いんだよ」

「怖いんだよ。こんなこと言いたくないけど」

「怖いんだよ、まだちょっと。以前ほどじゃないけど」

「さいなまれてるんだよ、じつはまだ。そうは認めたくないけど」

「怖いんだよ、――もう、怖がる必要はないはずなのに」

これらのどの文にもそれぞれ特別のイントネーションがあり、それぞれ別のコンテキストをもっている。

いわば私たちよりもはるかに明確に考えて、私たちがひとつの単語を使うところで、複数のさまざまな単語を使うような人びとがいる、と想像できるかもしれない。【＊74】

「『怖いんだよ』って、本当はどういう意味なのか？　私はそう言うことによって、どういうことを指しているのか？」と私たちは考える。もちろん答えは出てこない。あるいは、満足のいく答えは出てこない。

問題は、「それがどんなコンテキストにあるのか」なのだ。【＊75】

「私は、どういうことを指しているのか？」、「その場合なにを考えてるのか？」という質問にたいして、私が「怖い」という言葉をくり返しながら、自分に注目して、横目でいわば自分の心を観察することによって、答えようとしても、答えは出てこない。しかし具体的なケースでなら私は、「なんであ言ったのか、なにを言おうとしたんだろう」と質問することができるし、——それに答えることもできるだろう。とはいえ、話すことに付随する現象を観察したことにもとづいているわけではない。しかし私の答えは以前の発言を補い、パラフレーズすることになるだろう。【＊76】

怖いというのはどういうことなのか？「怖がる」とはどういうことなのか？ひとつ例をしめして説明しようとするなら、——私は、怖いということを演じるだろう。【＊77】

望むことも同様に演じることができるだろうか？ほとんどできない。では、信じることは？【＊78】

（たとえば、怖いという）私の心の状態の描写を、私は特定のコンテキストでやっている。（特定の行動が、特定のコンテキストにおいてのみ、実験であるように）

私が異なったゲームでおなじ表現を使うことは、そんなに驚くべきことなのだろうか？しかもときには、いわばゲームとゲームのあいだで使うことは？【＊79】

ところでいつも私は、はっきりした意図をもって話しているのだろうか？——そんなことはないから、私の言うことは無意味なのだろうか？【＊80】

弔辞で「……の死を悼み」と言われるとき、それは哀悼の表現であって、参列者になにかを伝えるものではない。しかし墓地で祈るときにそう言われると、一種の伝達になる。【＊81】

問題はしかし、記述とも呼べず、どんな記述よりもプリミティブな叫びが、それにもかかわらず心の状態を記述するとき役に立っている、ということである。【＊82】

叫びは記述ではない。しかし両者のあいだには移行領域がある。「怖いんだ」という言葉は、叫びに近づいている場合も、叫びから離れている場合もある。叫びのすぐ近くにいる場合も、うんと離れている場合もある。【＊83】

ある人が「痛いんだ」と言っているからといって、かならずしも私たちは「その人が嘆いている」と言うわけではない。というわけで、「痛いんだ」という言葉は、嘆きにもなるし、別のものにもなる。【＊84】

「怖いんだ」という言葉が、いつもではないにしても、ときには嘆きに近いものであるのなら、なぜそれはいつも、心の状態を記述したものであるべきなのか？【＊85】

x

「私は……と思う」のような表現は、どのようにして用いられるようになったのか。あるとき、(思うという)現象に気づいたのだろうか?

自分自身と他人を観察して、思うということを発見していたのだろうか?【*86】

ムーアのパラドクスは、つぎのように言うことができる。「こういう事情だと私は思う」という発言は、「こういう事情だ」という発言と似たように使われる。けれども、「こういう事情だと私は思う」という仮定は、「こういう事情だ」という仮定と似たようには使われない。【*87】

すると、「私は思う」という主張は、「私は思う」という仮定が仮定していることを主張していないかのように見えるのだ!【*88】

同様に、「雨が降るだろうと私は思う」という発言には、「雨が降るだろう」と似たような意味、つまり似たような使い方がある。けれども、「雨が降るだろう、と私はあのとき思った」には、「あのとき雨が降った」と似た意味はない。

「でもさ、『私は思った』は、現在『私が思う』まさにそのことを、過去に言ってるにちがいないわけだよね」――【長いダーシ】たしかに$\sqrt{-1}$と-1の関係は、$\sqrt{1}$と1の関係とおなじであるにちがいない！　でもそれじゃ、なにも言っていない。【＊89】

「結局ぼくは、『……と私は思う』と言うことによって、自分の精神状態を述べてるわけだね。――でもこうやって述べることは、ぼくが信じてる事実そのものを間接的に主張していることになる」。――それは場合によっては私が、写真の被写体を記述するために、写真を記述しているようなものだ。だがそのとき私は、なかなかよく撮れた写真だ、と言えなければならない。とすると同様に、「雨が降ってると私は思う。そして、私が思うことは信頼できる。だから、私は、私が思っていることを信頼するわけだ」とも言えなければならない。――そうすると私がそう思っていることは、一種の感覚印象なのだろう。【＊90】

自分の感覚を信用しないことは可能だが、自分が思っていることを信用しないことは不可能である。【＊91】

もしも、「まちがって思う」という意味の動詞があったとしても、直説法現在で意味の通る1人称はないだろう。【＊92】

「思う」、「願う」、「欲する」などの動詞は、「切る」、「噛む」、「走る」などの動詞がもっている文法上の形をすべてしめすのだが、そのことを当たり前だとは考えないで、とても奇妙なことだと考えてもらいたい。【＊93】

レポートするという言語ゲームは、レポートが受信者にレポートの内容を伝えるのではなく、送信者のことを伝えるようなゲームに転換することができる。

たとえば、教師が生徒をテストする場合がそうだ。（物差しをテストするために、測ることもある）【＊94】

なにかある表現——たとえば「私は思う」——を私が導入するとしよう。その表現をレポートの冒頭に置くことにして、送信者自身のことについて情報をあたえるのである。（だから、その表現が確実でないことを暗示する必要はない。ひとつ覚えておいてもらいたい。主張が確実でないことは、誰の主張かを明示しないことによっても表現できるのだ。「彼はきょう来ないかもしれない」という具合に）——「私は……と思うが、そうではないのだ」と言うのは、矛盾だろう。【＊95】

「……と私は思う」によって私の状態が照らしだされる。この発言から私のふるまいにかんしていろいろ推論できる。だからこの発言は、心の動きや気分などの表現に似ている。【＊96】

ところで「私はそうだと思う」によって私の状態が照らしだされるのなら、「そうだ」という主張によっても私の状態は照らしだされる。しかし「私は思う」という合図によっては、そういうことができない。せいぜいのところ暗示されるだけである。【＊97】

「私はそうだと思う」が「そうだ」という主張のトーンでしか表現されないような言語があるとしよう。その言語では、「彼は思う」のかわりに「彼は……と言う傾向がある」と言い、さらに「私に……という傾向があるとするならば」という仮定（接続法）もあるのだが、ただし「私には……と言う傾向がある」とだけは言えない。

ムーアのパラドクスはこの言語には存在しないだろう。そのかわりに、「私には……と言う傾向がある」のような人称変化形をもたない動詞が存在するのだろう。

だからといって驚くことはない。意図を口にすることによって、自分の将来の行動を予言することができる、ということを考えてみてほしい。【＊98】

私はほかの人について、「……と思ってるみたいだ」と言う。私自身もほかの人からそう言われる。ところでなぜ私は自分についてそう言わないのか？　ほかの人たちが私についてそう言うのが当然であるにもかかわらず。——私は私自身を見たり聞いたりしていないのだろうか？——私たちは、自分自身を見たり聞いたりしている、と言うことができる。【＊99】

「自分で納得していると感じるとき、自分の言葉とかそのイントネーションとかからそう感じるわけじゃないよね」。――たしかに自分の言葉にもとづいて、自分が納得していると推論するわけでもないし、納得した結果の行動を推論するわけでもない。【＊100】

「するとさ、『私は思う』という主張は、仮定が仮定していることを主張してないみたいだね」。――だから私としては、この動詞を別なふうに変化させて、直説法現在の1人称で使えないものかと考えたくなるわけだ。【＊101】

つまり私は、こう考えるわけだ。思うというのは心の状態である。その状態は持続する。たとえば文のなかで「私は思う」という表現が終わっても、それに関係なく持続する。だからその状態は、思う人の一種の傾向である。その傾向を私に明らかにしてくれるのは、ほかの人の場合、その人のふるまいであり、その人の言葉である。さらに、「……と私は思う」というその人の発言や、その人のストレートな主張も、その人の傾向を明らかにしてくれる。――では、私の場合はどうだろう？ 私自身はどのようにして自分の傾向を見分けるのか？――そうだ、私だってほかの人とおなじように、私自身を観察し、私の言葉に耳を傾けて、それらから推論できるにちがいないだろう！【＊102】

私は自分の言葉にたいして、ほかの人たちとまったく別の態度をとる。

さっき述べた動詞の変化は、もしも私が「私は思っているらしい」と言えさえすれば、発見できたことになるだろう。【*103】

自分の口がしゃべっているのに耳をすませば、私は、「ほかの人が私の口でしゃべってる」と言えるかもしれない。【*104】

「ぼくの発言から判断すると、ぼくはそう思ってるね」。さて、この文が意味をもつような状況を考えだすことはできる。

そしてつぎのように言うこともできるかもしれない。「雨が降ってるけど、ぼくはそうは思わない」とか、「ぼくの自我はそう思ってるらしいが、そうじゃないんだ」。こう言うためには、私の口でふたりの人間がしゃべっているということを指ししめすような行動を、思い描く必要があるだろう。【*105】

「私は思う」という仮定においてすでに、路線が、君の考えているものとはちがっている。

「私が……と思っていると仮定しよう」という言葉ですでに、君は、「思う」という単語の文法をまるごと前提としている。君がマスターしている日常的な用法を前提としているのだ。――君が仮定しているのは、なにかのイメージによって一義的に君の目の前にある事態ではない。だから君は、日常的な主張とは別の主張をこの仮定に接ぎ木できるわけだ。――もしも、君が「思う」の使い方に習熟していなければ、ここで君の仮定していること（つまり、この仮定から帰結すること）は、君にはまったくわからないだろう。【＊106】

「……と私は言う」という表現を考えてみてほしい。たとえば、「きょう雨が降るだろうと私は言う」は、「きょう雨が降るだろう」と言うのと要するにおなじである。ちなみに、「……となるだろうと彼は言う」は、「……となるだろうと彼は思う」ということだ。「……と私が言うと仮定しよう」は、「きょう……となるだろうと仮定しよう」とはちがう。【＊107】

さまざまな概念がここで触れあい、ちょっとだけいっしょに歩いていく。だからといって「線はすべて円である」などと思う必要はない。【＊108】

【ここに、円のようなものが3つ、くっついた図が入っている】

「雨が降ってるのかもしれないけれど、雨は降ってない」という、文とも呼べないような文を考えてみてほしい。

ここで用心しなければならないことがある。「雨が降ってるのかもしれない」はもともと「雨が降ってるのだろうと私は思う」ということだ、などと言ってはならない。——どうして逆に、「雨が降ってるのだろうと私は思う」が「雨が降ってるのかもしれない」ということであってはいけないのか？【＊109】

臆病な主張を、臆病を主張したものだと考えないように。【＊110】

xi

「見る」という言葉のふたつの使い方。

ひとつ目。「そこになにが見える?」――「これが見える」(そして記述されたり、スケッチされたり、コピーされたりする)。ふたつ目。「このふたつの顔には類似性が見られる」。――私にそう言われる人は、ふたつの顔を私が見ているのと同様にはっきり見ているのだろう。

大切なのは、見られる「対象」ふたつのカテゴリーがちがっていることだ。【*111】

ひとりは、ふたつの顔を精確にスケッチすることができるだろう。もうひとりは、そのスケッチで、ふたつの顔の類似性に気づくのだろう。最初の人には見えなかった類似性に。【*112】

ある顔を観察していて、突然、ほかの顔と似ていることに気づく。私には、その顔が変化したとは見えないのだが、たしかに別の顔に見える。この経験を私は、「アスペクトに気づく」と呼ぶことにする。【*113】

「アスペクトに気づく」原因に心理学者は興味をもっている。【*114】

私たちが興味をもつのはアスペクトの概念であり、経験にかんする概念のなかでのアスペクトの位置だ。【＊115】

ある本の、たとえば教科書のいくつかの箇所につぎのようなイラストが描かれている、と想像することができるだろう。

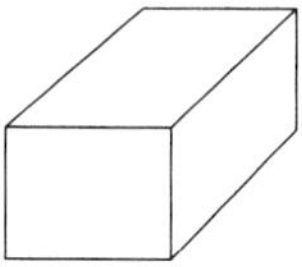

このイラストにつけられたテキストは、毎回、ちがったことについて述べている。あるときはガラスの立方体について、あるときはひっくり返された空き箱について、あるときはこのイラスト状の針金フレームについて、あるときは立体角をつくっている3枚のプレートについてである。テキストは毎回、イラストの解釈をしているわけだ。

けれども私たちもイラストを、あるときはこれとして、あるときはそれとして見ることができる。——つまり私たちは、解釈をしているのだ。そして私たちの解釈にしたがって、そのイラストを見ているのである。【＊116】

ここで、もしかしたら、こう答えたくなるかもしれない。解釈をもちいて直接的な経験を、視覚体験を記述することは、間接的な記述である、と。「私はこの図を箱と見る」というのは、「私には、その図を箱として解釈すること（または箱だと直観すること）と――経験上――連動してあらわれる特定の視覚体験がある」ということである。しかし、もしもそうなら、私にはそのことがわかっていなければならないだろう。その体験を直接――たんに間接的にではなく――指示できなくてはならないだろう。（赤について私がしゃべるとき、かならずしも血の色として言わなくてもいいのと同様に）【＊117】

つぎの図は、ジャストロウ「『心理学における事実と寓話』」から借りてきたものだが、私がこれに言及するときは、ウサギ＝アヒルの頭と呼ぶことにする。私たちはこれを、ウサギの頭かアヒルの頭として見ることができる。

それから私は、アスペクトが「いつも見える」ことと、アスペクトが「ひらめいて見える」ことを区別しておく必要がある。

以前、この絵を見せられたことがあったはずだが、そのとき私にはウサギにしか見えなかったと思う。【＊118】

ここで「絵の対象」という概念を導入すると便利である。たとえば「絵の顔」なら、こんな図になるだろう。

いくつかの点において、この「絵の顔」と私の関係は、「人の顔」と私の関係とおなじだ。私は、「絵の顔」の表情を研究することができるし、その表情にたいしては「人の顔」の表情にたいするように反応することができる。子どもは「絵の人」や「絵の動物」に話しかけることができるし、人形をあつかうようにそれらをあつかうこともできる。【＊119】

だから私はウサギ＝アヒルの頭を最初から「絵のウサギ」と見ていたわけである。つまり、「それはなに？」とか「なにが見える？」と質問されていたら、「絵のウサギ」と答えていただろう。さらに「それはどういうもの？」と質問されていたら、説明のためにいろいろな種類の「絵のウサギ」を指したり、もしかしたら本物のウサギも指したり、その動物の生活について話をしたり、ウサギの真似をしたりしていただろう。【＊120】

「なにが見える？」と質問されていたなら、私は、「いまは『絵のウサギ』として見てる」とは答えていなかっただろう。私は目に見えたままを述べただろう。「あそこに赤い円が見える」と言うのとまったく同様に。――

にもかかわらず私は、ほかの人に言われたかもしれない。「この人はこの図を『絵のウサギ』として見てるね」と。【＊121】

「私はそれを……として見ている」と言うことは、私にとってはほとんど意味がなかっただろう。ナイフとフォークを見て、「それらをいまナイフとフォークとして見てる」と言うようなものだから。そんな発言は理解されないだろう。――ちょうどそれは、「それはいま私にとってフォークだ」とか、「それもフォークかもしれない」と言うようなものだ。【＊122】

食卓でナイフ・フォーク・スプーンだとわかっているものを、ナイフ・フォーク・スプーンだとみなしたりはしないものだ。同様に、食事中には普通、口を動かす試みや努力などしないものである。

【＊123】

「いまそれ、私にとっては顔だな」と言う人には、こう質問することができる。「なにが変わった、って言おうとしてるわけ？」【＊124】

私は2枚の絵を見ている。1枚の絵ではウサギ=アヒルの頭がウサギに囲まれており、もう1枚の絵ではアヒルに囲まれている。私には、2枚のウサギ=アヒルの頭がおなじだと気がつかない。このことから、「私は2枚の絵でちがうものを見ている」ということになるのだろうか？——この場合、そういうふうに言ってもいい理由がある。【＊125】

「まったくちがったふうに見てた。そうだなんて、まるでわからなかったよ！」。これは感嘆の叫びだが、それもまた当然だ。【＊126】

2枚の絵の頭を重ね合わせて、そんなふうに比較することなど、私は考えもしなかった。2枚の絵が、ほかの比較方法を思いつかせてくれるからだ。

ウサギに見られた頭と、アヒルに見られた頭は、似ても似つかない。——完全に一致しているにもかかわらず。【＊127】

私は「絵のウサギ」を見せられて、「これはなに？」とたずねられると、「ウサギだ」と言う。「いまはウサギだ」とは言わない。目に見えたことを伝えるのである。——ウサギ=アヒルの頭を見せられて、「これはなに？」とたずねられると、「ウサギ=アヒルの頭だ」と言うかもしれない。しかし質問にはまったく別の反応をしめすこともできる。——「ウサギ=アヒルの頭だ」という答えは、目に見えたことを伝えているわけだが、「いまはウサギだ」という答えは、私の知覚を伝えていない。「ウサギだ」と言ったなら、私の答えは両義的でなくなり、私の知覚を報告していたことになるだろう。【*128】

アスペクトの転換。「やっぱり君は、いま絵がすっかり変わっちゃった！ と言うだろうね」

しかしなにがちがうのか。私の印象？ 私の見方？——【長いダーシ】私にそれが言えるのだろうか？ 私はその変化を、対象が私の目の前で変化してしまったかのような知覚として描写する。【*129】

「ぼくはいま、それを見てるんだ」と、私は（たとえば別の絵を指しながら）言うかもしれない。それは新しい知覚を報告する形式なのだ。

アスペクト転換の表現は、新しい知覚を表現したものだ。と同時に、変化していない知覚も表現しているものだ。【*130】

私は突然、判じ絵の謎解きができる。以前は何本かの枝に見えたものが、いまは人間の姿に見える。

視覚印象が変わったのだ。いま私には色と形だけでなく、特定の「編成」があることもわかる。——【長いダーシ】私の視覚印象が変わったのだ。——それは、以前どうだったのか、いまはどうなのか？——【長いダーシ】私の視覚印象を精確にコピーして再現すれば、——それはすぐれた再現ではないのか？——どこにも変化は見られない。【＊131】

とはいえ、「私の視覚印象はスケッチなんかじゃない。それはこれなんだ。——私が誰にも示すことのできないものなんだよ」とは言わないように。——もちろんそれはスケッチではないけれども、私の心のなかにあるスケッチとおなじカテゴリーのものでもない。【＊132】

「内面にある絵」という概念は誤解を招きやすい。その概念の手本が「外にある絵」だからだ。けれどもこのふたつの概念の使い方は、「数字」と「数」の使い方ほどには似ていない。（もしも、数を「数字のイデア」と呼ぼうとするなら、似たような混乱をひきおこしかねない）【＊133】

視覚印象の「編成」が色や形といっしょにされるのは、視覚印象を内的対象として出発点にしているからだ。そういう内的対象は、そのため当然おかしなものになる。奇妙に揺らぐ構成物になる。絵との類似性が乱されているからだ。【＊134】

立方体図にさまざまなアスペクトがあるとわかれば、私は、ほかの人がなにを見ているのか知るために、その人に、見ているものを模写してもらうだけでなく、その模型をつくってもらうか、示してもらうことができる。なぜ2種類の説明を要求されるのか、本人にわからないとしても。

しかしアスペクトの転換のときに事情が変わる。以前なら模写があれば無用に思われた規定、あるいは実際に無用だった規定が、唯一可能な体験表現となるのだ。【＊135】

そしてこのことがあるだけで、視覚印象において「編成」を色や形と比較することはあっさり退けられるのだ。【＊136】

ウサギ＝アヒルの頭をウサギとして見たとき、私はその形と色を見た（私はそれを精確に再現する）。――それだけではなく、ほかにも見たものがある。そう言いながら私は、さまざまなウサギの絵をたくさん指さすのである。――これで明らかになるのは、概念のちがいだ。

「……として見る」ということは知覚には属さない。だから、見ることに似ているし、また、見ることに似ていない。【＊137】

ある動物を見ていると、「なに見てるの？」とたずねられたので、私は「ウサギ」と答える。――【長いダーシ】景色をながめていると、突然、ウサギが走り過ぎたので、私は「ウサギだ！」と叫ぶ。

両方とも、つまり報告することも叫ぶことも、知覚の表現であり視覚体験の表現である。しかし叫びが表現であるのは、報告の場合とは別の意味においてである。叫びは私たちのからだから身をふり

ほどくようにして出てくる。――叫びと体験の関係は、叫びと痛みの関係に似ている。【＊138】

しかし叫びは知覚を記述したものだから、考えを表現したものと言うこともできる。――モノ(対象)をじっと見ている場合、そのモノ(対象)のことを考える必要はない。ところが視覚体験がある場合、叫びがその表現だから、自分の見ているモノのことも考えている。【＊139】

だからアスペクトをひらめかせるのは、半分は視覚体験であり、半分は考えることであるように思える。【＊140】

誰かが突然、なにかの現象を目にするのだが、それがなになのかわからない。(よく知っているモノなのに、ふだんとはちがう位置や照明のせいで、わからないのだろう)。わからない状態はほんの数秒だけのことである。「その人の視覚体験は、すぐにわかった人の視覚体験とはちがう」と言えるのだろうか?【＊141】

ある人は目の前にあらわれた見知らぬ姿のものを、その姿のものをよく知っている私とおなじように精確に記述することができるだろうか? この問いが、さっきの質問にたいする答えにならないだろうか?――もちろん、一般には答えにならないだろう。それにその人の記述もまるでちがうだろう。(たとえば私が、「その動物には長い耳があった」と言うとすると、――その人は「長い突起がふたつ

あった」と言って、そのスケッチをはじめたりするのである）【＊142】

何年も会っていなかった人と会うことにした。その人をはっきり見ているのだが、その人だとはわからない。突然、その人だとわかる。すっかり変わってしまった顔に以前の面影が見える。私に絵が描けるなら、いまは以前とはちがうポートレートを描くだろう。【＊143】

人混みのなかで知り合いのいる方向をしばらく探してから、ようやくその知り合いを見つけたとしよう。――これは、特別に見ることだろうか？　見て考えることだろうか？　それとも――ほとんどこう言いたくなるのだが――見ることと考えることのアマルガムなのだろうか？

問題は、「なぜそう言おうとするのか？」ということである。【＊144】

見たものを報告した表現がそのまま、いまでは、識別したという叫びにもなる。【＊145】

視覚体験を判断する規準とはなにか？――その規準はどういうものであるべきなのか？

「なにを見たか」を述べたり、描写すること。【＊146】

見たものを描写するという概念、見たものをコピーするという概念は、とても弾力性がある。その概念とともに、見たものという概念もとても弾力性がある。このふたつの概念は親密に関連している。

（しかしそれは、似ているということではない）【＊147】

　人間が空間的に見ているということを、私たちはどうやってわかるのか？——【長いダーシ】ある人に、その人が見渡している（あそこの）地形はどんなふうなのか、たずねる。「こんな具合？」（私はそれを手でしめす）。——【長いダーシ】「うん、そうだよ」。——【長いダーシ】「どうやってわかるの？」——【長いダーシ】「霧がかかってないし、はっきり見えるからね」。——【長いダーシ】推測の根拠は口にされない。見たものを空間的に描写することは、私たちにとっては唯一当然のことなのである。その一方、絵であれ言葉であれ、平面的な描写をするためには特別のトレーニングやレッスンが必要である。

（子どもが描く絵は奇妙だ）【＊148】

　微笑みを見ても微笑みだと気づかず、微笑みだと理解しない人は、微笑みを理解している人とはちがったふうに微笑みを見ているのだろうか？——その人は微笑みを、たとえばちがったふうに真似する。【＊149】

　顔を描いたスケッチを逆さまにもつと、その顔の表情がわからなくなる。微笑んでいることはわかるかもしれないけれども、どんな微笑みなのかを精確に見ることはできない。その微笑みを真似することもできないし、微笑みの性格をもっと精確に説明することもできない。

【ここの行アキなし】

しかし逆さまの絵のほうが、人間の顔をきわめて精確に描いていることもあるだろう。【＊150】

図a  は、図b  をひっくり返したものだ。図c  が図d 

をひっくり返したのと同様に。

しかし図cの印象と図dの印象のちがいは——と私は言いたいのだが——図aの印象と図bの印象のちがいとは別なものだ。たとえば図dのほうが図cよりも秩序があるように見える。（ルイス・キャロルのコメントを参照してもらいたい）。図dを手で写すのは簡単だが、図cはむずかしい。【＊151】

ウサギ=アヒルの頭がごちゃごちゃした線のなかに隠されている絵を、想像してみてほしい。さてあるとき私は絵に頭が描かれていることに気づく。しかもたんにウサギの頭だと思う。また後でおなじ絵を見て、おなじ輪郭に気がつくのだが、今回はアヒルだと思う。ただし私はまだ、2回ともおなじ輪郭だったとわかっていなくてもいい。さらに後でアスペクトの転換がわかった場合、——ウサギのアスペクトとアヒルのアスペクトは、私がごちゃごちゃした線のなかで単独にウサギまたはアヒルだと思ったときとは、まったく別のものだと言えるのだろうか？　いや、言えない。

ところでアスペクトの転換は、アスペクトの認識が呼びおこさなかった驚きを呼びおこす。【＊152】

ある図（図1）のなかに別の図（図2）を探していて、図2を見つけた人は、図1を新しい仕方で見る

ことになる。図1を新しいスタイルで記述できるだけではない。図2に気づいたことが新しい視覚体験だったのだ。【＊153】

けれどもその人は、かならずしもつぎのように言いたくなる必要はない。「図1がまったくちがって見える。この図2は、前の図1と完全におなじなのに、まるで図1とは似てないね」【＊154】

この場合、親戚関係にある現象や、使えそうな概念が無数にある。【＊155】

だとすれば、その図のコピーは、私の視覚体験を不完全に記述したものなのか？　ちがう。——けれども、細かい規定が不可欠なのかどうか、またどんな細かい規定が不可欠なのか、は状況によるわけだ。——もしもなにか疑問が残っていれば、不完全な記述ということになるだろう。【＊156】

もちろんこう言うことができる。「絵のウサギ」という概念にも「絵のアヒル」という概念にも該当するようなものが存在する。そういうものこそが絵であり、スケッチなのだ、と。——だがその印象は、「絵のアヒル」であると同時に「絵のウサギ」であるというわけにはいかない。【＊157】

「ぼくが実際に見てるものは、やっぱり、ぼくのなかで対象の作用によって成立するものにちがいない」。——私のなかで成立するものは、写像のようなものだ。自分でふたたび見ることができ、目の前にあるようなものだ。ほとんど物質化のようなものと言える。

そしてこの物質化は、空間的なものである。そして空間的な概念で記述されなければならない。(もしもそれが顔なら)、たとえば微笑むことができる。しかし親しみの概念はこの物質化を説明するときには必要ではなく、その説明には(貢献することがあるとしても)なじまない。【*158】

「なにを見たの?」とたずねられたら、私は、見たものを描いたスケッチを用意することができるかもしれない。けれども私の視線がどんなふうに移動したのかは、たいていの場合まったく思い出さないだろう。【*159】

「見る」という概念は混乱した印象をあたえる。実際、混乱しているのだ。——景色を見る。私の視線はあちこちさまよい、私の目にはありとあらゆる動きが見える。はっきりしたこの動きははっきり私に刻印され、はっきりしないあの動きはまったくぼんやりとしか刻印されない。それにしても私たちが見ているものは、なんとズタズタに見えるのだろう! さてここで、「見たものを記述する」とはどういうことなのか、じっくり見てほしい。——しかしそれはまさに、「見たものを記述する」と呼ばれていることである。そういう記述には、本来のちゃんとした場合など存在しない。——それ以外のものは、まだはっきりしていないだけか、はっきりさせられるのを待ち望んでいるか、ゴミとしてさっさと隅に追いやられる必要があるか、なのだ。【*160】

ここで、きれいに区別をしようと思うのは、危険このうえない。——【長いダーシ】似たような危険があるのは、物体の概念を「実際に見たもの」から説明しようとする場合だ。——むしろ必要なことは、日常の言語ゲームを受けいれて、まちがった描写には「まちがっている」というレッテルを貼ることである。子どもに教えるプリミティブな言語ゲームを正当化する必要はない。正当化しようとする試みこそ、拒絶する必要がある。【＊161】

さてこれから例として、三角形のさまざまなアスペクトをながめてみよう。この三角形

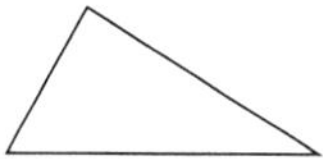

は、つぎのようなものとして見ることができる。三角の穴として、物体として、底辺のうえに立っている三角形、頂点でぶらさげられている三角形、つまり幾何学図形として、山として、くさびとして、矢印または指標として、直角をはさんで（たとえば）いちばん短い辺が下になっているはずだったのにひっくり返った物体として、平行四辺形の半分として、など、ほかにもいろいろ。【＊162】

「君はその場合、あるときはこのことを考え、またあるときはこのことを考えるだろう。あるとき

はそれをこれと見なし、またあるときはそれをこれと見なすだろう。すると君は、あるときはそれをこのように見、またあるときはそれをこのように見るわけだよね」。——では、いったいどのように？　いや、それ以上は規定のしようがないのだ。【＊163】

しかし、ものを解釈にそって見ることは、どんなふうにして可能なのか？——【長いダーシ】そう質問することによって、ものを解釈にそって見ることが、奇妙な事実として提示される。まるでそこでは、もともと合わないものが、ひとつの形に押しこめられてしまったかのようだ。しかしここでは、押さえつけることも押しこめることも起きなかった。【＊164】

そういう形のための場所がほかの形のあいだにないように思えるなら、その形を別の次元で探すしかない。ここに場所がなければ、場所はまさに別の次元にあるのだ。

（この意味では、実数直線上にも虚数のための場所がない。そしてこのことはやはり、虚数概念の使い方は、計算の外見とちがって、実数概念の使い方と似ていないということなのだ。私たちは使い方のレベルまで降りていかなければならない。すると虚数概念は、思いもかけない別の場所を見つけるのだ）【＊165】

こういう説明はどうだろうか？　「私は、なにかがこれの絵である可能性があるとき、そのなにかをこれとして見る」

ということは、つまり、アスペクト転換におけるアスペクトとは、1枚の絵のなかでその図形が場合によってはつねにもっているかもしれないアスペクトのことなのだ。【＊166】

三角形は実際、ある油絵では立っているだろうし、別の油絵ではぶらさがっているだろうし、また別の油絵ではひっくり返ったものであるだろう。——そこで、観察者である私は、「ひっくり返ったものを描いてるんだろう」とは言わず、「グラスがひっくり返って、割れてるんだ」と言う。こんなふうに私たちはその絵に反応する。【＊167】

こういう効果を生じさせるために、絵がどんなふうになっていなければならないか、私は言うことができるのだろうか？　できない。たとえば、私には直接なにも伝わらないけれど、ほかの人たちには伝わるような描き方が存在する。ここは習慣と教育の出番ではないだろうか。【＊168】

さて、私は絵で球体が「漂っているのを見る」、というのはどういうことなのか？

そのように言うのが、すぐに思いつく当たり前の表現だから、というので十分だろうか？　いや、ちがう。それ以外にもさまざまな理由があるかもしれない。たとえば、慣習的な表現だから、かもしれない。

ところで、「私がその絵をたんに、たとえばそのように理解している（その絵がなにを描いたつもりなのか、知っている）だけではなく、そのように見ている」ということをあらわす表現は、どういうものだろう?――たとえば、「漂っているように見える」とか、「漂っているのが見られる」とか、また特別なイントネーションで「漂っている!」と言うのも考えられる。

つまり、最後の「漂っている!」は、「漂っていると思う」の表現だ。けれどもそのような表現としては使われていない。【*169】

ここで私たちは、なにがその原因なのか、そしてなにがこの印象を特別なケースにもたらすのか、と考えたりはしない。【*170】

そして「漂っている」は特別な印象なのだろうか?――「球体が漂ってるのを見るときは、そこに転がってるだけを見るときとは別のことを見てるんだよね」。――という発言は、じつは「この表現には正当な理由がある!」という意味なのだ。(文字どおりにとれば、くり返しにすぎないのだから)

(それでも私の印象は、現実に漂っている球体の印象ではない。「空間的に見る」ことにはいろいろな変種があるのだ。写真の空間性や、立体鏡で見たものの空間性)【*171】

「そして『漂っている』は本当に別の印象なのだろうか?」――これに答えるため、現実になにか別のものが私のなかに存在するのか、考えてみたい。だがどうやって私はその存在を確信できるのだろう?――見ているものを別なふうに記述することによってである。【*172】

ある種のスケッチはいつも平面上の図形を描いたものだと見られる。ほかのスケッチはときどき、またはいつも空間的に見られる。

そこでこう言いたくなる。空間的に見られたスケッチの視覚印象は、空間的である。たとえば立方体の図式の視覚印象は、立方体である、と。（なぜなら印象の記述が立方体の記述なのだから）【＊173】

そうすると、いくつかのスケッチにたいする印象が平面的なものであり、またいくつかのスケッチにたいする印象が空間的である、というのは奇妙な話だ。私たちは「この話は、どこで終わるべきなのか？」と考えることになる。【＊174】

私が、疾走している馬の絵を見るとき、――疾走している動きが描かれているのだとわかるだけなのか？　馬が絵のなかで疾走しているのを私が見ているというのは、思いこみではないのか？――そして私の視覚印象も疾走しているのだろうか？【＊175】

「いま私はそれを……として見ている」と言う人は、私になにを報告しているのか？　その報告は、どんな結果をもたらすのか？　その報告を聞いて、私はなにをすることができるのか？【＊176】

人間はしばしば色を母音で連想する。ある母音がしばしば連続して発音されるとき、連想される色が変わる人がいるかもしれない。*a*はその人にとって、たとえば「いま青で――【長いダーシ】いまは赤」といった具合だ。

「いま私はそれを……として見る」と言うことには、「aは私にとっていまは赤だ」と言うこと以上の意味がないのかもしれない。

（生理学的な観察に結びつけると、この変化も重要なものになるかもしれない）【＊177】

ここで思い出したのが、美的なことがらについて話をするときに使われる言葉だ。「これ、そういうふうに見てもらわなくちゃ。そういうつもりなんだからさ」。「そういうふうに見ると、どこがまずいのかわかるだろ」。「この小節は導入部として聞いてもらわなければ」。「この調で聞いてもらわなくては」。「ここはこんなふうにフレージングするんだよ」（これは、聞く場合にも、演奏する場合にも言われることだ）【＊178】

この図

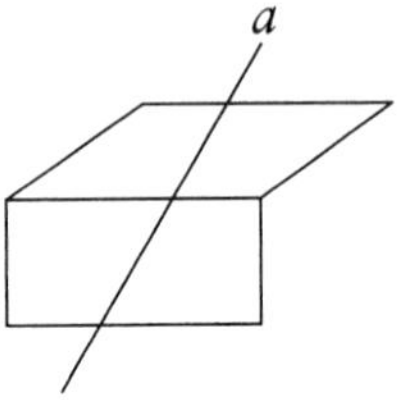

は、凸面の階段をあらわしていて、なにか空間事象の証明に使われるとする。そのため、たとえば直線aをふたつの面の中心に通す。——【長いダーシ】さて、ある人がこの図を見たとたんに空間的なものだと考えるとしよう。あるときは凹面の階段だと見なし、あるときは凸面の階段だと見なすなら、その人が私たちの証明についてくることはむずかしくなるだろう。そしてその人にとって平面的なアスペクトが空間的なアスペクトに変わるなら、証明のあいだ、私はその人にまったく別のものを見せているようなものだ。【＊179】

画法幾何学の製図を見ながら、「この線、ここでまたあらわれるのは知ってるけど、ぼくにはそうは見えないんだ」と私が言うとしたら、それはどういうことか？　私が製図の作業に熟達してないとか、製図の「心得」が十分でないというだけのことだろうか？——さて、熟達しているかどうかは、たしかに私たちの判断規準のひとつである。誰かが製図を空間的に見ていると私たちに納得させてくれるものは、「心得がある」というような態度によってである。たとえばそれは、3次元の空間を暗示するような身ぶり、つまり、態度の微妙なニュアンスによってである。

私の見ている絵では、矢が動物を貫通している。喉に命中し、首筋から突き出ている。その絵を影絵にしてみよう。——君には矢が見える？——喉にささっている部分と首筋から突き出ている部分とで1本の矢のつもりだということを、知ってるだけ？
（ケーラーの、貫通しあっている六角形の図を参照してほしい）【＊180】

「やっぱりそれは見るということじゃない！」――「やっぱりそれは見るということなんだ！」
――両方とも、概念として正当化されなければならない。【＊181】

やっぱりそれは見るということなのだ！　では、どういう意味で、見るということなのか？【＊182】

「この現象はまず人を驚かせるけれども、きっと生理学的な説明が見つけられるだろう」。――私たちの問題は因果関係の問題ではなく、概念の問題なのだ。【＊183】

矢で射抜かれた動物の絵か、貫通しあっている六角形の絵をほんの一瞬だけ見せられてから、その絵のことを記述せよと言われるなら、それこそが記述というものだろう。その絵を描けと言われるなら、きっと私は下手くそな模写をするだろう。けれどもそのコピーには、矢で射抜かれた動物らしきものか、貫通しあっているふたつの六角形が描かれているだろう。つまり、ある種のミスを私がおかすことはないだろう。【＊184】

その絵で私の目に最初に飛びこんでくるもの。それはふたつの六角形だ。

そこで私はそのふたつをじっと見つめて考える。「本当に六角形として見てるんだろうか？」――しかもそのふたつが私の目の前にあるあいだ、ずっと？（それらのアスペクトがそのあいだ変化しなかった、と仮定しての話だが）。――そして私はこう答えたくなる。「ずっと六角形だと考えているわ

けじゃないよ」【＊185】

ある人が私に言う。「ぼくはすぐ、ふたつの六角形だと思った。たしかに、そうとしか見えなかった」。しかし私はこの発言をどう理解するか？　私の考えでは、その人は「なに見てるの？」とたずねられて、すぐにそのように答えたのだ。いくつか考えられる答えのうちのひとつとして答えたわけでもない。つまりこの点においてその答えは、私がつぎの図を

しめしたとき、その人が答える「顔だ」に似ている。【＊186】

ほんの一瞬だけ見せられたものについて私ができる一番いい記述は、「……」ということである。「印象としては、後ろ脚で立っている動物だった」。これは、じつにはっきりした記述である。――これは、そう見えたということなのか？　それとも、そう思ったということなのか？【＊187】

君自身のなかで体験を分析しようとするな！【＊188】

私はその絵をまず最初は別のものと見てから、「あっ、ふたつの六角形なんだ！」と言った、という可能性もあっただろう。つまりその場合は、アスペクトが変わっていたことになる。このことは、私が実際にその絵をなにかとして見たという証拠なのだろうか？【＊189】

「それは正真正銘の視覚体験なの？」。問題は、どういう意味でそうなのか、だ。【＊190】

ここでむずかしいのは、概念を規定することが問題なのだとわかることである。概念というものは勝手に頭をもたげてくる。（そのことを君は忘れてはならない）【＊191】

いつそれを私は、知っているだけで見ていない、と言うのだろうか？——たとえばその絵が作業用図面のようにあつかわれ、青写真のように読まれるときだ。（行動の微妙なニュアンス。——行動の微妙なニュアンスがなぜ重要なのか？　重要な結果をもたらすからだ）【＊192】

「それは私に言わせれば、矢に射抜かれた動物だ」。私はそれをそういうものとしてあつかう。これが、その図にたいする私の態度なのだ。これが、そういうことを「見る」と呼ぶことの、ひとつの意味なのだ。【＊193】

しかし私はおなじ意味で、「それは私にとって、ふたつの六角形だ」と言えるだろうか？　おなじ意味では言えないが、似たような意味でなら言える。【＊194】

（「作業用図面」とは対照的な意味で）油絵のような絵が私たちの生活ではたしている役割のことを考える必要がある。そこには一様性ということがまるで見られない。

これをつぎのことと比較してもらいたい。壁にはときどき格言をかけることがあるが、力学の定理をかけることはない。（両者にたいする私たちの関係）【＊195】

このスケッチがなにを描いているつもりなのかだけを知っている人にたいしてよりも、このスケッチをこの動物として見る人にたいして、私はほかのことも期待するだろう。【＊196】

こう言ったほうがよかったかもしれない。私たちは、壁にかけた写真や絵を、そこに描かれている対象そのもの（人間や景色など）と見なしているのだ、と。【＊197】

そうである必要はないかもしれない。私たちは、この関係をそういう絵にたいしてもたない人間を、簡単に想像できるだろう。たとえば写真に反撥する人たちだ。写真の顔がモノクロであったり、いやそれどころか、縮小されているだけで、人間のものだとは思えないから反撥するのだが。【＊198】

「ポートレートを人間と見なす」と言うとき、——いつ、どれくらいの時間そうしているのだろうか？　ポートレートを見ているときは（そして人間以外のものとして見ていないときは）ずっと？　イエスと言えるかもしれない。肯定することによって私は、「見なす」という概念を規定することになるだろう。——【長いダーシ】問題は、ほかにも親戚関係にある概念——（つまり）「そのように見る」という概念——が重要になるかどうかである。私が絵を（その絵に描かれている）対象そのものだと考えているときにだけ、私はそのように見ているわけなのだが。【＊199】

絵は、私が見ているあいだ、ずっと生きているとはかぎらない、と言えるかもしれない。「彼女の絵が壁からぼくに微笑みかけてくれる」。私の視線がその絵を見ているからといって、ずっと微笑みかけてくれるとはかぎらない。【＊200】

ウサギ＝アヒルの頭。「その目、つまりその点が、どこかの方向にむけられるって、どんなふうにして可能なんだろう？」と私たちは考える。——「見るんだよ、どうやってその点が目をむけているのか」（そのとき私たちは自分で目をむけている）。しかしその絵をながめているあいだ、私たちはずっとそう言って、そうやっているわけではない。そして「見るんだよ、どうやってその点が目をむけているのか」とは、どういうことなのか？——それは感覚の表現なんだろうか？【＊201】

（私はこういう例を網羅して、ある種の完全さを手にいれようとしているのではない。心理学の概念の分類をめざそうとしているわけでもない。ただこれらの例によって、読者が概念のもやもやから抜け出せるようになればいい、と思っているだけである）【＊202】

「私はそれをいま……として見ている」は、「私はそれをいま……として見ようとしている」とか、「私はそれをまだ……として見ることができない」とか、と連動している。しかし私は、慣習的なライオン像をライオンとして見ようとすることも、Fをその文字として見ようとすることもできない。（しかしFを、たとえば絞首台として見ようとすることはできる）【＊203】

「私はどうなんだ?」と考えるな。「ほかの人について私はなにを知っているのか?」を考えろ。【＊204】

「それもありかな」というゲームは、どうやって行われるのだろう?（それとは、問題の図形がそれでもあるかもしれないが――つまりそれは、問題の図形がそれとして見られるものなのだが――そう簡単にはほかの図形にならないものである。「私は 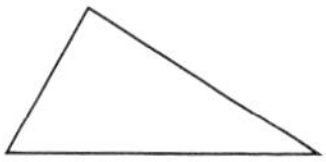 を  として見る」と言う人は、

やっぱりとてもちがったことを考えているのかもしれない）

【ここの行アキなし】

子どもたちが「それもありかな」のゲームをやっている。たとえば箱のことを「いまは家だ」と言うと、完全に家であると解釈される。フィクションが箱に織りこまれるのだ。【＊205】

では子どもは、いまでは箱を家として見ているのだろうか？

「箱だということをすっかり忘れてるね。その子にとっちゃ、本当に家なんだ」。（これには、はっきりした証拠もある）。だとすると「その子は箱を家として見てるんだ」と言うことも、正しいわけではないか？【＊206】

そういうふうにゲームをすることができて、ある状況では特別の表情で「いまは家だ！」と大声で叫ぶ人がいるとするなら、――その人は、アスペクトがひらめいたことを表現しているのだろう。【＊207】

ある人がウサギ=アヒルの絵についてしゃべっていて、いま、あるやり方でウサギの顔の特別な表情のことを話しているとする。それを聞いている私は、「この人はいまその絵をウサギとして見ている」と言うだろう。【＊208】

声やジェスチャーの表情は、あたかも対象が変化して、とうとうこれとかあれになってしまったかのようだ、と言うのとおなじである。

私はテーマをくり返してもらうのだが、回を重ねるたびにゆっくりしたテンポで演奏してもらう。で、ついに私は、「いまのがぴったりだ」とか、「いまようやく行進曲になったぞ」とか、「いまようやくダンスになった」と言う。――その口調のなかにアスペクトのひらめきもあらわされている。

【＊209】

「行動の微妙なニュアンス」。――【長いダーシ】私がテーマを理解したということが、そのテーマを口笛でぴったりの表現で吹くことであらわされるなら、それが、この微妙なニュアンスの一例である。

【＊210】

三角形のアスペクト。それは、想像が視覚印象と接触することになり、しばらくのあいだ離れないでいるようなものだ。【＊211】

しかしこの点において三角形のアスペクトは、（たとえば）階段の凹面や凸面のアスペクトと区別される。また、つぎの図のアスペクトとも区別される。

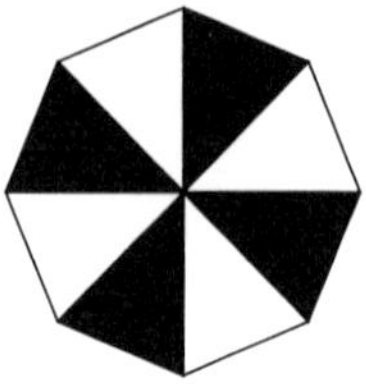

（私はこの図を「ダブル十字」と呼ぶことにするが）この図は、黒地に白の十字があると見ることができるし、白地に黒の十字があると見ることもできる。【＊212】

忘れてならないことがある。おたがいに交代するアスペクトの記述は、これまでのそれぞれの場合において種類がちがうのだ。【＊213】

（「私はそれをこんなふうに見る」と言いたくなる誘惑がある。「それ」も「こんなふうに」もおなじことを指しているというのに）。プライベートな対象はつねに排除すること。そのためには、「プライベートな対象はたえず変わっている」と思っておくことだ。それに気づかないのは、自分の記憶にたえずだまされているからである。【＊214】

あのダブル十字のふたつのアスペクト（私はそれらをアスペクトAと呼ぶことにするが）は、簡単に伝えることができる。たとえば、黒の十字と白の十字をかわりばんこに独立させて示せばいいのだ。

たしかにこれは、まだしゃべれない子どものプリミティブな反応じゃないか、と思われるかもしれない。

(アスペクトAを伝えるときには、だから、ダブル十字の一部を指させばいい。——だが、それとおなじやり方でウサギのアスペクトとアヒルのアスペクトを説明することはできないだろう)【*215】

「ウサギのアスペクトとアヒルのアスペクトが見える」のは、両方の動物の姿形を知っている場合にかぎられる。おなじような条件はアスペクトAには存在しない。【*216】

ウサギ=アヒルの頭は単純にウサギの絵だと見なすことはできるし、ダブル十字も黒の十字の絵だと見なすことができる。しかしたんなる三角形の図は、ひっくり返ったものの絵だと見なすことはできない。そういう三角形のアスペクトを見るためには、想像力が必要なのだ。【*217】

アスペクトAは、本質的には空間のアスペクトではない。白地に黒の十字は、本質的には白い平面をバックにした黒の十字ではない。紙に描かれた黒の十字だけを見せることによって、「別の色地に黒の十字」という概念を教えることもできるだろう。「をバックにした」というのはここでは、十字図形の環境にすぎないのだ。

アスペクトAで考えられる錯視は、立方体図や階段など空間的なアスペクトで考えられる錯視とは

別の方式である。【＊218】

私は立方体の図を箱と見ることができる。――しかし、あるときは紙箱として、またあるときはブリキ箱として見ることはできる？――「ああ、ぼくにはできるよ」と誰かが断言したとしたら、私はなんと言えばいいのだろう？――ここで私は概念の境界線を引くことができる。

絵をながめるときに「感じた」と言うことを考えてみてほしい。（「この材料の柔らかさを感じる」）。（夢のなかで知ること。「そして私はその部屋に……がいたことを知っていた」）【＊219】

どうやって私たちは子どもに（たとえば計算のとき）、「さあ、これらの点数を寄せてごらん」とか、「さあ、みんないっしょになってるぞ」とかを教えるのだろう？　明らかに「寄せる」や「いっしょになってる」は、もともと子どもには、「なにかをそのように見る」とか「このように見る」の意味とは別の意味をもっていたはずである。――ところでこれは概念についてのコメントであって、授業方法についてのコメントではない。【＊221】

ある種のアスペクトを「編成のアスペクト」と呼ぶことができるかもしれない。アスペクトが転換すれば、以前はいっしょになっていなかった絵の部分がいっしょになる。【＊220】

私は、三角形でいまこれを頂点、これを底辺と見ることができる。――こんどはまたこれを頂点、これを底辺と見ることができる。――【長いダーシ】たったいま頂点や底辺などの概念を知ったばかりの生徒は、「いまこれを頂点と見る」と言われても、もちろんなにもわからないだろう。――ということを私は、経験を述べた文として言っているのではない。

図形のなんらかのあつかい方に慣れている人の場合にだけ、私は「いま、これをそのように見てますね。またいまはそのように見てるんだな」と言うだろう。

そういう体験の基盤は、テクニックのマスターである。【＊222】

しかしテクニックのマスターが、ある人がこれこれを体験することの論理的な条件であるべきだとは、なんと奇妙な話なんだろう！　君は、「これこれのことができる者だけが『歯痛を感じる』」などとは言わないだろう。――【長いダーシ】というわけで私たちは、ここではおなじ体験概念をあつかうことができないことになる。テクニックのマスターが論理的な条件である体験は、歯痛を感じる体験と親戚関係にあるとしても、別の概念なのだ。【＊223】

これこれのことができて、これこれのことを習ってマスターしている人の場合だけ、「それを体験した」と言うことに意味がある。

それが馬鹿げて聞こえるなら、見るという概念がここで修正されることを忘れてはならない。（数学でめまいを感じることを追放するためには、似たような考慮がしばしば必要である）

私たちはおしゃべりをして、発言するのだが、後になってからようやくその発言の生きた姿がわか

る。【＊224】

どのようにして私は、その姿勢がびくびくしたものだと見ることができたのだろうか？　それがこの生き物の姿勢であって、解剖図ではないと知る前に。

しかしこのことは、視覚だけに限定されていないこの「びくびくした」という概念が、見たものの記述には使えないということを意味しているだけではないのか？——しかしそれにもかかわらず、「びくびくした姿勢」や「臆病な顔」をあらわす純粋に視覚的な概念を、私はもつことができないのだろうか？【＊225】

そのような概念は、「長調」や「短調」の概念と比較することができるかもしれない。「長調」や「短調」は感情値をもっているが、知覚された構造を記述するときにしか使えないのだから。【＊226】

たとえば形容詞「悲しい」を線画の顔に使うと、卵形のなかの複数の線が特徴のあるグループとなる。形容詞「悲しい」が人間に使われると、（親戚関係にあるけれども）別の意味をもつようになる。（だからといって、「悲しい顔の表情が悲しさの感情に似ている」わけではない！）【＊227】

このこともよく考えてみてほしい。赤や緑は見ることができるだけで、聞くことはできない。——しかし悲しさは、私が見ることができるかぎり、聞くこともできる。【＊228】

「嘆きのメロディーが私に聞こえる」という表現を考えてみてほしい。すると問題は、「嘆いているのが彼に聞こえるのか？」ということになる。【＊229】

そしてもし私が、「いや、彼は聞いてないよ。感じてるだけだ」と答えるなら、――【長いダーシ】つまり、どういうことが行われたのか？　私たちは、そう「感じている」感覚器官に言及することすらできないのだ。

「もちろん聞こえるよ、私には」と答える人もいるだろう。――【長いダーシ】だが、「実際、私には聞こえない」と答える人もいるだろう。

しかし概念のちがいは確認することができる。【＊230】

顔の印象【表情】にたいする私たちの反応は、おなじ顔の印象【表情】を（言葉のすべての意味で）臆病だとは思わない人の反応とはちがう。――しかしだからといって私は、「私たちは筋肉や関節にその反応を感知している。それがこの『感覚』なのだ」と言うつもりはない。――そうではなくて、私たちがここにもっているのは、修正された感覚概念なのだ。【＊231】

ある人のことを、「顔の表情を見ることができない人だ」と言うことができるかもしれない。けれどもだからといって、その人の視覚になにかが欠けているのだろうか？

しかしもちろんそれは、たんに生理学の問題ではない。生理学的なことは、ここでは論理的なことの象徴なのだ。【＊232】

メロディーが厳粛だと感じたときは、なにを知覚しているのだろうか？――聞こえたものの再現によって伝えられるようなものを、知覚しているのではない。【＊233】

任意に書かれた文字――たとえば、こういう文字H――について、私はつぎのように想像することができる。「この文字は、どこかの外国語のアルファベットを厳密に正しく書いたものだな」。あるいは、「まちがって書かれた文字だ。それも、こんなふう、あんなふうにまちがってる。ほら、なげやりだったり、まるで子どもみたいに不器用だったり、お役所の筆記体みたいに渦巻き調だったり。いろんなやり方で、正しく書かれてる文字からズレてるんだろうな」。――その文字が置かれている環境をいろいろ想定してみると、その環境にしたがって、いろんなアスペクトでその文字を見ることができる。このことは、「単語の意味を体験する」こととごく近い親戚関係にある。【＊234】

私は言いたい。ここでひらめくものは、ながめている対象とかかわっているあいだだけ持続するのだ、と。（「見てごらん、彼がどんなふうに見てるのか」）。――「私は言いたい」のである。――そして本当に、そうなのか？――つぎのことを考えてもらいたい。「なにかが頭に浮かんでるのは、ど

れくらいのあいだ？」――私にとってそれは、どれくらいのあいだ新しい？【＊237】

アスペクトには、後になると消える人相のようなものがある。あたかもまず最初に私が真似をする顔があって、それから真似することなく私が受けいれる顔があるかのようだ。――そしてこれが実際、十分な説明になるのではないだろうか？――しかし、これでは説明が多すぎるのだろうか？【＊238】

「2、3分のあいだ、彼と彼のお父さんが似てると思ったが、それ以降はもう思わなかった」。――こういう発言ができるのは、彼の顔が変わって、ごく短時間だけ彼のお父さんに似ている場合だ。しかしそれはまた、2、3分後にはふたりの顔が似ているとは思えなくなった、ということでもあるだろう。【＊239】

「ふたりが似てるって気づいてから、――君はどれくらいそのことを意識してた？」。この質問にはどんなふうに答えることができるのだろうか？――【長いダーシ】「すぐにもうそのことは考えなくなったね」とか、「折にふれて何度も思い出した」とか、「何回か頭をよぎったぞ。しかしまあ、なんて似てるんだろう！」とか、「似てることに、たしかに1分間ぼくは驚いた」とか。――【長いダーシ】このあたりが答えのようだ。【＊240】

こんな質問をしたい。「なにか（たとえば戸棚）を見ているとき、私はその空間性とか奥行きをいつ、も意識しているのだろうか？」。いわば、ずっと感じているのだろうか？――【長いダーシ】ところで質問は3人称でやりなさい。――いつ君は、「彼はそれをいつも意識している」と言うのだろうか？また、いつその逆のことを言うのだろうか？――彼に質問することはできるだろう。――けれどもどんなふうにして彼は、その質問に答えられるようになったのか？――【長いダーシ】彼には、「たえまなく痛みを感じている」というのがどういうことなのか、わかっている。しかしその質問は彼を、ここでは混乱させるばかりだ(私をも混乱させるのだが)。

　さて、もし彼が、「ひっきりなしに奥行きを意識してる」と言ったら、――私は彼の言葉を信じるだろうか？　そして彼が、(たとえば奥行きのことを話しているときに)「ときどきしか意識してない」と言ったら、――私はそれを信じるだろうか。私には、それらの答えがまちがった基盤に立ったもののように思えるだろう。――しかし彼が、「それは平面的に見えることもあるし、立体的に見えることもある」と言うのなら、話は別だが。【＊241】

　ある人にこう言われる。「花を見てたけど、ほかのことを考えてたので、色には気づかなかった」。私にはこれが理解できるか？――これを理解できるようなコンテキストを私は考えることができる。たとえばこんな具合につづけてみるのだ。「それから突然、花を見て、それが……だとわかった」

　あるいは、「そのとき顔を背けてたら、どんな色だったか言えなかっただろうな」。

「彼はじっと花に目をむけていたけど、花を見ていなかった」。――そういうことはある。けれどもそうだと判断する規準は、なにか？――たしかにさまざまなケースがあるのだ。【＊242】

「そのときは色よりも、形のほうを見てたんだ」。こういう言い方にまどわされないように。とくに、「目のなかで、または脳のなかで、なにが起きていたのだろう?」などと考えないこと。【*243】

似ていることに私は気づくが、気づくということは消える。

私はほんの数分それに気づいたけれども、もう気づいていない。

なにが起きたのか?――なにを私は思い出すことができるのか? 自分の表情が思い浮かぶ。その気になれば、もう一度その表情になることができる。知り合いが私の顔を見ていたら、「いま君は、彼の顔になにかを気づいたんだ」と言ったかもしれない。――そのうえ私も、私がそういう機会に聞こえるような声で、あるいは心のなかでだけ言うことを思いつく。以上ですべてだ。――ではそれが、気づくということなのか? ちがう。気づくという現象なのだ。その現象が、「起きている」ことないのだ。【*244】

気づくということは、「見ること+考えること」? ちがう。私たちの概念の多くは、ここで交差している。【*245】

(「考える」と「想像のなかで話す」――私は「自分自身にむかって話す」とは言わないのだが――は、異なった概念である)【*246】

対象の色に対応するのは視覚印象の色である。（この吸取紙は私にはバラ色に見える。そしてこれはバラ色だ）。――【長いダーシ】対象の形に対応するのは視覚印象の形である。（それは私には長方形に見える。そしてそれは長方形だ）。――【長いダーシ】だが、アスペクトがひらめいたとき私が知覚するものは、対象の特性ではない。それは、対象とほかの対象との内的な関係なのだ。【＊247】

「記号をこのコンテキストで見る」ということは、ほとんど、考えたことの残響であるかのようだ。「見ることのなかで残響している考え」――と言いたくなる。【＊235】

体験を生理学的に説明することを想像してほしい。こんな具合だとしよう。図形をながめているとき、視線は自分の対象を一定の経路にそってくり返し何度もなでていく。経路は、見るときの眼球の振動の特別なパターンに対応している。そのパターンの動きがジャンプして別のパターンの動きになり、両者がくるくる交代すること（アスペクトA）もあるだろう。ある種のパターンの動きは生理学的には不可能である。だから私は、たとえば立方体の図を、貫通しあうふたつのプリズムとして見ることができない。などなど、といったものが生理学的な説明だとしよう。――「ああ、わかった。それも一種の見ることだ」。――【長いダーシ】いま君は、見るということを生理学的に判断する新しい規準を導入したわけだ。たしかにそれは古い問題を隠すことはできるが、解くことはできない。――ところでなぜこういうコメントをしたのか。それは、生理学的な説明が提供されると、なにが起きるのか、をはっきり見るためだった。心理学的な概念は、生理学的な説明と触れあうことなく上空に浮かんでいる。そのことによって私たちの問題の本性は、もっと明らかになる。【＊236】

私は実際に毎回、別のものを見ているのか？　それとも、自分の見ているものをちがったやり方で解釈しているだけなのか？　私は前者だと言いたい。しかしそれはなぜ？——【長いダーシ】解釈するというのは、考えることであり、行動することである。見るというのは、状態なのだ。【＊248】

さて、私たちが解釈しているケースは、簡単に識別できる。解釈すれば、仮説を立てているわけで、仮説はまちがっていると証明されることがある。——「私はこの図を……として見ている」は、「私は明るい赤を見ている」と同様に（または、とおなじ意味で）ほとんど検証できない。だから、このふたつのコンテキストで「見る」の使い方が似ているのだ。【＊249　ここで改行して、1行アキ】「『見るという状態』がここではどういう意味なのか、あらかじめわかってるぞ」などと思わないように。意味は使い方から教わるものなのだ。【＊250】

見ることには、謎のように思える部分がある。見るということは全体として十分に謎めいていないように思えるからだ。【＊251】

人間や家や木の写真をながめている人は、すくなくとも写真が空間を撮ったものであることを知っている。写真を平面上のカラーの斑点の集合体だと説明するほうがむずかしいだろう。しかし私たちが立体鏡で見るものも、別の方式では空間のように見える。【＊252】

（私たちがふたつの目で「空間的に」見ることは、すこしも当たり前ではない。もしもふたつの視覚像がひとつに融合するなら、その結果、像がぼやけるかもしれない）【＊253】

アスペクトの概念は、想像の概念と親戚である。または、「私はそれをいま……として見る」という概念は、「私はいまそれを想像する」という概念と親戚である。

なにかを特定のテーマの変奏として聞くためには、想像力が必要ではないだろうか？　しかしそれにもかかわらず、そうやってなにかが知覚されるのだ。【＊254】

「それがこんなふうに変化したと想像してごらん。すると君は別のものを手に入れている」。想像のなかで、私たちは証明することができる。【＊255】

アスペクトを見ることや、想像することは、意思に従属している。「それを想像しなさい」という命令や、「この図をいまはこう見なさい」という命令はあるけれど、「この葉っぱをいまは緑だと見なさい」という命令はない。【＊256】

さてこんな疑問が浮かんでくる。なにかをなにかとして見る能力のない人間が存在するだろうか？——それはどんな具合なんだろうか？　どんなことになるのだろうか？——【長いダーシ】そういう能力が欠けていることは、色覚異常や、絶対音感がないことにたとえることができるのでは？——私たちはそれを「アスペクト知覚障害」と呼ぶことにしよう。——そして、それがどういうものであるのか、じっくり考えてみよう。（概念の研究をするのである）。【ここで改行】アスペクト知覚障害の人は、アスペクトAの転換が見えないはずだ。彼はまた、ダブル十字には黒の十字と白の十字が含まれていることもわからないはずでは？　そうすると彼には、「これらの図のなかから、黒の十字を含む図をしめしなさい」という問題がこなせないのでは？　そう、こなせない。できるはずなのだが、「いまそれは、白地に黒の十字だ」とは言えないはずだ。

彼は、ふたつの顔が似ていることが見えないのでは？——それだけではなく、ふたつの顔がおなじであることや、近似的におなじであることが見えないのでは？　この点について私は断定するつもりはない。（彼は、「これみたいに見えるもの、もってきて」というような命令なら、実行できるはずだ）【＊257】

アスペクト知覚障害の人は、立方体の図を立方体と見ることができないはず？——できないとしても、それが立方体を描写したもの（たとえば作業用図面）だと識別できない、ということにはならないだろう。立方体の図は、しかし彼にとって、それがひとつのアスペクトから別のアスペクトにジャンプしないだろう。——アスペクト知覚障害の人は、私たちとおなじように事情によっては、それを立方体だと見なすことができなくてはならない？——できないとしても、それだけでアスペクト知覚障害と呼ぶことはできないだろう。

「アスペクト知覚障害」の人は、画像にたいして、私たちとはちがう関係をもっているのだろう。【＊258】

（そのような異常を私たちは簡単に想像することができる）【＊259】

アスペクト知覚障害は、「音感」が欠けていることと親戚であるだろう。【＊260】

アスペクト知覚障害という概念が重要なのは、「アスペクトを見る」という概念と「単語の意味を体験する」という概念が関連しているからだ。というのも私たちは、「単語の意味を体験しない人には、なにが欠けているのか？」を問題にしたいからである。

「sondern」という単語は、接続詞（「…ではなくて」）であり動詞（「隔離する」）でもあるのだが、たとえば「『sondern』という単語を動詞のつもりで言いなさい」という要求が理解できない人には、なにが欠けているのだろうか？——また、単語を10回つづけて言うと、意味をなくし、たんなる音になってしまうと感じない人には、なにが欠けているのだろうか？【＊261】

たとえば法廷では、ある人がひとつの単語をどんなつもりで言ったのかが、論議されるかもしれない。そしてそれはいくつかの事実から推測することができる。——それは意図の問題なのだ。ところで、その人がひとつの単語を——たとえば「銀行」を——どんなふうに体験したのかも、似たような意味で重要なのだろうか？【＊262】

誰かと隠語を取り決めたとしよう。「塔」が銀行を意味することにする。私が「さあ塔に行って」と言うと、——相手は私の言ったことを理解し、それにしたがって行動するのだが、「塔」という言葉の使い方に違和感がある。その言葉はまだその意味を「受けいれて」なかったのだ。【＊263】

「詩や物語を、感情をこめて読むときには、情報のためにだけ走り読みするときには起こらないことが、私のなかで起きている」——これはどんなプロセスのことを言っているのだろう？——文の響き方がちがうのだ。私はイントネーションに細やかな注意をはらっている。ときには単語のアクセントをまちがえて、目立ちすぎたり、目立たなさすぎたりする。それに気づくと顔に出る。後から自分の朗読を詳しく検討することができるかもしれない。たとえば不適切なアクセントについて。ときにはイメージが、いわばイラストのように目に浮かぶ。そう、そのおかげで、ぴったりの表情で読めるように思える。この種のことは、ほかにも具体例をあげることができるかもしれない。——また私は、ある単語にアクセントをつけて、その意味をほかの意味から際立たせることもできる。まるでその単語がことがらの映像であるかのようにアクセントをつけて。（といってももちろん文の構造に縛られているわけだが）【＊264】

表情たっぷりに読むとき、声に出されたその単語には意味がぎっしり満たされている。——「意味が単語の使い方であるなら、これはどういうことなんだろう？」。つまり私の表現はイメージ（比喩・映像）のつもりだったのだ。とはいえ私がそのイメージ（比喩・映像）を選んだのではなく、イメージ（比喩・映像）が勝手に浮かんできたかのようである。——しかし単語をイメージ（比喩・映像）のように使うことは、本来の使い方と衝突するはずがない。【*265】

しかしなぜまさにそのイメージ（比喩・映像）が浮かんでくるのか。説明しようと思えば説明できるかもしれない。（「ぴったりの単語」という表現と、その意味についてだけ考えればいいのだ）【*266】

ところで文が言葉の油絵のように見えて、文を構成している個々の単語が絵のように見えるなら、単独で目的なしに発音された単語がなんらかの意味をもっているように思えることは、もはや不思議でもなんでもない。【*267】

こういう問題に光を当ててくれる特別な勘違いのことを、ここで考えてほしい。——知り合いといっしょに郊外を散歩している。話しているうちにわかるのだが、私は町が右手にあると思っている。そう思っているのだが、これといった根拠がひとつもない。それどころか、じつに単純に考えてみると、町は左手にあるのだと納得した。「どうして町がそんな方向にあると思ったのか」と質問されても、とにかくなにも答えられない。そう思う根拠はひとつもなかったのだ。根拠がなかったにもかかわらず、なにか心理的な原因があるように思える。連想と記憶だ。たとえばこんな具合である。私たちは運河ぞいに歩いていたのだが、以前、おなじような状況で私は運河ぞいに歩いたことがあり、そのとき町は右手にあったのだ。――根拠もないのに右手にあると思いこんだ原因を、いわば精神分析ふうに見つけようとすることができるかもしれない。【＊268】

「しかしそれは、どんな種類の奇妙な体験なのか?」――もちろんそれは、ほかの体験より奇妙なわけではない。私たちがもっとも根本的な体験と見なしているもの――たとえば感覚印象――とは、種類がちがうだけだ。【＊269】

「私には、町がそこにあるとわかっているかのように思える」。――【長いダーシ】「私には『シューベルト』という名前が、シューベルトの作品とシューベルトの顔に合っているかのように思える」【＊270】

「こい」という単語を自分にむかって、あるときは「来い」という動詞のつもりで、またあるときは「恋」という名詞のつもりで言ってみることができる。さて、まず「来い」と言って――それから「恋なんかするな」と言う。――おなじ体験が2回ともこの単語にくっついていると――君は確信してる?【＊271】

注意深く聞いてみると、いまの言語ゲームで私は「こい」という単語を、あるときはこのように、またあるときはそのように体験していることが明らかになる。——【長いダーシ】とすると、話の流れのなかで私はその体験をまったくしていないことがしばしばある、ということにならないだろうか？——というのも明らかに、私はその場合にもそれを、あるときはこのように、またあるときはそのように思い、意図し、後になってもそのように説明するからだ。【＊272】

　しかしまだ問題が残っている。単語を体験するという言語ゲームのときにも、なぜ「意味」や「意味する・思う」が話題になるのか？——【長いダーシ】これはまた別の種類の問題である。——体験を問題にするその状況で私たちは、「こい」という単語をこういう意味で言ったんですよ、と表現しておきながら、その表現は別の言語ゲームから拝借しているわけである。これが、この言語ゲームに特有の現象なのだ。

　これを夢と呼ぶなら呼ぶがいい。しかしなにも変わらない。【＊273】

「太っている」と「やせている」というふたつの概念をあたえられたとしよう。どちらかというと君は、「水曜日は太ってて、火曜日はやせてる」と言う傾向があるのかな？　それともその逆を言う傾向があるのかな？（私の場合は明らかに前者だ）。この場合、「太っている」と「やせている」には、日常的な意味とは別の意味があるのだろうか？——たしかに使われ方がちがっている。——とすると私は別の言葉を使うべきではなかったか？　いや、もちろんそんなことはない。――私は（自分が慣れ親しんでいる意味をもった）それらの言葉をここで使うつもりだ。――ところで私はこの現象の原因についてなにも語っていない。原因は、私の子ども時代からの連想なのかもしれない。しかしこれは仮説である。説明がどんなものであれ、――そういう傾向というものが存在する。【＊274】

「『太っている』と『やせている』で、いったいこの場合、どういうことを君は意味してるわけ？」と質問されたら、――私はその意味を、ごく日常的なやり方でしか説明できないかもしれない。火曜日と水曜日を使った例では説明できないかもしれない。【＊275】

ここで、ひとつの単語の「1次的な」意味と「2次的な」意味を考えることができるかもしれない。単語の1次的な意味を知っている人だけが、2次的な意味で単語を使うのだ。【＊276】

計算が――紙に書くことによってであれ、口であれ――できるようになった人にたいしてだけ、暗算がどういうものかを、計算の概念によって理解させることができる。【＊277】

2次的な意味は「転用された」意味ではない。「母音 *e* は私にとって黄色だ」と言うとき、私は転用された意味で「黄色」と言っているのではない。――なにしろ、私の言おうとすることは、「黄色」の概念によってしか絶対に表現できないだろうから。【＊278】

ある人が私に、「銀行のそばで待ってて」と言う。ここで質問。「その単語を言ったとき、君はこの銀行のことを意味してたの？」——【長いダーシ】この質問は、「彼のところへ行く途中、君は彼にこれこれのことを言おうという意図があったわけ？」という質問とおなじ種類のものだ。こちらの質問は、ある時間に言及している。（行く途中という時間に言及している。はじめの質問が、言ったときという時間に言及しているように）。——しかし、その時間のあいだの体験には言及していない。意図することとおなじように、意味することは体験ではない。

意図や意味は、体験とどこがちがうのか？——【長いダーシ】体験内容がないのだ。なにしろ内容（たとえば想像したイメージなど）は、意図することや意味することに付随していたり、それらの例示になったりするわけだが、意味することでも、意図することでもないのだから。【＊279】

意図して行動するとき、その意図は行動に「付随」していない。ちょうど、考えがおしゃべりに付随していないように。考えや意図は「分節されたもの」でもなければ、「未分節のもの」でもない。また、行動やおしゃべりのあいだに聞こえてくる個々のトーンやメロディーにたとえることもできない。【＊280】

（大きな声であれ、ひそかにであれ）「しゃべる」と「考える」とは、密接につながっているにしても、種類のちがう概念である。【＊281】

話をしているときの体験と、意図とでは、興味のありかがちがう。（体験は、もしかしたら心理学者に「無意識の」意図を教えることができるかもしれない）【*282】

「ぼくらふたりとも、その単語で彼のこと考えたんだよ」。私たちそれぞれがそのときおなじ言葉をひそかにつぶやいた、としよう。——**それ以上の**意味があるはずはないだろう。——【長いダーシ】しかし、その言葉は萌芽にすぎないのではないだろうか? その言葉が実際に彼のことを考えていることをあらわすためには、やっぱりなんらかの言語となんらかのコンテキストに属していなくてはならない。【*283】

神が私たちの心をのぞきこんだとしても、私たちが誰についてしゃべっているのかを、そこで見ることはできなかっただろう。【*284】

「なんでその単語のとき、ぼくのこと見たんだい? 君は……のこと考えてたの?」——【長いダーシ】つまり、この時点で反応があり、その反応は「私は……のこと考えてたんだ」とか、「突然さ、……のこと思い出したんだ」とかの言葉で説明されることになる。【*285】

そう発言することによって君は、しゃべった時点に言及しているわけだ。言及されているのがこの時点なのか、その時点なのかによって、ちがいが出てくる。

たんに言葉を説明するだけでは、発言時点でのできごとまでは言及されない。【＊286】

「私はそのことを言っているのだ（言ったのだ）」という言語ゲーム（後から言葉の説明をすること）は、「私はそのとき……のことを思った」という言語ゲームとはまったく別のものだ。後者は、「それが私に……のことを思い出させた」と親戚である。【＊287】

「彼に手紙を書かなくちゃ。私はきょう、そのことをすでに3回も思い出した」。そのとき私の心のなかで起きていたことには、どんな重みがあるのか？――【長いダーシ】ところで他方、この報告そのものには、どんな重みや、どんな利益があるのか？――【長いダーシ】いくつかのことを推測することができる。【＊288】

「その言葉を聞いて、私は彼のことを思い出した」――【長いダーシ】この言語ゲームの出発点はプリミティブな反応なのだが、なにが――その言葉に置き換えることのできる――プリミティブな反応なのか？　その言葉は、どのようにして使われるようになるのか？

プリミティブな反応とは、視線やジェスチャーであるかもしれない。また、ひとつの単語であるかもしれない。【＊289】

「なぜぼくのこと見つめて、首ふってるの?」――「君は……だ、ってことをわからせようと思ってね」。これは、合図のルールではなく、私の行動の目的をあらわすつもりのものなのだ。【*290】

意味することは、この単語に付随しているプロセスではない。というのもプロセスは、意味した結果をもつことができないだろうからだ。

(似たようなことが言えるのではないか。つまり、計算は実験ではない。というのも実験は、かけ算の特別な結果をもつことができないだろうからだ)【*291】

おしゃべりには重要な付随プロセスがある。考えのないおしゃべりにはしばしば欠けていて、その特徴となっているプロセスだ。だがそのプロセスは、考えるということではない。【*292】

「わかったぞ!」。そのときなにが起きたのか?――とすると、「わかったぞ!」と私が断言したとき、私はわかっていなかったのではないか?

君は「わかったぞ!」をまちがえて見ている。

(その合図はどういう役に立ってるわけ?)

そして、「わかる」ということを、「わかったぞ!」と叫ぶことに付随する現象だと呼べるのだろうか?【*293】

慣れ親しんだ顔をした言葉。言葉がその意味を自分のなかに受けいれていて、その意味の生き写しなのだという感覚。——こういうことに無縁な人がいるかもしれない。（そういう人は、自分の使う言葉に愛着がないのかもしれない）。——ところでそういう感覚は、どんなところであらわれるのだろうか？——私たちがどんなふうに言葉を選んだり、評価したりするかにおいてである。【＊294】

「ぴったりの言葉」を私はどうやって見つけているだろう？ どうやって選んでいるのだろう？ たしかにときどき私は、言葉をそのにおいの微妙なちがいによって比較しているかのようだ。「これはあまりにも……だ、これはあまりにも……だ、——おお、こいつがぴったりだ」。——【長いダーシ】しかし私はかならずしも判断したり、説明したりする必要はない。しばしば、「うーん、ちがうんだよな」としか言えないことがあるだろう。満足できずに、ほかを探す。そしてようやく言葉が見つかる。「これだっ！」。ときにはその理由を言うことができる。まさにこの場合、探すというのはこんな具合なのである。見つけるというのも同様だ。【＊295】

けれども君が思いつく言葉は、なにか特別な仕方で「やってくる」のでは？ 注意してよく見てみてよ。——【長いダーシ】注意してよく見たところで、なんの役にも立たないね。いま私のなかで起きていることが発見されるだけだろう。

私はいままさに、いったいどうやってそれに耳を澄ませばいいのか？ ともかく言葉を思いつくまで待つしかないのだろう。しかし奇妙なことに、私はそのチャンスを待つ必要がないかのように思われる。それが実際に登場しなくても、引っぱり出すことができるかのように思えるのだ。……どうやって？——私が演じることによって。——しかしそうやってなにがわかるわけ？　なにを再現するわけ？——特徴のある付随現象を。おもに、ジェスチャーや、顔つきや、イントネーションを。【＊296】

微妙な美的なちがいについては、たくさんのことを言うことができる。——このことは重要である。——最初に言われるのはもちろん、「この言葉は、合ってる。これはちがうな」——などだ。しかしさらに言葉のひとつひとつによってもたらされる波及効果を多岐にわたって論じることができる。まさに最初の判断だけで決着がつくのではない。というのも、決着をつけるものは言葉のフィールドなのだから。【＊297】

「言葉が喉まで出かかってるのだが」。そのとき私の意識ではなにが起きているのか？　それはどうでもいいことだ。なにが起きたにせよ、この発言で意味されたことではない。それより興味があるのは、私の行動で起きたことなのだ。——「言葉が喉まで出かかってるのだが」が伝えているのは、「問題のその言葉、思い出せない。すぐに見つかるといいんだが」ということである。それ以外は、無言の行動がやっていることと変わりがない。【＊298】

「言葉が喉まで出かかってるのだが」についてジェームズは、じつはこう言おうとしているのだ。「なんと不思議な体験なんだろう。その言葉はまだここにないのに、ある意味ではすでにここにある。

――あるいは、成長したらその言葉にしかならないだろうものが、そこにあるのだ」。――【長いダーシ】しかし「言葉が喉まで出かかってるのだが」は体験なんかではない。体験として解釈されれば、明らかに奇妙に見える。つまり、意図が行為に付随するものと解釈されたり、−1が基数と解釈されるのとおなじくらい奇妙なのだ。【*299】

「言葉が喉まで出かかってるのだが」と言うことは、「どうやればいいのか、わかったぞ！」と言うことと同様、体験の表現ではない。――私たちはある状況でこの文を使うのだが、この文は特別な種類の行動と、それから特徴あるいくつかの体験に取り囲まれている。とくにこの文の後でよく、問題の言葉が発見されるのだ。（考えてもらいたい。「喉まで出かかっている言葉を人間が絶対に発見できないとしたら、どういうことになるだろうか？」を）【*300】

黙ってする「内的な」おしゃべりは、ベール越しに知覚されるような、なかば隠された現象ではない。隠されてなどないのだ。しかし「内的な」おしゃべりという概念は混乱を招きやすい。というのもこの概念は、「外的な」プロセスという概念に寄り添いながら長い距離を走るのに、その概念と一致することがないのだから。

（内的に話すときに喉頭の筋肉が神経の刺激を受けているかどうか、などは、とても興味深い問題だろうが、私たちの探究とは縁のない問題である）【*301】

「内的なおしゃべり」が「おしゃべり」と密接な親戚関係にあるのは、どういう点においてなのか。心のなかで話したことは、耳に聞こえるように伝えることができるし、また、内的なおしゃべりは外的な行為に付随することができる、という点においてである。（私は心のなかで歌うことができるが、そのとき手で拍子をとっている。また黙読や暗算もできる）【＊302】

「だが内的なおしゃべりって、やっぱり、ぼくが習わなくちゃならない活動みたいなものだよね！」。たしかにそうだが、その場合、「活動」とはどういうことなのか？　「習う」とはどういうことなのか？

言葉の意味はその使い方に教えてもらうことだ。（似たようなことは、しばしば数学でも言われている。なにが証明されたのかは、証明に教えてもらうことだ、と）【＊303】

「じゃ、ぼくは暗算してるとき、実際には計算してないわけ？」——そんなことを言うのは、暗算と知覚可能な計算とを区別しているからだ。しかし、「計算」とはどういうことかを習ってはじめて、「暗算」とはどういうことかを習うことができる。計算ができるようになってはじめて、暗算ができるようになるのだ。【＊304】

想像のなかで話をするとき、文のイントネーションを（くちびるを閉じたまま）ハミングで再現すれば、とても「はっきり」話をすることができる。喉頭を動かすのも効果がある。しかしなんといっても不思議なのは、そのとき話を想像のなかで聞いていることだ。しかも、いわば、話の骨組みを喉頭で感じるだけではないのだ。（というのも、指で計算できるように、喉頭を動かしながら人間が黙って計算するということも、たしかに考えられるからである）【*305】

「心のなかで計算する【しゃべる】とき、これこれのことがからだのなかで起きている」といった仮説に私たちが興味をもつのは、その仮説が「私は自分に……と言った」という表現の使い方の可能性を教えてくれる場合だけだ。つまり、その表現から生理学的プロセスを推測する、という使い方を教えてくれるときだけである。【*306】

ある人が心のなかでしゃべっていることは、私には隠されている。それは「心のなかでしゃべる」という概念に織りこまれていることだ。ただし「隠されている」は、ここではまちがった言葉だ。というのも、私に隠されているとしても、彼自身には明らかであるはずだろうし、彼はそれを知っているにちがいないだろうからだ。しかし実際のところ、彼は「知ら」ない。ただ、私がいだいている疑問を、彼がもっていないだけの話である。【*307】

「ある人が心のなかで自分に話していることは、私には隠されている」は、もちろんつぎのような意味にもなるだろう。つまり、私はそれをほとんど推測することができないだろうし、たとえば（実際はできそうだが）、その人の喉頭の動きから読みとることもできないだろう、ということに。【*308】

「私は知っている。自分がなにを欲し、願い、思い、感じ……ているのか」(などなど、すべての心理的な動詞を動員してもいいのだが)というのは、哲学者のナンセンスであるか、ア・プリオリな判断ですらないか、のどちらかだ。【＊309】

「私は……と知っている」は、「私は……だということを疑っていない」という意味になるだろう。しかし、「私は……だということを疑っている」がナンセンスで、疑いが論理的に排除されているということにはならない。【＊310】

「私は思う」とか「私は推測する」とも言える場合に、また自分が納得できる場合に、「私は知っている」と言う。(しかし、「痛みがあるかどうか、私は知っているはずだ」とか、「君が感じてることは、君だけが知っている」などと言うことだってあるじゃないか、と私を非難する人がいる。そう非難する人には、こういう言い方のきっかけや目的を吟味してもらいたい。「戦争は戦争だ!」だって、同一律の例ですらないのだから)【＊311】

私には2本の手がある、と自分で納得できるようなケースを考えることができる。しかし普通は、私には納得できない。「でもさ、両手を自分の目の前にかざせばいいだけなんだよ」。――【長いダーシ】もしも私がいま、自分に2本の手があることを疑うなら、自分の目も信用する必要がないわけだ。

（同様に、私は友だちにたずねることができるかもしれない）【＊312】

これに関連することだが、たとえば「地球は何百万年も存在していた」という文は、「地球はこの5分間存在していた」という文より、意味がクリアである。2番目の文を主張する人がいたら、私はこんな質問をするだろう。「その文、どういう観察にもとづいてるのですか？ どういう観察に対立するのですか？」――一方、1番目の文がどういう考え方のものであり、どういう観察から生まれたものか、私は知っている。【＊313】

「新生児には歯がない」。――「ガチョウには歯がない」。――「バラには歯がない」。――最後の文は――こう言ってよければ――明らかに正しい。「ガチョウに歯がない」ことよりも確実である。――けれどもとてもクリアというわけではない。バラのどこに歯があるというのか？ ガチョウのあごには歯がない。もちろん羽にも歯はない。「ガチョウには歯がない」と言う人も、そんなことは思っていない。――では、こんなことを言ったら、どうだろう。「雌牛はエサを嚙んでから、それをバラに肥料としてやるので、バラは動物の口のなかに歯をもっているのだ」。この文が馬鹿げたものでないのは、バラの場合、どこに歯を探せばいいのか、最初からわかりっこないからである。（（「他人のからだの痛み」との関連））【＊314】

他人がなにを考えているのか、私は知ることができる。私がなにを考えているのか、私は知ることができない。

「君がなにを考えてるのか、私は知ってるよ」と言うことは正しい。「私がなにを考えてるのか、私は知ってるよ」と言うことはまちがっている。

（哲学という雲の塊がまるごと凝結して、ひとしずくの言語論となる）【＊315】

「人間の思考は意識の内部で、密閉状態で進行する。これとは逆にフィジカルなものの密閉状態は、オープンなかたちでそこにある」

他人の無言のひとり言を——たとえば喉頭を観察することによって——いつも読むことができるような人たちがいるとしよう。——その人たちもまた、完全な密閉状態というイメージを使う傾向にあるのだろうか？【＊316】

もしも私が大声で自分にむかって、その場にいる人たちの理解しない言語でしゃべるなら、私の考えていることはその人たちには隠されているわけだろう。【＊317】

私が頭のなかで自分にむかって言っていることを、いつも正しく推測する人がいるとしよう。（どんなふうに推測しているかは、どうでもいい）。けれども、その人が正しく推測していると判断する規準は、なんだろう？　ところで私は真実を愛する人間であり、「その人が正しく推測した」ということは認めよう。——しかし私の勘違いということはないのだろうか？　私の記憶がまちがっているということはないのか？　私が考えたことを——ウソをつかずに——口に出す場合、私の記憶がまちがっている可能性がつねにあるのではないのだろうか？——しかし、「私の内面で起きたこと」などまるで問題じゃない、というふうに思えるのである。（私はここで補助的な作図をしているのだ）【＊318】

「私はこれこれのことを考えた」という告白が正しいかどうかを判断する規準は、プロセスを正しく記述しているかどうかを判断する規準ではない。正しい告白が重要であるのは、その告白によってなんらかのプロセスが確実に正しく再現されるからではない。むしろ重要なのは、ウソを言っていないと判断する特別の規準によって正しさが保証されている告白から、引き出される特別の帰結のほうなのだ。【＊319】

（夢が、夢見る人について重要な情報をあたえてくれるとするなら、情報をあたえてくれるものは、正直に語られる夢の物語であるだろう。目が覚めてから夢を報告するとき、夢を見た人の記憶がまちがっているのではないか、という問題はもちあがらないはずだ。ただし、報告と夢の「一致」を判断するまったく新しい規準が導入された場合は別だが。その場合の規準は、正しさと正直さを区別するものである）【＊320】

「なに考えてるのかな」というゲームがある。そのヴァリアントは、Bのわからない言葉で私がA

に伝言し、Bがその伝言を推測するというものだ。――【長いダーシ】また別のヴァリアントは、私がなにか文を書くのだが、相手はそれを読むことができず、それがどんな文なのか、どういう意味なのかを推測するというものだ。――【長いダーシ】こんなヴァリアントもある。私はジグソーパズルをしているのだが、相手は私を見ることができない。しかし私がなにを考えているかを推測して、それを言うことになっている。そこでたとえば、相手はこんなことを言う。「ここのピースは、どこにあるんだ?」――「おっ、これ、どこかわかったぞ!」――【長いダーシ】「わかんないな、どれがここのピースなのか」――「空《そら》のところがいつも一番むずかしいんだよね」といった具合である。――だが私のほうは自分にむかって、声を出しても出さなくても、しゃべる必要はない。【*321】

以上のようなことが、なにを考えているか推測するということだろう。実際に推測が行われなくても、考えていることが隠されてしまうわけではない。知覚されないフィジカルなプロセスほどには。【*322】

「内側にあるものは、私たちには隠されている」。――【長いダーシ】未来は、私たちに隠されている。――だが天文学者は、日食の計算をするとき、そんなふうに考えるのだろうか?【*323】

明らかな原因のせいで痛みのため身をよじっている人を見たとき、「その人の感覚は、私には隠されている」とは考えない。【*324】

私たちはまた、ある人間について「あれは、わかりやすい人間だ」と言う。けれどもいまやっている考察にとって重要なのは、人間がほかの人間にとって完全な謎になることがあるということだ。それを経験するのは、まったく見知らぬ習慣をもった見知らぬ土地に行ったときである。しかも、その土地の言葉はマスターしていても、私たちはそういう経験をする。その土地の人たちのことが理解できないのだ。（その人たちどうしでしゃべっていることが、わからないからではない）。私たちがその人たちに順応できないからだ。【＊325】

「彼のなかでなにが起きているのか、私は知ることができない」。これはなによりもまず、ひとつのイメージである。ひとつの確信をあらわした説得力ある表現だ。確信の根拠は述べられていない。その根拠は明白ではない。【＊326】

ライオンがしゃべれるとしても、私たちにはライオンの言っていることが理解できないだろう。【＊327】

意図を推測することは、なにを考えているか推測することに似ている、と想像することができる。しかも推測されるのは、ある人がこれから実際にやるだろうことだ。

「自分がなにをしようと思っているのかは、本人しか知ることができない」と言うのは、ナンセンスだ。「自分がなにをするのだろうかは、本人しか知ることができない」と言うのは、まちがっている。というのも、私の意図の表現に含まれている予言（たとえば「5時になったら、私は家に帰る」）は的中するとはかぎらないし、他人のほうが、現実に起きるだろうことを知っているかもしれないからである。【＊328】

ところでふたつのことが重要である。ひとつは、他人は私の行為を予言できない場合が多いが、私のほうは自分の意図のなかで私の行為をあらかじめ知っているということだ。もうひとつは、（私の意図の表現に含まれている）私の予言は、私の行為を他人が予言したものとは別の基盤にあり、この2種類の予言から導かれる結論はまったく異なるものであるということである。【＊329】

私は、他人の感覚を、なにかの事実を確信するように、確信することができる。だからといって、「彼はひどくふさぎこんでいる」という文と、「25×25＝625」という文と、「私は60歳だ」という文が、そろっておなじような道具になってしまうわけではない。確信の種類が別々なのだから、という説明はよくわかる。――その説明は心理的なちがいのことを指摘しているみたいだ。けれどもちがいは論理的なものである。【＊330】

「でもさ、君に確信があるときって、疑いに目を閉じてるだけじゃないのか？」――そうだ、私の目は閉じられている。【＊331】

私は、「この男が痛みをもっている」ということには、「2×2＝4である」ということほどには確信していないのだろうか？——しかし、だったら前者には、数学的確実性があるのだろうか？——「数学的確実性」は、心理学の概念ではない。

確実性の種類は、言語ゲームの種類である。【＊332】

「彼の動機を知っているのは彼だけだ」——これは、私たちが彼に彼の動機をたずねている、ということを表現したものだ。彼が正直なら、その動機を教えてくれるだろう。だが私が彼の動機を推測するためには、正直さ以上のことが必要なのだ。ここには、知っているという場合との親戚関係がある。【＊333】

「犯行の動機を白状する」という言語ゲームのようなものが存在していることに、注目してもらいたい。【＊334】

日々のありとあらゆる言語ゲームは、言葉で言えないほど多様であるが、そのことは私たちの意識にのぼってこない。私たちの言語という洋服がすべてをおなじにしてしまうからだ。

新しいもの（自然発生的なもの、「特有のもの」）は、いつも言語ゲームである。【＊335】

動機と原因のちがいはなにか？――どうやって動機は見つけられ、どうやって原因は見つけられるのか？【＊336】

「これは、人間の動機を判断するのに信頼できる方法だろうか？」と質問されることがある。だが、そういう質問ができるためには、「動機を判断する」とはどういうことか、が先にわかっている必要がある。「動機」とはなにか、「判断する」とはどういうことかを教わったからといって、「動機を判断する」がどういうことなのかは学べない。【＊337】

棒の長さを判定するとき、もっと精確に、もっと確かに判定するための方法を探して、見つけることができる。つまり――と君は言う――ここで判定されるものは、判定方法に依存していないわけだ。長さとはなんであるかは、長さを確定する方法によっては説明できないよ。――そう考える人は、ミスを犯している。どんなミスを？――「モンブランの高さは、どんなふうにモンブランを登るかに依存している」と言ったりすれば、奇妙な話ではないか。それなのに「長さをもっと精確に測る」を、「もっともっと対象に接近する」にたとえようとしている。だが、「もっと対象の長さに接近する」とはどういうことなのか。それは、ある場合はクリアだが、ある場合はクリアではない。長さとはなにか、確定するとはどういうことかを教わっても、「長さを確定する」とはどういうことなのかは学べない。「長さ」という言葉の意味が学べるのは、なんといっても、「長さを測る」とはどういうことかを学ぶことによってなのである。

（だから「方法論」という言葉には2重の意味がある。物理学の探究だけでなく、概念の探究も、「方法論の探究」と呼ぶことができる）【＊338】

確信や信念のことを、「考えの色調である」と言いたがる人がいる。たしかに話し方のトーンに色調があらわれている。けれどもその色調を、話したり考えたりするときの「感情」だと考えないように！

「確信しているとき、私たちのなかでなにが起きているのか？」は問題にしないこと。問題にすべきは、「『これはそうなんだという確信』が人間の行動においてどんなふうにあらわれるのか？」である。【＊339】

「君は他人の心の状態について完全な確信をもつことができるけど、その確信は主観的なものにすぎず、客観的じゃないよね」。——【長いダーシ】「主観的」と「客観的」というふたつの言葉は、言語ゲームのちがいをあらわしている。【＊340】

計算（たとえば比較的長い足し算）の正しい結果はどれなのかについて、論争されることがあるだろう。だがその種の論争はめったに起きないし、すぐに終わる。論争は、私たちが言うように「確信をもって」決着がつけられる。

一般に数学者のあいだでは、計算の結果にかんする論争は起きない。（これは重要な事実である）。

——もしも起きるなら、たとえば、「数字が知らないうちに変わってしまった」とか、「私の記憶がちがってた」とか、「相手の記憶がちがってた」とか、などなどと確信している数学者がいたとしたら、——「数学的確実性」という私たちの概念は存在しないだろう。【*341】

それでもあいかわらずこう言われるかもしれない。「計算の結果がどうなるか、けっして知ることができないかもしれないけれど、それでもやっぱり計算にはちゃんとした結果がある。（神はそれを知っている）。なんといっても数学は最高に確実なものである。——ぼくらはラフな数学像しかもってないけれど」【*342】

だが私は、「数学の確実性は紙とインクの信頼性にもとづいている」とでも言おうとしているのか。いや、そんなことはない。（そんなことを言えば、悪循環になるだろう）。——【長いダーシ】私は、「なぜ数学者のあいだに論争が起きないのか」と言ったのではなく、「論争が起きない」ということを言っただけだ。【*343】

ある種の紙とインクでは計算ができないということもある。つまり紙とインクが、なにか奇妙な変化をこうむってしまった場合などでは。——しかし紙とインクの変化は、記憶によるとか、ほかの計算手段との比較によってしかわからないだろう。ではほかの計算手段のほうは、どうやってチェックされるのか?【*344】

所与のものとして受けいれるべきものとは——と言えると思うが——生活形式なのだ。【＊345】

「人間は色の判断にかんして一般に一致している」と言うことには意味があるのだろうか？　そうでないとすれば、どんな事態になるのだろう？——たとえばこの人は、あの人が青だと言う花を「赤だ」と言ったりする、という具合になるだろう。——しかしどんな権利で私たちは、その人たちの「赤」や「青」という言葉を私たちの「色の言葉」だと言えるのだろうか？——

どんなふうにしてその人たちは、色の言葉を使うことを学ぶのだろうか？　その人たちが学ぶ言語ゲームは、私たちが「色の名前」の使い方と呼んでいるものなんだろうか？　ここには明らかにグレードのちがいがある。【＊346】

ところでこうやって考えてきたことは数学にも当てはまるにちがいない。完全な一致がなかったなら、その人たちは私たちの学んでいるテクニックを学ぶこともないだろう。その人たちのテクニックは、程度の差はあれ、私たちのテクニックとちがっているだろう。見分けのつかない点にいたるまで。【＊347】

「しかし数学的真理は、人間がそれを認識するかしないかには関係がないよね！」——たしかにそうだ。「その人たちは2×2＝4だと信じている」という命題は、「2×2＝4」という命題とおなじ意味ではない。後者は数学の命題だが、前者は、もしも意味があるとしたら、「その人たちが数学の命題を思いついた」といった意味になるだろう。ふたつの命題の使い方はまったくちがう。——【長いダーシ】しかし、では、「すべての人が2×2は5だと信じていても、やはり4なのだ」という命題の場合は、どういう意味になるのだろう？——すべての人が5だと信じているとしたら、どんなことになるのだろう？——私に想像できるのは、「その人たちには別の計算があるのだ」とか、「私たちなら『計算する』とは呼ばないようなテクニックをもっているのだ」くらいだろう。しかしそれはまちがっているのだろうか？（戴冠式はまちがっているか？　私たちとは異なる生き物には、きわめて奇妙に思われるかもしれないのだ）【＊348】

数学はもちろん、ある意味では理論である。——けれどもまた、行為でもある。だから「まちがった動き」は例外としてのみ存在する。というのも、「まちがった動き」と呼ばれるものがルールになったりすれば、まちがった動きのあるゲームは廃棄されていることになるだろうから。【＊349】

「ぼくらはみんな、おんなじ九九を習ってる」。これは学校の算数の授業についてのコメントかもしれない。——けれども九九の概念についての確認でもあるだろう。（「競馬では馬は一般に、できるだけ速く走る」）【＊350】

色覚異常というものがあり、それを確認する手段がある。正常と判定された人が色の名前を言う場

合、一般には完全な一致が支配的だ。それが、色の名前を言うという概念の特徴である。【＊351】

感情のあらわれが本物かどうか、を問題にするとき、完全な一致は一般には存在しない。【＊352】

彼がうわべを装っていることを、私はたしかに確信している。だが第三者は確信していない。私はその第三者をいつでも納得させることができるだろうか？　できないなら、第三者のほうが考えそこなっているか、観察しそこなっているのだろうか？【＊353】

「なんにもわかっちゃいないね！」——私たちが明らかに本物だと思っていることに、疑いをいだく人には、こんなふうに言うわけだが——私たちはなにも証明することができない。【＊354】

感情表現が本物であるかどうかについて、「専門家の」判断というものがあるだろうか？——「よりよい」判断ができる人と、「よりまずい」判断をする人がいる。

人間をよりよく知っている人の判断からは、一般に、より適切な予測が生まれる。

人間を知るということは学ぶことができるか？　できる。できる人もいる。なにかのコースを受講してではなく、「経験」をとおして学ぶのである。——その場合、誰かが先生になることができるか？　もちろんできる。先生は生徒にときどき適切なヒントをあたえればいい。——【長いダーシ】こんな具合なのが、この場合の「教える」と「学ぶ」なのだ。——【長いダーシ】習得するのは、テクニックではない。適切な判断を学ぶのだ。ルールもあるが、システムにはなっていない。経験を積んだ者だけがルールを適切に使うことができる。計算のルールとはちがう。【*355】

この場合もっともむずかしいのは、不確定なものを歪めることなく適切に表現することだ。【*356】

「表現が本物であることは証明できない。感じるしかない」。——たしかにそうだ。——【長いダーシ】だが、本物だとわかってから、どういうことが起きるのだろうか？　ある人が、「ほら、これが本当に惚れた人間の言いそうなことだ」と言うとしよう。——そしてその人が別の人にもそういうふうに思わせたとしよう。——すると、それからどういうことになるだろうか？　あるいは、なにも起きないのだろうか？　そしてそのゲームは、その人が別の人の味わえないことを味わうということで終わるのだろうか？

たしかにいろんな結果になるだろう。だがそれらの結果の性質は、拡散している。経験が、つまり多様な観察が、それらについて教えてくれる可能性はある。だがそれらを一般化した定式としてあらわすことはできない。ばらばらのケースにおいて個別に、実りある適切な判断をし、実りある関連を確認することしかできない。もっとも一般的なコメントであっても、せいぜいのところ、システムの断片らしきものについて語ることができるだけだ。【*357】

ある人はこれこれの心の状態であり、たとえば、うわべを装っているのではない。たしかに私たち

はそのことを証拠をとおして確信することができる。けれどもこの場合、「測ることのできない」証拠もあるのだ。【＊358】

問題は、測ることのできない証拠がどういう仕事をしているのか、ということだ。

ある物質の化学構造（これは内的なものだ）について、測ることのできない証拠があると考えてみよう。測ることのできないその証拠は、しかしそれでも、測ることのできるなんらかの効果をとおして証拠だと証明されるしかないだろう。

（測ることのできない証拠が、「このイメージは本物の……だ」と納得させることがあるかもしれない。けれどもそのことは、記録によっても正しいと証明される可能性があるのだ）【＊359】

測ることのできない証拠としては、微妙な視線、微妙なジェスチャー、微妙なトーンなどがある。

私は本物の愛の視線がわかるだろう。うわべを装った視線からそれを区別するだろう。（もちろんこの場合、私の判断を補強してくれる、「測ることのできる」保証もあるのだ）。しかし私は、ちがいを説明することがまったくできないかもしれない。しかもそれは、私の知っている言語にそれをあらわす言葉がないからではない。なぜ私は新しい言葉を導入しないのか？——【長いダーシ】私があふれんばかりの才能に恵まれた画家なら、本物の視線と見せかけの視線を絵に描くことも考えられるだろう。【＊360】

考えてみてほしい。どうやって人間は、なにかにたいする「視線」を手にいれるようになるのか？そういう視線はどうやって使うことができるのか？【＊361】

うわべを装うということは、もちろん、「たとえば痛いふりをしながら、実際は痛くない」ということの特別なケースにすぎない。こういうことが可能であるとしても、どうしていつもうわべが装われるのだろうか？——それは、人生という帯に描かれた、きわめて特殊な模様である。【＊362】

子どもはうわべを装うことができるようになる前に、たくさんのことを学ぶ必要がある。（犬はうわべを飾ることができない。しかし正直であることもできない）【＊363】

「こいつは、自分のうわべを装ってると思ってる」と私たちが言うようなケースが、たしかに出てくるかもしれない。【＊364】

xii

概念をつくることが自然の事実から説明できるのなら、私たちが興味をもつべきなのは文法ではなく、自然において文法の基礎となっているものではないだろうか?——【長いダーシ】とても一般的な自然の事実と概念との対応も、たしかに興味深いものではある。(そういう事実は一般的であるために私たちの目を引かないわけだから)。けれども私たちの興味は、概念をつくりそうな原因に戻ったりはしない。私たちは自然科学をやっているわけではない。自然誌をやっているわけでもない。——自然誌のようなものなら、目的にそったフィクションをつくることができるのだから。【*365】

もしもこれこれの自然の事実が別なものだったら、人間は(仮説の意味で)別の概念をもっているだろうと、私は言っているのではない。私が言っているのは、こういうことなのである。「ある概念が絶対に正しい概念なのだ。ほかの概念をもっている人は、ぼくらが理解していることを理解していない」と思っている人がいるとしよう。——その人には、ごく一般的な自然の事実を、私たちが慣れ親しんでいるのとはちがったふうに想像してもらいたい。すると、慣れ親しんでいるやり方とは別のやり方で概念をつくることが、理解できるようになるだろう。【*366】

概念を絵の描き方と比較してみよう。私たちの描き方でさえ恣意的なのだろうか？　好きなように画法を選ぶことができるのだろうか？（たとえば、エジプト人がやっていた描き方を）。それともここでは、きれいと汚いだけが問題になるのだろうか？【＊367】

xiii

「半時間前に彼はここにいた」と私が——記憶にもとづいて——言えば、それは、現在の体験を記述したものではない。

記憶の体験は、思い出すことに付随した現象なのだ。【＊368】

思い出すということには、体験内容がない。——【長いダーシ】それは内省によってわかることではないのか？　私が内容を探しても、たしかになにもないことは、内省によって明らかになるのでは？——【長いダーシ】ただしそれが明らかになるのは、ケース・バイ・ケースにすぎないだろう。そして内省からは、「思い出す」という言葉がなにを意味しているのか、したがってどこに内容を探せばいいのか、教えてもらえないのだ。

「思い出すということの内容」ということを私が考えついたのは、心理学の概念と比較していたからにすぎない。それは、ふたつのゲームを比較することに似ている。（サッカーにゴールはあるが、ドッジボールにはない）【＊369】

こういう状況を想像することができるだろうか。ある人が生まれてはじめてなにかを思い出して、言う。「おっ、わかったぞ。『思い出す』って、どういうことなのか。思い出すということがどう機能、するのか」。――どうやってその人は、その感覚が「思い出す」ことだとわかるのだろう? 「おっ、わかったぞ、『ピリピリする』って、どういうことなのか」(たとえば、はじめて電気ショックを受けた場合)と比較してほしい。――【長いダーシ】その人は、過ぎ去ったことによってそれが呼びだされたから、それが思い出すということだとわかるのだろうか? では、なにが過ぎ去ったことなのかは、どのようにしてわかるのだろうか? 過ぎ去ったという概念を人間は、思い出すことによって学ぶものだが。

また人間は将来、思い出すということがどう機能するものなのか、どうやってふたたびわかるのだろうか?

(それにたいして、「それはずうっと昔のことだ」という感覚については語ることができるかもしれない。というのも、過ぎ去った日々の物語に属するトーンやジェスチャーは存在するのだから)【*370】

xiv

心理学が混乱していて不毛なのは、「『若い科学』ですからね」ということでは説明できない。心理学の状態は、物理学の、たとえば初期の状態とは比較できない。（比較できるとすれば、むしろ数学の、ある分野である。集合論）。つまり心理学には、実験的な方法と概念の混乱とがあるのだ。（集合論の場合には、概念の混乱と証明の方法とがあるように）

実験的な方法があるため私たちは、「悩ましい問題から逃れる手段があるのだ」と思っている。問題と方法がおたがいに背中を丸めてすれちがって行っているにもかかわらず。【*371】

数学にとって、私たちの心理学研究とまるでうりふたつのような研究が可能である。しかしそれは、私たちの研究が心理学的でないのと同様に、ほとんど数学的ではない。それは、計算をしないので、たとえば記号論理学ではない。「数学の基礎」の研究という名前がふさわしいかもしれない。【*372】

訳者あとがき

この本は、Ludwig Wittgenstein: *Philosophische Untersuchungen* の翻訳です。

■新しい『哲学探究』

『哲学探究』は、ヴィトゲンシュタイン（1889～1951）の死後、遺稿を編集して Basil Blackwell から1953年に出版された。「第1部」と「第2部」からなっていた。けれども21世紀になって、スリムになった。ヴィトゲンシュタイン遺稿管理人たちの決定により、従来の「第1部」だけが『哲学探究』として扱われることになった。半世紀前とちがって現在では、ヴィトゲンシュタインのすべての遺稿がCD-ROMで読めるようになっているうえに、従来の「第2部」は、〈心理学の哲学〉関係の草稿であると判断されたからだ。（従来の「第2部」は将来、ほかにもある〈心理学の哲学〉関係の草稿といっしょに出版される予定だという）

新しい『哲学探究』本の現状を紹介すると——

Kritisch-genetische Edition〈批判・生成版〉が、2001年に Suhrkamp から出された。ヨアヒム・シュルテが中心になって、ヴィトゲンシュタインの遺稿を編集した本である。『哲学探究』（つまり、従来の「第1部」）の、最初の草稿（MS142）から、最後の草稿（TS227）まで、5つの草稿を生成順に並べた後、従来の「第2部」（MS144）を収めている。研究者向きの本で、新校訂版『哲学探究』のベースになっている。

Bibliothek Suhrkamp（ビブリオテーク・ズーアカンプ）版が、２００３年に出た。〈批判・生成版〉にもとづいて、ヨアヒム・シュルテが一般向きに編集した本だ。もちろん収められているのは、従来の「第1部」だけ。この新校訂版『哲学探究』では、これまで脚注のように扱われていたコメントが、枠に囲まれている。そして、通し番号のついたコメントとコメントのあいだに組み込まれている。また、ヴィトゲンシュタインの誤記と考えられる数箇所が、修正されている。たとえば、**85**で2回目に登場する《Zweifel》の前の、否定冠詞《keinen》が不定冠詞《einen》に直されている。

Wiley-Blackwell版が、２００９年に出た。〈批判・生成版〉にもとづいて、P・M・S・ハッカーとヨアヒム・シュルテが編集した新校訂版だ。独英対訳版としては第４版にあたる。（ちなみに独英対訳版は日本の書店でもよく見かける。じつは、その第1版が『哲学探究』の初版なのだが、冒頭でふれたように、１９５３年にBasil Blackwellから出た。第2版は１９５８年に、おなじくBasil Blackwellから出た。第3版は、２００１年にBlackwell Publishingから出たが、なぜかドイツ語の誤植が目立つ）

Wiley-Blackwell版の、ヴィトゲンシュタインが書いたドイツ語の部分は、ごくわずかな異同があるものの、Bibliothek Suhrkamp版とほとんど同じである。この独英対訳版（第４版）で目を引くことがふたつある。ひとつは英訳の改訂だ。従来のG・E・M・アンスコムの英語訳をベースにして、ハッカーとシュルテがかなり手直ししている。もうひとつは、従来の「第２部」をカットせず、「心理学の哲学——フラグメント」というタイトルで収めていること。今回はじめて、こちらの部分のコメントにも通し番号がふられた（そして、その３７２個のコメントのうち、４個の場所が移動している）。

■底　本

岩波版『哲学探究』の底本は、Bibliothek Suhrkamp 版（2003）である。そして付録として、従来の「第2部」も訳出することにした。底本には、Basil Blackwell 版の第2版（3刷［1967］）を使った。日本ではこれから、『哲学探究』の原書として Wiley-Blackwell 版を手にする人が多いだろうから、参照の便利を考えて、Basil Blackwell 版と Wiley-Blackwell 版（2009）との異同を、【　】内の注記でわかるようにした。

異同といっても、そんなに大きなちがいはない。ヴィトゲンシュタインはカフカとはちがう。カフカの場合、遺稿は、友人ブロートの手で大胆に編集された部分があるので、ブロート版、批判版、史的批判版によってテキストの異同が気になる。しかしヴィトゲンシュタインの遺稿の場合、ブロートのような「介入」はないはずだから、版によって校訂のブラッシュアップ度がちがうだけで、あまり神経質になる必要はないと思う。

■ドイツ語のヴィトゲンシュタイン

日本で Wittgenstein は、「ヴィトゲンシュタイン」ではなく、「ウィトゲンシュタイン」と表記されることが多い。「ヴ」か「ウ」の差は、あいまい検索で簡単に解消されるし、どちらの表記でも伝わればいいことだ。私はWagnerを、「ヴァーグナー」ではなく「ワーグナー」と書く。Wienを「ヴィーン」ではなく「ウィーン」と書く。けれどもヴィトゲンシュタインの場合は、ドイツ語の原音に近いウ濁音にこだわることにしている。ドイツ語のヴィトゲンシュタインに軸足を置きたいからだ。新校訂版『哲学探究』を編集したヨアヒム・シュルテが、Bibliothek Suhrkamp版の「あとがき」で、こう書いている。

> ドイツで『哲学探究』が最初に出版されたのは、１９６０年のことである。ヴィトゲンシュタインの受容は、英語圏とはまったく異質だった。ドイツ語圏での哲学の状況が、英米とはずいぶんちがっていたからだ。もちろん専門の哲学界から少なからぬ反響はあったけれど、ドイツ語で最初にヴィトゲンシュタインに熱狂したのは、芸術家や文学者だった。ズーアカンプ書店がヴィトゲンシュタインの出版に踏み切ったのも、詩人インゲボルク・バッハマンが強く推したからである。そしてヴィトゲンシュタインの後期の仕事にドイツ語で最初に反応した文章のひとつは、チェコ生まれの批評家エーリヒ・ヘラーの書いたみごとな「非哲学的考察」である［この文章は１９５９年に発表され、１９６０年のSuhrkamp版ヴィトゲンシュタイン著作集1の付録にもなっている］。その文章で、この文学者の鋭い目がはっきり指摘していることだが、ヴィトゲンシュタインの思考にとって決定的に重要なのは、ドイツ語圏の――とくにオーストリアの――文化コンテキストというアスペクトなのだ。しかしこのアスペクトは、分析哲学をはじめとして哲学の専門家たちにはしばしば、ためらいがちにしか、いや、いやいやながらでしか、認められてこなかった。

「分析哲学的な」受容と「文化哲学的な」受容のあいだには、あいかわらず溝がある。だが、できることならこれからは、ヴィトゲンシュタインの天才的なフラグメントである『哲学探究』とつき合いつづけることによって、その溝に橋が架けられることを期待したい。そして、ヴィトゲンシュタインという難解な著者のすべての面にたいして、公平な視界がひらかれることを期待したい。

ヴィトゲンシュタインは、ナチスのオーストリア併合のせいで英国籍をとることにしたが、英国文化にはなじめなかった。『論理哲学論考』と『哲学探究』を、ドイツ語だけで、1冊の本として出したいと考えていた。１９６０年に出たドイツ語の Suhrkamp 版ヴィトゲンシュタイン著作集1には、『論理哲学論考』『日記〔＝草稿〕１９１４〜１９１６』『哲学探究』が1冊に収められている。

だが、日本では、ウィーンのヴィトゲンシュタイン（「文化哲学的な」受容）より、ケンブリッジのヴィトゲンシュタイン（「分析哲学的な」受容）のほうが優勢だ。またヴィトゲンシュタイン関係の文章を読んでいると、ヴィトゲンシュタインのドイツ語にあたらず、英語訳をヴィトゲンシュタインの原文のように扱っている人が目につく。英語訳には問題があったのだが。

ヴィトゲンシュタインは生前、彼の学生であるリースに頼んだ『哲学探究』の英訳が気に入らず、たくさん手直しをしている。

出版された『哲学探究』の英訳（アンスコム訳）を、私はあまり見ていない。はじめのうちは参照していたが、《wohl》を《probably》ではなく《no doubt》と訳していたり、《manch》を《some》ではなく《much》

と訳しているのに驚いて、参照するのをやめた。《wohl》も《manch》もドイツ語では基本語だからだ。その種のアンスコム訳の勘違いは、独英対訳版の第4版になってずいぶん修正されたようだが。

■ヴィトゲンシュタインのスタイル

ヴィトゲンシュタインは、反哲学または脱哲学の姿勢が魅力的だ。文語体ではなく口語体で、哲学をした。

116

哲学者たちが単語を使って——「知（Wissen）」、「存在（Sein）」、「対象（Gegenstand）」、「自我（Ich）」、「命題（Satz）」、「名（Name）」などを使って——ものごとの本質をつかまえようとしているとき、いつもつぎのように自問する必要がある。「その単語は、自分の故郷である言語において、実際にそのように使われているのだろうか？」——

私たちはこれらの単語を、形而上学的な用法から日常的な用法［たとえば、「知［ってい］ること（Wissen）」、「［で］あること（Sein）」、「対象・物（Gegenstand）」、「私（Ich）」、「文（Satz）」、「名前（Name）」など］へと連れもどすのだ。

ニーチェは、ルターやゲーテにならぶドイツ語の書き手だと自負していた。体系で仕事をしなかった。ニーチェの処女作『悲劇の誕生』はアカデミズムに拒否された。ニーチェもアカデミズムを拒否した。「論文なんて、私は書かない。そんなものは愚かなロバや雑誌の読者のためのものだ」。ニーチェはアフォリズムで仕事をした。けれども、警句のように気のきいた短文だけがアフォリズムなのではない。

たとえば『善悪の彼岸』は、２９６個のアフォリズムでできている。67番は、「ひとりの人間だけを愛することは野蛮だ。ほかの人たちへの愛を犠牲にするからだ。たったひとりの神を愛することも野蛮である」。このアフォリズムはドイツ語で2行。ところが２４４番になると、3ページに１００行のドイツ語がぎっしり詰まっている。改行せず一気にひとつの段落で書かれている。『善悪の彼岸』はどのアフォリズムも、このスタイルだ。ニーチェはスタイリストだった。

ヴィトゲンシュタインもニーチェ系のスタイリストである。アカデミズムの流儀が嫌いだった。体系で仕事をしようとはしなかった。『哲学探究』は、1個から2、3個の段落をひとつのコメントとして、通し番号をふっている。番号に階層がある『論理哲学論考』の文体がアフォリズム志向なら、番号がフラットに並んでいる『哲学探究』はフラグメント志向ということになるだろう。

論文は、ひとつのコアに収束しようとする。だが、すぐれたアフォリズムやフラグメントは、核心をつくけれども、核心に回収されてしまうこともなく、自律分散する力をもっている。ヴィトゲンシュタインは、『哲学探究』の「はじめに」でこう書いている。「私の書いたものによって、ほかの人が考えなくてすむようになることは望まない。できることなら、読んだ人が刺激され、自分の頭で考えるようになってほしい」

■翻訳の方針

「大げさな言葉、大げさな身ぶりには、いつも用心することだ！」。ニーチェは、こう言っておきながら、けっこう芝居がかった文章を書いている。しかしヴィトゲンシュタインの文章には、大げさな芝居がない。日常的で、飾り気のない、シンプルなドイツ語だ。ヴィトゲンシュタインの文体は、シンプルであることを追求した結果なのだろう。

岩波版『哲学探究』も、できるだけ日常的で、飾り気のない、シンプルな日本語に翻訳しようとした。つまり、がんばらない翻訳をめざした。そして（『哲学探究』のモットーには、ウィーン生まれの俳優・劇作家で、庶民派のネストロイの言葉が引かれているが）、できることなら、「ウィーンのヴィトゲンシュタイン」のにおいも伝えたいと思った。

哲学やヴィトゲンシュタイン業界の慣習や定訳にはこだわらなかった。たとえば、《hinweisend definieren》は、定訳の「直示的に定義する」ではなく、「指さして定義する」にした。《Wille》は哲学の場合、「意志」と訳すのが慣習のようだが、ヴィトゲンシュタインの語感も考えて、「意思」にした（しかし、たとえば**611**では、ショーペンハウアーの『意志と表象としての世界』との関係もあるので、「意思〔意志〕」としたけれど）。

哲学書の翻訳は、読んでもわからないことが多い。読む側に読む力がないから？　しかし翻訳に、問題がある場合もある。同業者や原文を意識しすぎて、横に原書を置いて読まれることを想定して翻訳するせいか、日本語だけで読んでもわからない訳文が生まれるのだろう。Bibliothek Suhrkamp 版『哲学探究』は、ヴィトゲンシュタインのドイツ語だけで勝負、という編集方針だが、岩波版『哲学探究』も、日本語だけで通読できるようにした(つもりである)。[ ]内の訳注は、最小限にとどめた。ドイツ語と日本語の機械的な1対1対応には、こだわらなかった。しかし、偉い訳者がよくやるような、勝手な改行はしていない。長いダーシ(———)と短いダーシ(——)の区別も、忠実に反映させた(けれども、屈折語であるドイツ語と膠着語である日本語とでは、シンタックスがちがうので、ダーシの数がズレてしまった場合が、何回かある)。ちなみに( )内の言葉は、ヴィトゲンシュタイン自身が後でコメントを追加するために書いたメモである。

「書斎は私を病気にする」と、ニーチェは言った。哲学は、研究室や書斎にとじこもっているわけではない。岩波版の底本であるBibliothek Suhrkampは、コンパクトなブックデザインで、片手でもって読むことができるシリーズだ。居間やベッドや電車や公園で、『哲学探究』のフラグメントを食べて、ヴィトゲンシュタインの魅力や刺激を、ぜひ味わってもらいたい。「文章は、正しいテンポで読むときにだけ、理解できる場合がある。私の文章は、すべてゆっくりと読まれるべきだ」。ヴィトゲンシュタインはそう言った。

ヴィトゲンシュタインを本格的に読むなら、ぜひドイツ語で読んでもらいたい。ヴィトゲンシュタインのドイツ語は、ドイツ観念論やドイツ・ロマン派やハイデガーなどとちがって、そんなにむずかしくない。なにしろ、「言うことができることは、クリアに言うことができる。そして語ることができないことは、黙っているしかない」と書いた天才である。本格的に『哲学探究』を読むときに、私の翻訳がハシゴになればうれしい。『論理哲学論考』の最後(6. 54)にヴィトゲンシュタインは書いている。「私がここで書いていることを理解する人は、いわば、ハシゴを上ってしまったら、そのハシゴを投げ捨てるにちがいない」。もっとも、私はハゲているので、ハシゴが滑りやすいかもしれないが。

■校閲と編集

『哲学探究』の翻訳は、哲学の野家啓一さんと岩波書店編集部の天野泰明さんの力がなかったなら、できなかった。

野家さんに「哲学の」という帽子をかぶせるのは、不適切かもしれない。幅広い分野にわたって目配りがきき、反哲学的な姿勢にも寛容で、懐の深い横綱相撲をとる人だからだ。哲学界の中心メンバーとして、また大学人としても多忙ななか、入稿前の原稿をこまかくチェックしていただいた。とくに哲学の立場から、哲学史との関連もふくめ、たくさんのことを教えていただいた。哲学業界やヴィトゲンシュタイン業界の定訳や慣習も教えていただいた。「『哲学探究』への道案内」も書いていただいた。ありがとうございました。

ひとつ断っておきたいことがある。野家さんからＡ４で34枚の校閲メモをもらいながら、原稿の手直しは私の判断でやった。つまり、野家さんの指摘・提案どおり直した箇所もあるが、それ以外に、つぎのような3種類の箇所がある。(1)本来なら、野家さんの指摘・提案に連動させて手直しすべきところなのに、手直ししなかった箇所。(2)逆に、手直しすべきではないところなのに、指摘・提案に連動させて手直ししてしまった箇所。(3)指摘・提案にもかかわらず、手直ししなかった箇所。というわけで、この『哲学探究』の翻訳で具合の悪いところは、私のせいである。

ベテラン編集者の天野さんには、企画の段階からお世話になった。通常の編集とは別の局面で、びっくりするほどたくさんのエネルギーが必要となり、この『哲学探究』1冊で10冊分の汗を流していただいた。深々とお辞儀をしたい。ありがとうございました。

2013年6月

丘沢静也

丘沢静也（おかざわ しずや）

1947年生まれ．ドイツ文学者．東京大学大学院修士課程修了．首都大学東京名誉教授．著書に，『下り坂では後ろ向きに』（岩波書店），『マンネリズムのすすめ』（平凡社新書），『からだの教養』（晶文社），『コンテキスト感覚』（筑摩書房）など．訳書に，ニーチェ『ツァラトゥストラ』，ヴィトゲンシュタイン『論理哲学論考』，カフカ『変身／掟の前で』，ムージル『寄宿生テルレスの混乱』，ケストナー『飛ぶ教室』（以上，光文社古典新訳文庫），エンツェンスベルガー『数の悪魔』，ベンヤミン『ドイツの人びと』（以上，晶文社），エンデ『鏡のなかの鏡』（岩波書店）など．

野家啓一（のえ けいいち）

1949年生まれ．哲学・科学基礎論．東京大学大学院科学史・科学基礎論博士課程中退．東北大学名誉教授，東北大学教養教育院総長特命教授．著書に，『物語の哲学』（岩波現代文庫），『歴史を哲学する』（岩波書店）など．編著に，『ウィトゲンシュタインの知88』（新書館）など．訳書に，『ウィトゲンシュタイン全集 補巻2　心理学の哲学』（大修館書店）など．

哲学探究　　ルートヴィヒ・ヴィトゲンシュタイン

2013年8月29日　第1刷発行
2025年5月 2 日　第6刷発行

訳　者　丘《おか》沢《ざわ》静《しず》也《や》

発行者　坂本政謙

発行所　株式会社 岩波書店
〒101-8002 東京都千代田区一ツ橋2-5-5
電話案内 03-5210-4000
https://www.iwanami.co.jp/

印刷・三秀舎　製本・牧製本

ISBN 978-4-00-024041-3　　Printed in Japan

ウィトゲンシュタイン『哲学探究』という戦い
野矢茂樹
四六判 三六六頁 定価二八六〇円

論理哲学論考
ウィトゲンシュタイン 野矢茂樹訳
岩波文庫 定価九三五円

言語哲学がはじまる
野矢茂樹
岩波新書 定価一一〇〇円

重力と恩寵
シモーヌ・ヴェイユ 冨原眞弓訳
岩波文庫 定価一三五三円

岩波 哲学・思想事典
廣松・子安・三島 宮本・佐々木 野家・末木 編
菊判 一九四六頁 定価一七六〇〇円

岩波書店刊
定価は消費税 10% 込です
2025 年 5 月現在